小胜靠智，大胜靠德。

献给那些准备追求卓越或正在追求卓越的人们。

李斯

丁振宇◎著

读史衡世·名相篇

权欲浊人眼 李斯

华中科技大学出版社
http://press.hust.edu.cn
中国·武汉

图书在版编目（ＣＩＰ）数据

权欲浊人眼：李斯 / 丁振宇著 . —— 武汉：华中科技大学出版社，2023.5

ISBN 978-7-5680-9317-0

Ⅰ.①权… Ⅱ.①丁… Ⅲ.①李斯（前？ –前208）–传记 Ⅳ.①B226.65

中国国家版本馆 CIP 数据核字（2023）第 055390 号

权欲浊人眼：李斯
Quanyu Zhuo Renyan: Li Si

丁振宇　著

策划编辑：亢博剑	
责任编辑：陈　然	
责任校对：刘小雨	
封面设计：**VIOLET**	
版式设计：王志利	
出版发行：华中科技大学出版社（中国·武汉）	电话：（027）81321913
武汉市东湖新技术开发区华工科技园	邮编：430223
印　　刷：天津中印联印务有限公司	
开　　本：880mm×1230mm　1/32	
印　　张：10	
字　　数：230 千字	
版　　次：2023 年 5 月第 1 版第 1 次印刷	
定　　价：49.80 元	

前言

李斯，字通古，战国时期楚国上蔡人，是中国历史上著名的政治家、文学家、书法家。 他辅助秦始皇吞并六国，建立了中国历史上第一个统一的多民族封建国家，成为中国历史上第一位丞相。他主持统一了文字与度量衡，为秦国的发展贡献了巨大的力量，也为中华民族的文化传承建立了不可忽视的功绩。李斯后与赵高合谋矫诏杀扶苏，立胡亥为秦二世，最终为赵高所杀。李斯在历史上所起的重要作用不容忽视，其结局也令人唏嘘叹惋。李斯具有多重性格，如此极具特点、极度复杂的人物在历史上难以找到第二人。李斯成功的启示、身败惨死的结局，以及他一生信奉的智慧哲学，都值得后人再次回味。

春秋战国时期，伴随着连绵的战乱，各国实施变法图强，诸侯国内部权力开始重新布局，传统的宗族势力已经不再稳固，有才干的外臣逐渐登上历史舞台。随着士阶层的活动范围越来越大，他们的国家观念也越来越淡薄，他们认为只要有利于自己的仕途、有利于实现自己的抱负，为别的国家效力也未尝不可。李斯堪称此类人的代表，也堪称利己主义的代言人。

李斯的一生大概可分为四个阶段：从担任一郡之仓吏，到学成于荀子为第一阶段；从入秦依附吕不韦到秦统一六国为第二阶段，此阶段李斯因郑国渠事件而险些被逐出秦国；第三阶段是从李斯担任丞相到秦始皇去世；第四阶段是从李斯与赵高篡改遗诏到李斯被处以极刑。

李斯的一生可谓坎坷不平，对权力的追求始终伴随着他的一生，而功利观念也最终改变了他的人格和信念。据《史记·李斯列传》记载，李斯年轻时为郡小吏，当时属社会的中下层。当他看到厕所里的老鼠，即使生活在恶臭的环境里，吃的是肮脏的东西，却仍然惧怕人和狗；而粮仓里的老鼠，住在干净的环境里，吃的是美味的粮食，对人却丝毫不惧时，不禁叹息说："人之贤不肖譬如鼠矣，在所自处耳！"这是关于李斯早期的一则史料，从这则史料可以看出，李斯虽出身低微，但不愿久居人下，有一种想要改变现状的精神。也正是因为李斯出身贫贱，经过自己的努力成功之后，他对得来不易的荣华富贵十分看重，甚至达到了迷恋的程度，这也为他的毁灭埋下了伏笔。

李斯为跨入富贵者行列，选择了师从当时的名家荀子，学习帝王之术。学成之后，他并没有留在日益没落的楚国，而是选择了渐现统一之势、更为强大的秦国，可见李斯把功名利禄放在了国家利益之上。这是他人生的第一阶段。

在人生的第二阶段，他依附吕不韦，逐渐进入秦国朝堂。此阶段李斯遇到的最大挑战是郑国渠事件。郑国此人表面为水工，实为韩国派到秦国的细作，其目的是劝说秦修筑工程浩大的郑国渠，以此来拖住秦国对外扩张的脚步。此事暴露后，冷酷多疑的秦王嬴政因此对在秦国谋求发展的其他六国之人产生了怀疑，将六国人尽数驱逐，李斯也在被驱逐之列。于是李斯写了《谏逐客令》呈递嬴政，让他承认六国人对秦国发展做出的贡献，废除逐客令。但是，当类似的事件发生在韩非身上时，李斯的态度却截然相反。秦王认为韩非是奇才，便迫使韩国交出韩非，为秦国所用。韩非入秦后，李斯感到了威胁，担心秦王一旦重用韩非，会分散自己的权力，甚至使自己遭到排挤。为了保住权力，李斯联合姚贾陷害了和自己师出同门的韩非。李斯为了巩固自己的既得利益而不择手段，以至于谋害多年挚友，使韩非英年早逝，他也因此被后人诟病心胸狭隘、嫉贤妒能。

在人生的第三阶段，李斯的权势达到了顶峰，他深受秦王信任，为秦攻灭六国贡献了自己的智慧。秦国统一后，李斯任丞相，他把全部的精力都投入秦国的建设之中。李斯参与了各项制度的构建，他在废分封、立郡县，统一文字、车轨、度量衡等重大问题上，功勋卓著，其成果影响至今。

而当李斯的富贵和权势达到了极致，他担心失去富贵和权势的精神负担也就达到了极致，此时的李斯，已经完全被权欲蒙住了眼睛。

李斯人生的第四阶段，是他人格发生重大变化的时期。李斯人格的变化经历了一个微妙而艰苦的思想斗争过程。

　　秦始皇出游至沙丘突然病故，这件事改变了李斯的命运。由于事出突然，李斯担心远在咸阳的其他公子为争夺皇位而引发天下大乱，自己权位不保，故密不发丧，这就为赵高提供了可乘之机。赵高欲立更易于操纵的胡亥，但是李斯坚持遵遗诏立扶苏，赵高抓住了李斯贪图富贵的要害，威逼利诱，使李斯一步步走入圈套，出卖了自己的良知，与他共立胡亥，逼死扶苏、蒙恬。自此，李斯把自己的命运交到了赵高手里，也把秦国的命运推上了一条末路。胡亥当上皇帝以后，沉溺于纸醉金迷的生活，把政事交给赵高打理，以致于出现了"指鹿为马"的闹剧。此时秦王朝的局势已非丞相李斯所能控制，当祸及其身的时候，他只能以"媚上固宠，助纣为虐"的方式来谋求生存。李斯被赵高构陷入狱后，仰天长叹曰："嗟乎，悲夫！不道之君，何可为计哉！"可一切已晚，李斯以谋反的罪名被腰斩于咸阳。两年后，刘邦入关，子婴请降，秦朝灭亡。

　　李斯的人生跌宕起伏，极富戏剧性，与秦朝"其兴也勃，其亡也忽"的命运高度契合。

李斯的人生悲剧是人的贪欲无限膨胀的结果。孔曰成仁，孟曰取义，趋利是人的自然本性，符合"义"的逐利行为会得到认可，而违背"义"的逐利行为，放在什么时代，都必会被唾弃和鄙视。

本书作者以客观的史实为依据，本着对历史负责的态度，以通俗的叙事手法、丰富的人物语言，生动地讲述了李斯从平民到大秦丞相，再沦为阶下囚的曲折离奇、悲欢离合的一生，再现了大秦帝国建立的那段波澜壮阔的历史。希望广大读者在欣赏精彩故事的同时，丰富历史知识，提高自身认知，在自己的人生中进退自如。

目录

第一章

誓做『仓中鼠』

第一节　斯人降生

周赧王三十五年（前 280 年）夏季的一天午后，在上蔡郡一个偏僻的村庄里，村民李营在自家的院子里来回踱步，眼睛时不时地看向正房，额头上满是汗水。后院堂屋里，李营的妻子正满头大汗、脸色苍白地躺在床上，嘴里连连喊疼。旁边的稳婆正不断地安慰她，让她再坚持一下，加一把力气。

"王婆，如何？"李营急切的声音从窗外传了进来。

"老爷莫急，快了！"王婆大声应道。

李营今年已经四十有余，成婚二十余年，膝下仅有一女。眼看家业无人继承，李营为此郁郁寡欢，渴盼夫人能再为他生下一子，也好继承李家香火。可是，多年以来他一直未能如愿。就在他感到绝望之时，他的夫人却奇迹般地怀孕了，这又给了他得子的希望，他天天祈祷，希望一切平安顺遂。

"李兄何在？"突然，从前院里传来一阵轻轻的敲门声和一个男子的询问声。

李营听出是好友王存道的声音，忙走向前院，开门后看到王存道正站在院子中间等候着。王存道是当地名士，颇有才学，尤其擅长占卜算卦，观测天象。李营将王存道迎进堂屋，泡上茶，二人一边饮茶一边交谈。

突然，一声高亢而嘹亮的鸡啼声划破了四周的寂静。李营和王存道循声望去，只见一只体型壮硕、羽毛发亮的大公鸡不慌不忙地走进院子，又跳到李营家的井栏之上。李营十分费解，他家并没有养鸡，为什么会突然出现一只如此漂亮的大公鸡？

李营正疑惑之际，那只漂亮的大公鸡又长鸣两声，拍打着翅膀飞到后院去了。

李营和王存道连忙站起来，追到后院，想要一探究竟。然而，大公鸡却奇迹般地消失了。两人正四处寻找，一阵响亮的婴儿啼哭声从堂屋里传出，紧接着便是王婆兴奋的声音："恭喜老爷，天赐公子！"

听说夫人生了个儿子，李营欣喜若狂，兴奋地说："感谢上苍，李家后继有人了！"

"恭喜李兄喜得贵子！"王存道也很高兴地向李营表示祝贺，

他忽然想起刚刚出现又立即消失的大公鸡，认为这孩子来得很不一般。李营特意让人将孩子抱出来，让王存道给孩子相面。王存道结合孩子的生辰八字，酉年酉月酉日酉时，认为这孩子正是刚才那只大公鸡托世所生，而且那只大公鸡绝非一般，肯定是天上星宿下凡。由此他断定，这孩子长大后前途不可限量。

王存道将自己的推断告诉李营，李营非常高兴，遂请求王存道给儿子占卜前途。王存道就地取材，用几根干草现场卜了一卦，得出的结果是：

斯人佐水，洋洋其京。

皋陶之后，西相嬴君。

六合为一，名震朝野。

暮色遇鬼，东门泪涔。

卦辞第一句的意思是，这个孩子将来会辅佐五行属水的人成就一番伟业，名盛一时。第二句还点明，这个孩子为上古皋陶的后人，长大后会到西方为相，辅佐嬴姓之人。第三句是说他会辅助君王横扫六国，成为名震朝野的重臣。但最后一句卦辞则充满了悲怆凄凉之意，说他在辉煌过去之后，晚年将遭遇杀身之祸。

李营从王存道的卦辞解说中得知儿子将来的结局，心不由得凉了半截。但老来得子，李营还是很高兴的，他请王存道给儿子取名，王存道便根据卦辞的内容给这个孩子取名为李斯。

李斯的出生地上蔡在我国历史上曾占据非常重要的位置，为周王朝诸侯国蔡国的都城，今天称之为上蔡古城。

公元前 447 年，楚王派兵攻打蔡国，将蔡国灭亡。自此以后，蔡国成为楚国的上蔡郡。

随着历史的不断发展，到了战国时期，各诸侯国之间的战争更加频繁，相互征战不止，上蔡郡因其地理位置，成为楚国与其他诸侯国进行战争的冲要之地。只要发生战争，这里的百姓都要遭受沉重的苦难，死伤无数。因此，他们比其他地方的百姓更加渴望和平，幻想着有一天能有一个英雄出现，统一天下，彻底结束战火不止的乱局，让他们过上安稳的生活。然而，战争还在继续，他们美好的愿望也一次次破灭。

第二节　天资聪慧

因为老来得子，李营对李斯十分宠爱。李斯也没有让父亲失望，他聪明伶俐、乖巧可爱，给这个家庭带来了许多欢乐。

一转眼李斯两岁了，说话已经十分流利。李营识文断字，算是当地的一个读书人。有一天，他来到书房，捧起自己最喜爱的屈原的《离骚》朗诵起来：

帝高阳之苗裔兮，朕皇考曰伯庸。

摄提贞于孟陬兮，惟庚寅吾以降。

……

帝高……阳之苗……裔兮，朕皇考……曰伯庸。

摄提贞……于孟陬兮，惟庚……寅吾以降。

……

忽然，一个稚嫩的磕磕巴巴的声音传入他的耳朵，他低头看去，这才发现儿子不知什么时候也来到书房，就站在他的身边，仰着小小的脸蛋，跟着他读书。李营看在眼里喜在心里，他开始教李斯读书识字。无论是《诗经》还是《楚辞》，只要教上三五遍，李斯便能牢记在心，熟练地背诵。

李斯的童年是在动乱中度过的，当时天下四分五裂，诸侯并存，各诸侯国之间为了争夺地盘而征战不止，遍地烽火狼烟，以致民不聊生，社会发展缓慢。

一天，李斯和往常一样跟着父亲背诵古文，忽然一群匪兵闯了进来，不由分说就在他家里翻箱倒柜，将家里值钱的东西洗劫一空。这时，楚国又发生了一件大事，秦将白起率兵进攻楚国，长驱直入，楚国都城郢陷落，楚顷襄王不得不将都城迁到陈地。

同年，楚顷襄王下令将上蔡作为陪都，在上蔡建王宫、园囿、百官官衙，消耗了大量的人力物力。同时楚国打算扩大军队，打造武器，准备与秦、魏交战，以夺回失去的土地。官府将这一部分费用转嫁到百姓身上，重徭重税，横征暴敛，百姓苦不堪言。

为了缴纳官府的苛捐杂税，李营不得不卖掉一半的田地，收入的减少致使家庭生活捉襟见肘，但生活的困顿并没有影响李斯的学习热情。他每天坚持读书写字，到八岁的时候便可以熟背整本《诗经》，只是还不能充分理解诗中的意思，便向父亲请教。有的问题李营可以回答，有的问题李营回答不了。为了让儿子掌握更多的知识，李营决定给李斯找一位老师，让他接受正规的教育。

当时上蔡城南有一家学馆，是王存道开的，李营便带着李斯来到学馆，让李斯拜王存道为老师。

当着诸多学子的面，王存道对李斯进行考核，让他背诵《诗经》，李斯不但倒背如流，而且能对里面的句子做出解释。王存道自办学馆以来，第一次遇见如此聪慧的学生，自然十分高兴，对李斯格外用心，除了传授知识，还教他篆刻。

时光荏苒，转眼李斯十八岁了。这时的他已经长成了一个眉清目秀的大小伙子，在学业上也取得了不小的成绩，不但读完了当时流行的著作，而且练就了一手好刻工。更为重要的是，他还写得一手好文章，尤其精通辞赋。他的文章处处彰显胸怀天下之志，许多老学究都赞不绝口。

上蔡郡守听闻李斯其人其事，爱才之心顿起，他差人寻来李斯所写文章，想看看李斯是否真如传言一样为当世奇才。当他品读之后，发现此人不仅所写文章辞藻华美、笔体遒劲，更为可贵的是从他的诗词文章中，处处可看出他不甘平庸、志存高远的心气，和对当今楚国国政混乱的不满。郡守想见见这位奇才，便立刻着人把李斯带到府中问话。

李斯到了府堂，昂首挺胸而立，虽然面庞略显青涩，但眉宇间透露的英气、眼中闪着的光芒都被郡守看在了眼里，对他更为喜欢。郡守明知故问地说："堂下所立何人？"

李斯面不改色地说："上蔡李斯是也。"

郡守又说："李斯，我且问你，寻常文人皆好青山秀水，而你身为楚人，有如此多大好的景色不去吟诵，却妄谈当今各国之事，这是为何？"

李斯回答："大人，恕李斯直言，若人人都沉醉于山水，而不关心天下大事，那这山水怎么保得住呢？山水常在，只是其主是谁，犹未可知也。"

郡守对李斯的欣赏又深了一些，他故作严肃地训道："大胆！楚国之山水自然千世万世属我楚人。我再来问你，你多次引经据典暗讽楚国朝政，搬弄是非，妄议忠奸，你可知罪？"

李斯依然毫无惧色地回答："大人，李斯身为楚人，自然希望楚国千世万世，但楚国朝中混乱已久，国力已衰而内讧不止，大人也应清楚。若大人只喜粉饰太平之词，而厌恶谔谔之言，便请治李斯之罪。"

郡守当然知道李斯所言不假，楚国确实已经危机四伏，而且李斯所写的内容也并非大逆不道之言，所以他根本没打算治李斯的罪，只是想考验一下他。郡守再次严厉地对他说："放肆，我岂是听不进良言之人！今日之事，就此作罢，以后不可妄谈国政，若有下次，严惩不贷！"

李斯是识趣之人，自然答应下来，谢过郡守后作揖而退。郡守不禁感慨："可进可退，又如此博学善辩，此人日后必为大才，前途无量啊！"

第三节　仓鼠厕鼠

有才华的人不会被埋没，李斯的机遇很快就来了。

楚顷襄王三十六年（前263年），楚顷襄王驾崩，太子熊完继位，即楚考烈王。熊完在秦国做人质的时候，多亏黄歇搭救才得以回国，所以他继位之后立即起用黄歇为相，赐黄歇淮北地十二县，并封其为春申君。

春申君为了增强自己的政治实力，招募大量门客，多达数千人，并给予他们非常优厚的待遇。上行下效，楚国的地方官员也学习春申君，以选拔人才为名，培植自己的势力。上蔡郡郡守也不例外，他第一个想到的便是李斯，李斯的文笔上蔡郡内无人能比，于是他将李斯安排在自己身边做了一个小吏，帮助自己写写文书、贴贴告示，工作轻松自在。

李斯小小年纪便成了官府中人，对李家来说是一件光宗耀祖的大事，李营欣喜若狂，大摆酒宴，遍请亲友，以示庆贺。

李斯二十岁那年，在父母的安排下成婚，女方的父亲同样是一名读书人，与李家算是门当户对。李妻比李斯小两岁，温柔贤惠，两人非常恩爱，日子过得和和美美。第二年，李妻便为李斯生下一个儿子，取名李由。

这一年，李斯在仕途上也比较顺遂，成为郡守的好帮手。这时候的李斯少年得志，意气风发，因为受到郡守的赏识，他在郡府中的地位也日渐提高，渐渐变得轻浮起来，常常在外面炫耀自己的才华，说郡府里面的文件全部出自自己之手，甚至还说郡守若离了他，整个郡府将乱作一团。很快，这些话传到了郡守的耳朵里，郡守从此改变了对李斯的看法，他觉得李斯虽有才，但容易骄矜自恃，不能重用，逐渐疏远了他。几个月后，李斯因为一点小小的错误被免去职务，下放到一座刚建好的粮仓里当仓吏。

粮仓里有很多大老鼠，它们肆无忌惮地偷吃倒也罢了，看到李斯竟然丝毫不害怕、不躲藏，还一个劲地冲他吱吱地叫唤，那样子似乎是在向李斯示威。不过，对于这种情况，李斯开始并不生气，也懒得理会它们，反正吃的又不是他家的粮食。他只在粮食进出的时候记记账，平时到粮仓里看看，整日无所事事。

有一天，李斯在巡查粮仓时想要如厕，忽然看到几只瘦骨嶙峋的老鼠正在抢食茅坑里面的粪便。看到突然出现的李斯，老鼠们惊恐万状，纷纷逃跑。老鼠很快就消失了，李斯却不禁想起了粮仓里那些肥硕的老鼠。

同样是老鼠，只是因为生存环境不同，境遇竟有天壤之别，一个是"食不洁，近人犬，数惊恐之"，每日以粪便为食，还惧怕人和狗；另一个是"食积粟，居大庑之下，不见人犬之忧"，吃着粮仓里的粮食，却目中无人，无所畏惧。继而，他又联想到人。同样是人，因为身处的环境不同，眼光、见识、生活也有着根本的区别。

李斯不禁感叹："人之贤不肖譬如鼠矣，在所自处耳。"意思是，一个人有没有出息，就如同老鼠一样，是由自己所处的环境决定的。楚之郢都、齐之临淄、赵之邯郸、秦之咸阳这些富庶繁华的大都市，生活在那里的达官显贵们，就好比粮仓里的硕鼠，过着衣食无忧的生活，又因有权势而万事不惧；而上蔡这种穷乡僻壤，就如简陋的茅厕，这里的人只能靠微薄的收入艰难度日，过着食不果腹的生活，目光短浅如井底之蛙，还要因一些琐事而忧心忡忡。李斯认为，现在自己就像一只寄生在厕所里的老鼠，即使有一官半职，这辈子也注定没有出头之日。

他坐在地上，又开始思索另一个问题：自己现在是应该留下来，继续做一个衣食无忧的仓吏，像厕鼠那样度过一生，还是应该离开上蔡，换一个环境，干一番大事业，做一只"仓鼠"呢？

第四节　辞官求学

带着这样的疑问，他拜访了自己的老师王存道。王存道没有直接回答他的问题，而是给他讲了几个故事。

洛阳人苏秦少年时拜纵横家鬼谷子为师，学成后，满怀一腔热血来到秦国，希望找到用武之地。可是，他一连给秦王写了十封书信，都石沉大海，没有一点回音，最后只能失望而归。因为在秦国花完了所有的盘缠，他归来时一身破衣，形如乞丐，左邻右舍以及他的兄弟姑嫂、妻妾看到他如此穷困潦倒的样子，都嘲笑他说："非官者，命也，然不甘于命，寄口舌之功以求升官发财，不易。今败，心甘乎？"听了这些刺耳的话，苏秦非但没有气馁，反而更加发奋读书。经过一段时间的苦读，他的学业大有长进，于是再次出游列国，受到了赵、燕、韩、魏、楚、齐君主的欢迎和重视。为了对付强大的秦国，他提出了六国合纵的主张，也被各国君主所接受。六国君主赐他六国相印，让他负责统领兵马。苏秦衣锦还乡，六国君主赠送了他大量的金银财宝，装了好几辆马车。昔日看不起他的兄弟姑嫂、妻妾听说他回家的消息后，连忙赶到十几里外来迎接他，对他毕恭毕敬。苏秦问他们："汝等昔日傲慢，今恭顺，为何？"他的嫂子坦率地回答说："昔君贫穷，今发达，不可同日而语，吾等当恭敬！"

讲完这个故事，王存道问李斯："汝作何感想？"

李斯沉思片刻，回答说："若抱定大志，当排除万难，厚积薄发，莫要在意旁人之言，莫要计较他人之无礼。他日实现抱负，旁人自然再无非议，且恭敬万分。"

"妙极！"王存道称赞了一句，又接着讲第二个故事。

魏国有一个名叫张仪的人，同样拜鬼谷子为师。他学习了几年，取得了不错的成绩。不久，张仪辞别老师，到楚国游说，恰巧楚相摆酒设宴，张仪有幸参加。然而，在这次酒宴上发生了一件很不愉快的事情，楚相所珍藏的一块价值连城的玉不见了。其门客怀疑是张仪偷的，楚相下令对张仪严刑拷打，但因为没有证据，只好将他放掉。张仪遍体鳞伤地回到家中，他的妻子非常气愤地说："君游说诸侯，乃一番好心，却遭如此侮辱，上天不公！"张仪却不以为然，张开嘴问妻子："吾之舌在乎？"其妻道："在有何用？"张仪道："有它足矣。"之后，张仪又来到秦国，给秦王分析合纵成功对秦国的不利，受到秦王的重视，秦王让他负责破除苏秦的合纵之术。随后，张仪利用自己的智慧，帮秦国摆脱了危险，被封为秦国相邦。

讲完第二个故事，王存道又问李斯："有何感想？"

李斯回道："成大事者，隐忍不拘小节，身体尚存，志便不灭！"

"精妙！"王存道再次点头称赞，又问，"两个故事合在一起，有何感想？"

李斯凝眉沉思，很自然地联想到自己前一阵子看到的老鼠，老鼠因为生长的环境不同，境遇也大不相同。苏秦、张仪，起初也因为不同的原因没有遇到赏识他们的人，所以才能得不到发挥，后来环境改变，得遇明主，才能才发挥出来，成为辉煌一时的人物，青史留名。李斯大脑中随即闪现出一句话："鼠在所居，人固择地。"老鼠的习性取决于它所处的环境，而人则应该选择一个适合自己的地方来展现自己的才华。事实也确实如此，想要改变自己的命运，首先必须改变自己的处境，提高自己的修养，丰富自己的知识。

这次谈话使李斯产生了一个大胆的想法，大丈夫当纵横四海，干一番轰轰烈烈的事业，而不是一辈子待在一个偏僻的小地方碌碌无为。他回到家中，来不及喝一口水，径直走进书房，提笔疾书写好了辞呈，然后找到自己的上司，将辞呈递给了他。

上司看了李斯的辞呈，不解地问道："仓吏虽小，但于此乱世可保衣食无忧，人共争之，汝却弃之，为何？"

李斯冲上司拱一拱手，说："李斯才疏学浅，无法胜任，还请大人另请高明。"

上司见李斯去意已决，便不再挽留，当即批准了他的辞呈。

李斯回家将自己辞职的消息告诉了母亲和妻子。他的母亲非常生气，甩手给了他一个响亮的耳光，并指着他破口大骂说："汝忤逆不孝，私弃仓吏，何以糊口？！"妻子则好言相劝："夫君当三思而后行，如此莽撞行事，无俸禄以养家，恐悔之晚矣！"

然而，一想到今后可能拥有的富裕的生活，再看看眼前穷困的生活，李斯没有丝毫的犹豫，他简单地收拾了一番，不顾家人的阻拦，毅然决然地离开了生他养他的家乡，朝兰陵而去，开始了他追名逐利的一生。

第二章

习得帝王术

第一节　拜师荀子

李斯前往兰陵，是打算拜当时著名的学者荀子为师。

荀子，名况，战国后期赵国人，时人尊称为荀卿。五十岁时，始游学于齐国，曾在齐国首都临淄的稷下学宫任祭酒，因遭谗去了楚国，得春申君赏识，任兰陵令。晚年开始专心治学，著书立说。

上蔡与兰陵相隔千里，那时交通落后，只有为官之人才能乘坐马车出行，平民百姓就只能步行。李斯虽然当了几年的仓吏，但存下的钱财有限，买不起马更乘不起车，只能步行。他挑着一副担子，一边放着衣物书籍，一边放着干粮，风餐露宿，日夜兼程，好不容易才到了兰陵。

李斯第一次出远门，来到人生地不熟的兰陵，自然不知道荀子的治学之所，只好见人就打听。当时兰陵为富庶之地，到处可见身着绫罗绸缎的达官显贵，而李斯一身粗布麻衣，又加上多日的行走，身上散发着难闻的汗臭味，他行走在街头，路人手捂口鼻躲都躲不及，更别说回答他的问题了。

李斯到处受冷遇，感到十分自卑，为了给自己打气，他在心里冲那些人咆哮道："有什么了不起的，你们不过也是粮仓里偷吃粮食的硕鼠罢了！"

既然打听不到，李斯只能自己寻找，他在兰陵转了大半天，连学堂的影子也没找到。此时，他又饿又累，实在走不动了，便准备找个地方坐下来歇歇。

"君子曰：学不可以已。青，取之于蓝，而青于蓝；冰，水为之，而寒于水……"突然，一阵读书声传入李斯的耳中。他精神为之一振，急忙抬头朝声音传来的方向望去，这才发现离自己不远处有一所青砖绿瓦的房子，房头上镶着一块青石，上刻三个篆字"况学堂"。读书声正是从那所房子里传出来的。

他突然一阵惊喜，"况"不就是荀子的名字吗？不用说，这里就是自己要找的地方。真是踏破铁鞋无觅处，得来全不费工夫。因为这意外的收获，李斯浑身的疲倦瞬间烟消云散，他三步并作两步跑到学堂门口。只见屋子里摆着几张案几，每张案几后面都有一人席地而坐，他们双手捧着竹简，读得十分起劲。

在这些人对面，摆着一张案几，案几后面坐着一位鹤发童颜、一身素服的老者，他正手握一支毛笔，低头在竹简上写着什么。李斯想，这位老者应该就是自己要拜的老师荀子。

李斯正要抬腿往屋子里走，突然又犹豫起来，只见里面的学子一个个衣着光鲜、皮肤白净，再看看自己，蓬头垢面，衣服破烂不堪，寒酸得像乞丐一样，先生会收留自己吗？

犹豫之间，李斯引起了学生们的注意，他们停止读书，朝李斯看去，并对他指指点点，小声议论着。李斯猜想，这些人肯定是在笑话他的寒酸，一种强烈的自卑感随之产生，他恨不得找个地缝钻进去。

荀子听到读书声停止了，诧异地抬起头来，这才发现门口不知什么时候多了一个人。他见来人虽然衣着破烂，但举止斯文，不像一般的乞丐，于是冲一个学生示意了一下，那名学生立即站起来走到李斯面前，轻声问道：“足下何事？”

李斯回答：“吾乃上蔡李斯，久闻先生大名，特不远千里前来投拜，望先生不吝赐教。”

学生用怀疑的目光上上下下打量了李斯一番，惊讶地问道：“足下为求学而来？”

李斯点点头说：“是。”

学生没有继续追问，转身走到荀子面前，将李斯的话转告荀子，并征求荀子的意见。荀子听了眉头微微皱起，认真看了看李斯，又点点头，轻声说道：“请进。”

学生遂转向李斯，说道：“足下请进！”

李斯忐忑不安地走进学堂，见学堂四周的墙壁上挂着很多精美的字绢画帛，字绢上写的是荀子和孔圣人的名言，画帛则是孔圣人的画像。最具代表性的孔圣人讲学图就挂在荀子背后的墙壁上。整个学堂充满了儒雅的气息。

李斯上前向荀子行礼，并做了自我介绍。

荀子微微点点头，和颜悦色地问道："汝欲学何技能？"

在来时的路上，李斯一直想象着荀子的形象：身材纤瘦，鹤发童颜，不苟言笑，表情严肃。而面前这个老头，和他想象的完全不一样，他身材微胖，慈眉善目，给人一种非常亲切的感觉。这使李斯那颗忐忑不安的心渐渐平静下来，胆子也变大了，他直言不讳道："弟子不才，愿学帝王之术，愿有朝一日可伴君左右，富贵显达，岂不美哉。"

荀子一听脸色大变，生气地拂了拂衣袖，毫不留情地说："吾著书立说，开办学堂，乃教弟子修身养性，友爱天下。我创帝王之术，本意是帮助那些想要辅佐君王安邦定国的贤才避开危险，了解庙堂上的运作，以尽快施展抱负，宣扬教化。怎能成为你口中的升官求财之道！我观你心术不正，可速去也！"

所谓帝王之术，是古代帝王的领导、谋略、管理、识人用人之法。李斯想要学习的帝王之术，就是经世致用、建功立业之术。他日后要高官厚禄、飞黄腾达，自然要先了解帝王，助其成就一番丰功伟业。

荀子作为儒家思想的继承人，将儒家思想发扬光大，创造性地汲取了先辈们获得君王信任的经验，并进行了总结补充，从而形成了一套系统的帝王之术。他认为，人性本恶，人的天性就是想满足自己的欲望，须由圣王及礼法的教化来抑制这种"恶"。几千年来，他这套帝王之术的理论对中国的文化、政治都产生了极其深远的影响。

荀子的帝王之术主要包括以下几个方面：

一是君主应该注重人才的选用。他认为，国家兴衰成败的关键在于君王对人才的选用。依照荀子的观点，想要国家长治久安，必须有一套合理的法制，而执法者是否合理运用法制，又直接关系到国家的稳定与否。那么什么是优秀的人才呢？荀子认为，优秀的人才要德才兼备。君王根据人才的能力授予相应的职位和权力，让大家各尽所能，共同推动国家机器的正常运转，从而维护帝王的统治地位。

荀子这种人才选用的观点，放在数千年之后的今天，似乎并没有什么高明之处，几乎人人都明白这一道理，但在那个知识匮乏的时代，他的理念却堪称超前，具有非常重要的政治意义。战国是我国早期历史上一个大变革时期，各诸侯国之间战事频频，在政治、经济、军事等领域都出现了十分尖锐的社会矛盾。一部分刚刚崛起的地主阶级迫切希望登上政治舞台，而那些代表旧势力的世袭贵族却不甘心交出手中的权力，双方因此产生矛盾，而且越来越尖锐。荀子对于人才选用的观点，恰恰代表了新兴的地主阶级对掌握国家权力的要求和顺应社会发展的大方向。从这方面来说，荀子的观点是积极的、进步的。

二是君主应该懂得依法治国。荀子虽然是儒家思想的继承人，但他也非常推崇法家思想，并将这种思想融入了他的帝王之术中。

他认为，依法治国是每一个统治者必须坚守的理念，"无规矩不成方圆"，没有一套完整的法律作为支撑，国家的治理就没有可以依据的章程。法律面前人人平等，"王子犯法，与庶民同罪"。如果一部分人因为身份的特殊，可以随意违反法律，而得不到应有的惩罚，那么国家就无法推行法制。法制得不到很好的推行，国家就得不到很好的治理。由此可见，荀子将依法治国提高到了国家战略的地位。

三是君主应当明白君臣相处之道。作为臣子，要对国家和君主有绝对的忠心。而君王则有必要利用各种情境来对臣子进行考验，以检验臣子是否忠心，能否胜任自己的工作。若能经得住考验，则为合格的人才，当予以重用。

在当时的历史环境中，荀子的这一系列思想已经非常先进了，他将儒家思想和法家思想结合，发展了孔孟所推崇的上古贤王的政治理念，提出了"法后王"的政治思想，从选人、法制、监察三个方面阐释了帝王之术。作为臣子，只有弄明白了这些道理，才能懂得自己的义务，尽心尽力为国家、为君王服务，受到君王信任，为君王所倚重，完美体现自己的价值。

然而，李斯追求帝王之术的目的与荀子所宣扬的儒家思想背道而驰。李斯希望借助帝王的权力，改变自己出身卑贱、生活穷困的的现状，这虽然是一种追求进步、不甘平庸的表现，但也正是这种功利的心态，注定了他悲惨的结局。李斯的一生与秦朝"其兴也勃，其亡也忽"的命运高度契合。荀子正是看到了李斯眼中的贪婪，所以才拒绝了他。

第二节　勤谨慎言

李斯知道自己说错了话，心中懊悔不已。他不远千里、跋山涉水而来，就是为了学到本领，以求将来荣华富贵、光宗耀祖，但不想触怒了荀子。眼看着就要空手而归了，好在他随机应变能力很强，立即改口道："请先生恕罪，弟子愿弃学帝王之术，改学修身养性。"

荀子见李斯的态度转变如此之快，很是诧异，盯着李斯看了许久，问道："汝愿弃之？"

李斯忙不迭地点头说："弟子愿意。"

荀子脸上重新露出笑容，说道："如此，可入座矣。"

李斯长长地吁了口气，向荀子道谢说："多谢先生教诲！"说完，转身后退两步，找了个地方席地而坐，用衣袖悄悄地拭去额头上细密的汗水。

荀子看到李斯坐定，又说道："圣人南适楚，厄于陈蔡之间，七日不火食，藜羹不糁，弟子皆有饥色。圣人便问弟子曰，'吾等不过凡人耳，非野牛猛虎，为何会被困于此地？'"荀子顿了顿，看着众弟子，问道，"诸子以为，圣人何困于此？"

一个学生抢着回答说："圣人修行尚浅，未达仁之境界也，故停留于此，感悟奥妙。"

荀子摇摇头。另一个学生立即起身回答："弟子以为，圣人之学识已高于天，遭天神妒忌，故降下此劫。"

荀子不置可否，将目光投向李斯。李斯顿时有些不知所措，自己虽通些文墨，但未得指点，对如此高深的问题可以说一窍不通，不知从何答起。但他看出荀子对孔子尊崇万分，所以称赞一番孔子总不会错，于是他硬着头皮回答说："圣人之修行，天下无人能及，故为天下所不容也，然圣人品行尽显，为世人称颂，孟子曾曰：'天将降大任于是人也，必先苦其心志，劳其筋骨，饿其体肤'。圣人虽困于陈，亦是一种修行，何惧哉！"

"妙极，妙极！"李斯话音刚落，荀子便连声称赞说，"汝好悟性，必成大器也！"

李斯本来是胡乱回答的，结果不但答对了，还得到荀子的称赞，他不禁暗自庆幸。

荀子又说："圣人处逆境而不气馁，为我辈所不及也。所谓强者，当知逆流而上，方成大器耳。"

李斯听了如醍醐灌顶，急忙起身，向荀子施礼说："弟子谨遵教诲，当逆流而上。"

荀子看了李斯一眼，脸上露出一种耐人寻味的笑容，说道："不易也！吾五岁识字，博览群书，二十岁周游列国，今已年近花甲，不过如此耳。"

李斯恭敬地说："先生此言差矣！先生学富五车，才高八斗，四海之内无人不知、无人不晓！到楚国任兰陵令，实乃屈才耳。如今先生看淡功名利禄，著书立说，培育后人，为天下楷模。弟子仰慕先生品德高尚，故不远千里而来。弟子愚钝，家境贫寒，还望先生能够收留指点。"

经过一番谈话，荀子对李斯颇为满意，于是点头道："做学问不论贫贱富贵，而在于是否有志。颜回未遇圣人之前，不过是一仓吏。"

但是，荀子有一个规矩，就是每一次收弟子都要经过考试，及格了才收，李斯也不能例外。所以他又说："既想在此求学，当答我一问，若答对，便可留下，若答错，还请拜于他处。"

李斯已经领略了荀子学问的高深，想到他出的问题也必然十分深奥，以自己的才学恐怕很难答得上来，但也只能奋力一搏了，他看看荀子说道："先生请讲。"

荀子沉思片刻，说道："'自知者不怨人，知命者不怨天；怨人者穷，怨天者无志'当何解？"

李斯心中暗喜，这个问题对他来说并不难，因为之前他已和王存道探讨过此类问题，虽然已有答案，但是李斯仍故作思考，回答说："此言出自先生《荣辱》篇。弟子以为，智者，知天道，决不怨天尤人，只会立足当下，把握今朝，积极转变自身而顺应天道。此乃大智慧！那些只知抱怨而不做改变的人终究难成大器！先生，不知道学生的理解对否？"

荀子非常满意地点点头："说得不错，你可以留下了。"

得到了荀子明确的答复，李斯非常高兴，他忙整理衣冠，焚香拜师。他先冲孔圣人的画像行礼，然后又冲荀子双手作揖，再双膝跪地，口中呼道："恩师在上，请受学生一拜！"

荀子双手将李斯搀扶起来，然后吩咐一位弟子带李斯去后房安顿。

从此以后，况学堂就成了李斯的第二个家，也成为他步入仕途的阶梯。

其实，李斯拜荀子为师，还有一个私心：按照他对自己未来的设想，学业有成之后，他想让荀子将自己引荐给春申君，再借助春申君这个阶梯平步青云。

李斯知道自己不过一介平民，别说攀附春申君，就连见他一面的机会都没有。可是，他的老师荀子就不一样了，荀子和春申君交情非同一般。荀子初到楚国时，便因名气大而被春申君封为兰陵令。但有人嫉妒荀子，在春申君面前搬弄是非，春申君听信谗言，撤了荀子的职。荀子离开楚国，来到赵国，被封为上卿。这时候，又有人为荀子抱不平，他们找到春申君晓以利害，春申君恍然大悟，忙派人前往赵国，百般劝说荀子，让他重新回到楚国，继续担任兰陵令。所以，李斯想要面见春申君，师从荀子绝对是一条捷径，他也竭力在荀子面前表现自己，以取得荀子的好感。

每天清晨，李斯总是第一个起床，担水扫地，洗衣做饭，甚至为荀子洗脚、剪指甲。他不怕脏不怕累，凡是他能干的活绝不偷懒，尤其是每天上课的时候，他都用心听讲，回答问题十分积极，给荀子留下了勤勉好学的印象。

荀子自称儒学继承人，所以教授的课程也和孔圣人大同小异，分为四门课程，即德行、言语、政事和经典，李斯最感兴趣的是政事。但是，荀子又有严格的规定，新入门的弟子必须先从德行学起，德行学不好，其他的无从谈起。学完了德行再学言语，第二年才能学习政事和经典。

德行是最基础也最容易掌握的知识，就是每天背诵孔子的语录，逐字逐句地思考，根据语录反省自己的言行，看有没有过错。有则改之，无则加勉。一天三次，叫三省。李斯做得非常认真，每做一件事都三思而后行，很少犯错误。荀子看在眼里，对李斯越发欣赏，于是对李斯的栽培也更加用心。

荀子素来提倡仁义道德，一日，他与众弟子谈及用兵，说道："所谓仁爱者，当坚持正义，遵循礼仪。当今天下，若有一支仁义之师，铲除暴虐，使百姓安乐，必可兵不血刃，使远近归附，庶民拥戴，此乃仁义所致也。"

对于荀子的观点，李斯并不认同，从一小县一路走来，李斯看遍了世道险恶。国与国之间只有无休止的争斗，人与人之间也无仁义可言，甚至父子手足都互相残杀。弱肉强食，才是最现实的写照。

荀子接着说道："自古以来，仁义乃治国之根本，国家富强昌盛，百姓安居乐业，自然拥护君主、效忠君主，如此则国运长久，反之，则必然败亡。如今日之秦，虽国力强盛，其性贪也，纵兵掠夺，天下反对，故不能长久也。纵观古人，商汤战胜夏桀、周武王战胜商纣，非一战可胜，乃多年得人心所致也，即仁义所致。"

李斯对荀子的看法虽然不尽认同，但并未当面提出质疑。不过，荀子口中的"强秦"二字，已深深地烙在了他的心里。

第三节　结识韩非

在况学堂，李斯刻苦学习，学识日渐长进。这天，李斯和同窗们正在学堂里诵读，忽然门口传来一个声音："敢问诸位，此处可是荀子学堂？"

众人纷纷扭头向门外看去，只见那里站着一个二十四五岁的年轻男子，长得一表人才，举止斯文。在他的身边，还跟着几个仆从，其中一个仆从手里牵着一匹马，马背上驮着两只大木箱子，箱子上还放着捆扎整齐的行李。

李斯料定此人身份不一般，于是站起身走过去问道："敢问足下尊姓大名，到况学堂又所为何事？"

年轻男子礼貌地说："在下韩人韩非，千里而来，只为拜师求学。还请足下代为通报，在下就此谢过！"

听到韩非两个字，李斯有些不敢相信自己的耳朵。他早就听说过韩非的大名。韩非出身韩国宗室，才高八斗，学富五车，年纪轻轻已名扬四海。他一直将韩非作为自己的目标。现在，韩非就站在眼前，他惊讶地追问道："足下可是韩国的公子韩非？"

年轻男子点点头："正是在下。"

原来，韩非一家为了躲避瘟疫和战乱，离开家乡，来到汝州，在一个小村庄隐居了下来。受祖上的影响，韩非从小就立志要干一番事业，以振兴家族，强大韩国。为了实现自己的愿望，他年纪轻轻便周游列国，一路游学，吸收各派思想。他这次拜师荀子，也是慕名而来。

李斯惊喜万分，急忙转身走进学堂，禀报荀子。

荀子虽然身居陋室，但心系天下，他也听过一些关于韩非的传闻。现在韩非不远千里来拜自己为师，自然非常高兴，急忙起身整理衣冠，亲自到门口迎接。其他弟子看到老师对韩非如此恭敬，也不敢怠慢，纷纷迎过来，簇拥着韩非和荀子往里走。

李斯走在后面，看着众星捧月般的韩非，心中不免感到一阵失落，想到自己初来时，荀子对自己的怀疑及考验，和他现在对韩非的态度，简直是判若两人。同样是来拜师，同样是从楚国而来，为何不一样对待？难道是因为身份的不同吗？这更加坚定了李斯要做人上人的信念，这一刻，他暗自下定决心，一定要刻苦学习，将来超过韩非，让荀子对自己刮目相看。

在举行隆重的拜师礼之后，李斯带着韩非来到学堂后面的宿舍。看着仆从将一只只箱子搬进屋子，李斯十分羡慕，他又一次想到了自己，一千多里的路程完全靠步行，光鞋就穿坏了好几双，还挑着一副担子，风餐露宿。再看看韩非，走路有马骑，吃饭有人做，衣服有人洗，王孙贵族就是不一样，也难怪荀子对他态度那么恭敬。

一个身材高大的仆从抱着一只木箱走过来，见李斯呆呆地站在那里，毫不客气地说："汝为何发愣？还不快点帮忙！"

李斯心生不悦，心想：你不过是一个仆人，有什么资格命令我。都说韩非知书达理，竟然连自己的仆人都管不好，看来也不过如此。不过，他并没有表露出来，他想与韩非交好，于是他顺从地笑了笑，然后动手帮韩非整理床铺。

韩非刚从外面进来，见李斯要去整理自己的床铺，急忙一把拉住李斯，抱歉地说："怎劳学兄动手，有他们足矣。"说完，又训斥仆人，"放肆！学兄何人也，岂能做此下人之事？你等身为仆从，竟如此行事，实在无礼！当骂，当罚！"

几个仆人连连向李斯道歉，迅速收拾后便逃也似地离去了。因为韩非的这一举动，李斯刚才对他的厌恶之感迅速消失了，取而代之的是一种仰慕之情。果然是上等人，可以对下人如此呵斥。但他仍劝阻道："不碍事，不碍事！久闻韩兄大名，今日得遇，乃三生有幸也！"

韩非问道："彼此彼此，请问学兄尊姓大名？"

李斯回答说："在下李斯，乃上蔡人，你我本为同乡，当相互照应才对。"

韩非想不到千里求学第一天就遇见了同乡，自然也很高兴，忙不迭地点头道："当然当然，以后全赖学兄照应。"

自此以后，李斯与韩非便成了同窗。李斯对韩非这个传奇人物非常感兴趣，一有时间就拉着他问这问那。韩非心直口快，有问必答，并且也向李斯提了不少的问题，李斯也都一一回答了，两人倾心交谈，大有相见恨晚之意。很快，他们便成了一对无话不谈的好朋友，平时以兄弟相称，论年龄韩非年长，所以李斯称其为兄，自称为弟。二人入则同寝，出则同行。

韩非哪儿都好，唯一的毛病就是说话结巴，常常被同学们嘲笑。有时他一番话下来，大家都不明白他在说什么，而李斯和韩非似乎心有灵犀，他每次都能将韩非的话恰如其分地"翻译"出来。荀子看到自己最为欣赏的两位弟子关系这么融洽，互为知己，心中十分欣慰。

因为来自贵族世家，又有着丰富的知识和阅历，韩非对于天下大势有着独到的见解和分析，他鲜明的观点让李斯十分佩服。同时，韩非带来了各种学派的著述书简，极大地开阔了李斯的眼界。李斯成名之后，曾无限感慨地说："假如韩非遇不到李斯，韩非还是原来的韩非；假如李斯遇不到韩非，则不能成为今天的李斯。"

这年夏季的一天，乌云低垂，天气异常闷热，黏稠的空气令人几乎喘不过气来。李斯等人坐在学堂里大汗淋漓，纷纷提议将课堂搬到室外一棵高大的槐树下面，得到了荀子的同意。

这是一棵百年古槐，就生长在院子的正中央，有两人合抱那样粗，树冠硕大，树荫遮盖了半个院子，郁郁葱葱，显示出旺盛的生命力。

荀子盘膝坐在地上，弟子们围着他坐了一圈，专心致志地听他讲解人性与才华的关系。

荀子开口说道："国无礼则不正。礼之所以正国也，譬之，犹衡之于轻重也，犹绳墨之于曲直也，犹规矩之于方圆也，既错之而人莫之能诬也。《诗》云：'如霜雪之将将，如日月之光明，为之则存，不为则亡。'此之谓也。国危则无乐君，国安则无忧民。乱则国危，治则国安。今君人者急逐乐而缓治国，岂不过甚矣哉！"

弟子们无不为老师精辟的演讲而拍手叫好，纷纷说道："人无礼，不可生；事无礼，不可成；国无礼，不安宁。"

韩非却对众人的附和十分反感，忍不住站起来说："诸兄之言差矣。"

众人听了为之一愣，不知道韩非葫芦里卖的什么药，纷纷向他投去不解的目光。

荀子也不解地问道："汝有何见解？"

韩非严肃地说："先生所言，恕弟子不敢苟同。"

此言一出，立即引来一阵议论之声，有说韩非忤逆，目无师长，竟敢对老师的观点持怀疑态度；有说韩非大胆，敢于发表不同的意见，应该表扬……大家甚至为此发生争吵，现场变得混乱起来。

看着这样的场面，荀子感到无比尴尬和气愤。平时他和韩非讨论的时候，偶尔也会出现小的分歧，但毕竟不是在公开场合，今天当着众弟子的面，韩非竟然公开与自己唱反调，这让他颜面何存？尽管如此，他还是努力抑制自己的情绪，尽量保持长者风度，示意大家安静下来，然后对韩非心平气和地说："畅所欲言。"

韩非也不客气，滔滔不绝道："先生所言之礼仪，于今不适也。想圣王之时，人心纯净，无贪无欲，只求温饱，不争不抢，人人讲礼仪，家家说道德。尧舜禹虽为君王，住房简陋，日出而作，日落而息，吃粗粮、穿麻衣，与平民无不同也，故君王禅让。而今社会，人心不古，上至君王，下至百姓，无不贪图荣华富贵。君王居王宫，拥佳丽三千，酒色无度。上行下效，凡为官者，无不享乐，华屋居住，车马出行，子孙后代，福泽无穷，故人人争之，得而怕失去，不得而抢夺，所以有了战争。"

韩非越说情绪越激动，他急忙打住话头，努力调整自己的情绪，又接着说道："圣王之时，民风淳朴，讲究仁义友爱，所以政策宽缓，而今社会，风气败坏，世道混乱，前后不可同日而语也，以过去之政治今日之世，不可。"

面对韩非这番高谈阔论，就连一向雄辩的荀子也不知道该如何回应，现场一片寂静。

过了好一阵子，荀子率先打破沉默，问韩非道："依公子之见，当今王者，该如何施政？"

之前韩非还有所顾忌，话说得也有些谨慎，这个时候他完全放开了，大胆地说："庶民者，多未开化之人，目不识丁，不懂礼仪，而畏惧权势也，非权势不可治者。孔子虽圣人，遍施仁义于四海，然从者不过几十人也。君主施暴政，天下之民无不惧服。非君主仁义胜过孔子，乃庶民慑于权势也。

"有地痞无赖，横行乡里，不听规劝者，官府拘之，处之以刑罚，则改过自新耳。有儒生者，受邪恶所蛊惑，聚众而对抗官府，肆无忌惮。及至朝中大臣，拉帮结派，左右朝政，为所欲为，若君王择其一二，杀一儆百，其余则无不惧怕，无人再敢。

"君王治乱世，当严明法度，手段强硬，不惧邪恶，主张正义，树立典范，规范行为，去除乱书，统一教化，以宣教为主、刑罚为辅，使耕者有其田，居者有其屋，文官者吏治清明，武士者驰骋疆场，内保平安，外保疆土，国家可强也，霸业可成也。"

韩非之言有理有据，在场的人无不信服，纷纷点头称是。

荀子想不到自己宣扬了几十年的仁义道德就这样被韩非的一翻宏论给打破，他很不甘心，急得面红耳赤，却又无法反驳。

李斯见状，连忙为老师解围："非所言，亦有道理，然先生所言之礼仪，亦不可弃。若君主抛弃礼仪，只凭刑罚治国，即便霸业可成，恐天下不服，民怨日积月累，久则生变，江山恐倾覆。故治国当以礼仪为主、刑罚为辅。"

"非也，"韩非打断李斯的话说，"今天下七国，唯秦一国独大，其余六国皆弱。为何？非秦礼仪治国，乃商鞅变法使然。商鞅者，主张严刑罚、树君威，使秦迅速强大。反观六国，思想守旧，固守祖宗礼法，不图新政，所以衰弱。"

为了替老师挽回一点面子，李斯仍据理力争道："天下之事应以道而取。得道以持之，则大安也、大荣也、积美之缘也。若以无道而取天下，则乱世也、危也。李斯虽非圣人，但不敢违背先生教诲，愿效力于礼仪弱国，远离不仁之强秦。"

韩非脸上露出一丝意味深长的笑容，说道："阁下愿望恐难长久矣，非观天下之势，强秦蠢蠢欲动，大有灭六国之心，若成，阁下又将到何处效力？"

对于韩非的六国灭亡论，李斯实在不敢苟同，他正要争辩一番，忽然一个在学堂打杂的小童气喘吁吁地跑进来，上气不接下气地说："先生，大……大事不好！外面盛传，秦灭周，周天子已被逐出故都，不知被囚禁何处！"

众人听了无不大吃一惊，将目光投向荀子，不敢轻易说话。因为这一突发事件，李斯和韩非的辩论就此结束了，荀子也未再与韩非争辩，让众弟子散去了。

第四节　弃道事秦

　　光阴如箭，一晃七年便过去了，李斯在荀子这里不但学到了德行，更凭借超高的悟性精通了帝王之术，他决定离开兰陵，去实现自己的远大志向。于是，他向荀子辞行："先生，弟子欲出行，可否？"

　　荀子心里明白，野兽是不会永远被关在笼里的，既然李斯要走，他也不可强留，便问道："汝何去？"

　　李斯回答说："弟子观天下之势，群雄争霸，烽火遍地，百姓陷于水火，流离失所。而当今秦王胸怀天下，有兼并六国、一统天下之雄心。弟子欲前往秦国，助其成就大业，以求天下太平，百姓安居乐业。"

　　荀子立即想起从前他们与韩非的辩论，李斯曾亲口说愿意辅助以仁义治国的弱国，绝不向强大的秦国妥协，而今却改变主意。荀子脸上现出一丝不悦之色，问道："汝乃楚国人，何不辅助楚王？"

　　李斯回答说："楚王心胸狭窄，目中无人，先生乃旷世之才，尚且为其所不容，何况李斯乎？"

　　荀子听了不禁哑口无言。确实，当年荀子也找过楚王，希望为楚国效力，但因为和楚王的理念不同，他只好怏怏不乐地离开了。他亲身经历过，不愿李斯再经历。可是，除了楚国，还有其他五国可去，为何非要选择秦国呢？所以，他又问道："楚不能容，还有五国，汝可往也，何故改变志向？"

李斯直言不讳道："恕弟子直言，今天下七国分裂，各国君主皆志在开疆拓土，因此相互征战不止，导致民不聊生，饿殍遍野。当今之势，弱肉强食，强者生存，人与人、国与国之间皆如此。若要天下太平，使先生仁义治国之理想得以推行，须先结束战争。弟子以为，秦虽施行暴政，但其国力之强盛，纵六国合而不可比也。若有贤人助秦一臂之力，使其灭六国而一统天下，战争可消也，从此天下太平，君王以仁爱治国，万民以礼仪相处，何乐而不为呢？李斯不才，愿为此尽微薄之力。"

荀子不得不承认李斯所说的句句属实，尽管他因李斯违背自己的意志而心有不满，但想到人各有志，不可勉强，便也不再多说，由他去了。

其实，李斯本来打算在学业有成之后由荀子引荐，辅助楚王完成统一天下的大业。因为楚国毕竟是他的家乡，那里有他的亲人。但是，不久前他跟随荀子周游列国之后，便彻底改变了这种想法。在游历中，他发现楚国的政局混乱不堪，简直让人失望透顶，尤其是他所尊崇的楚国政治家屈原投江后，楚国更加速了衰败的步伐。李斯在楚国做过多年小吏，对于楚国的政治也算了解，楚国的国家制度已不适应当今天下之势，即使自己入楚为官，也难以扭转政局混乱的状况。正是这些原因，让李斯认为在楚国无法放开手脚大干一番，自然也不可能实现他的理想。

李斯和韩非也进行了一番推心置腹的谈话，韩非有意带李斯回韩国，但被李斯婉拒了。从韩非的角度出发，他本人见多识广、知识渊博，若再加上聪明绝顶、运筹帷幄的李斯，二人联手，肯定能让韩国迅速强大起来。而且，他们又是情同手足的好朋友，没有猜忌，能够生死与共，富贵同享。但李斯考虑之后，认为韩非在韩国并没有稳定的社会地位，受到王室贵族的排挤，在国家政治方面没有发言权，自己若跟随韩非前往韩国，也不可能被韩国的王室贵族接受，那么，帮助韩国强大，实现自己的理想，不过是一厢情愿的事情。

同时，他仔细地分析了韩国的地理位置，认为韩国被秦、魏、楚三国包围着，这三个国家都比韩国强大，无论谁向韩国发动攻势，韩国都无法招架，就会面临亡国的危险。另外，在当时的战国七雄中，韩国属于国土面积最小的一个国家，缺乏战略纵深，几乎没有什么发展空间。韩昭侯在世时，堪称英明之主，也仅仅让韩国没有遭受外敌入侵，而没有向外扩张一寸国土。而当今韩王生性多疑，连自己的王室兄弟韩非都不信任，自己作为楚国人，又怎么可能得到韩王的信任，放开手脚大干一番呢？基于以上种种原因，李斯拒绝了韩非。

之后，李斯也考虑过齐国。在东方六国中，齐国曾经是一个军事强国，并频繁地发动战争，百战百胜。秦昭襄王自称为"西帝"后，派魏冉到齐国尊齐湣王为"东帝"，奉齐为第二强国。齐国自恃强大，对宋国发动攻击，成功将宋国纳入版图，使齐国的疆域达到了历史之最。这时候的齐国割楚之淮北，侵三晋之疆域，泗上诸侯皆称臣。齐湣王因此飘飘然起来，产生了"并周室，以天子"的野心。然而，短短两年之后，随着燕国名将乐毅率五国之师前来进攻，齐湣王的美梦瞬间破灭了。这一仗，齐国失去了包括首都临淄在内的七十二城，齐湣王也被迫离开齐国，流亡于卫鲁之间，惶惶如丧家之犬，最终被楚国将领淖齿吊死在庙梁之上。就这样，齐国失去了战国第二强国的尊号。后来，齐国王室田单凭借剩余的两座城池，匡复齐国，但元气再也恢复不到之前的状态，齐国从此一蹶不振。李斯又想到，自己的老师荀子曾经三次担任齐国稷下学宫的祭酒，却始终得不到齐国统治者的重用，万分失望之下才来到兰陵，而自己无论学识还是魄力都无法和荀子相比，又怎能得到齐王的重用呢？因此，他将齐国也排除了。

排除齐国之后，李斯又想到了燕国。燕国位于战国七雄的北部，是七雄中唯一拥有姬姓血统的诸侯国，具有正统的优势。但是，凡事都有正反两面，燕国统治者为了维持周朝在诸侯列国中的地位，不得不固守周朝时期的各种政治制度和策略，因而背上了沉重的历史包袱。加上燕国土地贫瘠、资源匮乏、气候寒冷，发展非常缓慢。这种国力衰弱的国家对李斯没有丝毫的吸引力，所以他直接放弃了。

除了韩、齐、燕这三国之外，剩下的还有秦、魏、赵三国。过去，魏、赵、韩三家分晋，成为战国初期的三大强国。可惜的是，韩国在经过短暂的辉煌之后便停滞不前了，而魏、赵两国则发展得越来越快。尤其是赵国，在秦昭襄王时期几乎可以和秦国相提并论，成为秦国统一天下的一大障碍。后来，秦国对赵国发起了长平之战，赵国大败，从此一蹶不振。李斯在分析了几国的兴衰史之后，认为它们已经失去了最好的发展机遇，不可能再延续辉煌，所以也放弃了。

最后，李斯能选择的只有秦国了。李斯认为，秦国之所以强大，是有特殊原因的。首先，秦国具有很好的开放性和包容性。秦孝公时期，为了使秦国强大，开始实行变法，秦孝公以热情的姿态欢迎四方贤士参与秦国的建设，各诸侯国的人才纷至沓来，效忠秦国，秦国因此得以历四世而不衰。经过几代秦王的努力，秦国终于改变了积贫积弱的面貌，一跃成为强国。其次，商鞅变法的成功，使秦国旧贵族的势力受到极大的削弱，新兴的地主阶级趁势崛起，成为秦国发展的生力军。再看其他六国，依然延续周朝的制度，迟滞了发展的脚步。其实，这六国中也有国家试图通过变法来推动国家的发展，但往往因为触及旧贵族的利益而半途而废，比如魏国的李悝、楚国的吴起等。商鞅变法却取得了巨大的成功，使秦国逐渐走上富强之路。李斯正是看到了秦国与东方六国本质上的差别，才最终选择秦国作为自己实现抱负的地方。

对于李斯的选择，韩非心里很不是滋味，秦、韩两国唇齿相依，秦国强大，韩国弱小，秦国对外扩张的野心已经暴露无遗，一旦秦国东扩，韩国便会成为第一个被侵略的目标。李斯可以去帮助秦国，而韩非身为韩国宗室，保护自己的母国是义不容辞的责任。这样一来，他们也将因为辅佐不同的国家而成为敌人。尽管他们谁都不愿意看到这样的结局，可在历史的车轮面前，个人的力量实在太渺小了，他们只能听从命运的安排。

临别前，李斯特意宴请韩非，席间两人推杯换盏，相谈甚欢。李斯试探着问道："依愚弟之见，贤兄不如随我去往秦国，共同辅佐秦王，岂不美哉！"

韩非脸上现出几分落寞之色，说道："秦国觊觎韩国久矣，兵犯韩国也只是迟早的事，而君去秦，无异于助纣为虐。韩危，吾为韩国宗室，当以护韩为己任。你我今日一别，从此各为其主，他日若战场重逢，兄弟情谊虽深，难抵家国之恨。"

韩非这番伤感的话，让李斯十分心痛，他禁不住流下了伤心的泪水。他明白，韩非说的是实情，因为自己到秦国去，目的就是帮助秦国打败东方六国，实现天下统一，将来他们二人在战场上相见也是必然的。

韩非又喝了一口酒，用疑惑的眼神盯着李斯，不解地问道："数月之前，贤弟曾言'愿效力于礼仪弱国，远离不仁之强秦也'，声犹在耳，何故改变主意？"

"人生在世，不过功名利禄。今七国并立，秦一国独大，强于东方六国。吾辅佐弱国，虽有礼仪之美誉，却难成大业，更无功名利禄之说。若被秦所灭，性命亦不能保，何苦为之？吾效力于秦，使其灭六国而一统天下，乃万世之功，高官厚禄、荣华富贵可图也，福泽后世，名载史册，岂不美哉？"李斯越说越兴奋，两眼放光，满脸得意之色。

听着李斯的话，韩非感到一阵巨大的悲哀。同窗数载，李斯始终坚持荀子的礼义仁爱观点，并多次表示将以此为志向，辅佐弱小的国家，对付强秦。他本打算让李斯跟自己回韩国，共同辅佐韩王，以强大韩国，没想到李斯思想转变竟然如此之快，总之李斯已经不再是昔日那个他所熟悉的李斯了。昔日的李斯诚恳、厚道、善良、同情弱小，而现在的李斯却是那么虚伪、贪婪、追逐名利，前后判若两人。他还想再说些什么，但又想到人各有志，不可勉强，遂将要说的话咽了下去，转而吩咐仆从取来一些银两递给李斯，说道："贤弟此去咸阳，路途遥远，为兄无以馈赠，仅有银两少许相赠，路上好做打点。"

李斯看到银子，心中暗喜，但表面上却推辞道："几年相处，韩兄屡次破费，今日一别，又怎敢收此重礼，且请收回。"

韩非却硬将银两塞到李斯手中，说道："你我既是兄弟，又何必客气？"

话已至此，李斯没有再作推辞，便接了过来，两人继续饮酒。

随后，李斯结束了七年的求学之路，拜别恩师，告别好友，骑上用韩非赠送的银两买来的骏马，离开了兰陵，踏上了求仕之路。

第三章

吕相门下客

第一节　初入咸阳

李斯离开兰陵后，并没有直接去咸阳，而是先回了一趟自己的家乡上蔡。他已多年未见自己的妻儿，求学期间，他无时无刻不在思念自己的家人。在与家人短暂团聚后，李斯再次踏上了征程，前往他梦想中的大都市咸阳。

咸阳位于八百里秦川腹地，因渭水穿南，嵕（zōng）山亘北，山水俱阳，故称咸阳。秦国以咸阳为都城，雄踞西部，国力强盛，兵精粮足，直接威胁着其他六国的安全。对时人而言，咸阳是一个让他们既渴望又害怕的地方。之所以渴望，是因为咸阳地大物博，贸易发达，人口众多，为繁荣之地；之所以害怕，是因为秦国实力强大，经常恃强凌弱，武力征伐他国。在国内又实行严刑峻法，成为当时人们的噩梦。不过，但凡有抱负的仁人志士，无不梦想着有一天来到咸阳，施展自己的才华。

经过多日的艰难跋涉之后，李斯终于到达咸阳城外。此时天近黄昏，城门即将关闭，按理说应该尽快进入城内才对，可李斯并不慌张，而是勒住马，注视着朝思暮想的咸阳城，看着雄伟壮丽的城墙，脑子里禁不住浮想联翩。

秦孝公十二年（前350年），秦朝的国都由雍城迁到咸阳，开始在北陵之上营造宫殿，后又经过历代秦王的扩建，到秦昭襄王时，秦王宫已经初具规模。建造咸阳王宫的时候，设计者们充分考虑了咸阳的地势，将殿址选择在北陵山上，王宫居高临下，俯瞰整个咸阳城。

这时候，太阳即将隐入山后，红霞满天，映照着偌大的秦王宫。看着眼前的情景，李斯无法控制自己激动的心情，心中一遍遍地说着："这里就是咸阳，那祥云笼罩之处就是秦国王宫，秦王就住在那里，而不久的将来，那里将成为我李斯施展才华，实现伟大抱负的地方！"想到这里，他策马扬鞭，朝城门奔去。

在兰陵学习期间，李斯曾跟随荀子周游天下，熟知各国的安全政策。在他的印象中，东方六国都在城门处设置哨卡，对于进出城的人严格盘查，确认无威胁后才允许通过。相比之下，秦国宽松得多，守门兵士非但不会盘查过往的行人，反而在城门口对进城的商旅列队相迎，让每一个进入咸阳城的客商都有一种宾至如归的亲切之感。也正因为如此，每天都有大量客商从各地来到咸阳，这座城市越来越繁华，最终成为七国中最为繁荣的大都市，这也正是秦国国力日益强盛的写照。

李斯顺利地通过城门，同时心中也产生了一丝担忧，秦国的国都管理如此松懈，难道就不怕有贼人乘虚而入吗？当时各诸侯国之间相互吞并，征伐不断，为了取得战争的胜利，各国之间往往会相互派遣奸细，以刺探对方情报，并进行一些破坏活动。秦国的防备如此松懈，谁也不敢保证这些往来的人中没有敌人派来的奸细，这会给秦国带来很大的安全隐患。李斯一边走一边思考着，如何才能帮助秦王建立一套可靠的安全防范措施。

进入城内，太阳已经完全落山，光线变得昏暗起来。李斯看到一队骑马的士兵迎面而来，不停地对过往行人盘查询问。李斯不由得松了一口气，原来咸阳并不像自己想象的那样防备松弛。

很快，那支马队来到李斯面前，为首的军官拦住李斯的去路，口气严厉地问："阁下留步，来此何为？"

李斯回道："吾乃楚国商客，刚入城中，正欲寻找落脚之地。"

那军官对着李斯仔细打量了一下，见他不过是一介文弱书生，不像鸡鸣狗盗之徒，于是放行。

李斯慌忙答应着，牵着马快速离开了。他往前走了一段路，来到一家客栈门前。店家看到有客人来了，立即招手唤来一个伙计，让他将李斯的马牵到马厩中饲喂。之后，他问道："请问客官尊姓大名，从何处而来，做甚？"

李斯有些生气地说："不过在你这里住几晚，何故细问？"

店家笑着解释道："客官必是首次来咸阳，不懂这里的规矩。官府有严格规定，凡住店之人，须登记造册，以便官府查询。对于身份不明之人，一概不准留宿。若查出，会重罚。"

听了店家的话，李斯才知道咸阳的防守一点也不松懈，属于"外松内紧"，城门口查验那么宽松，城里却非常严格，不但有军队盘查，而且老百姓的警惕性也非常高。想到这些，他之前的忧虑一扫而光。

李斯按照店家的要求进行了登记，然后跟随店家到客房休息。按说他奔波多日，应该倒头就睡，可是他辗转反侧，怎么也没有睡意。他希望尽快见到秦王，陈述自己的治国方略，获取秦王的信任，施展自己的抱负，实现自己从"厕鼠"向"仓鼠"的飞跃。

为了能够顺利地接近秦王，李斯曾经花费大量精力研究他的资料。当今秦王年少时曾经被当作人质送往赵国，在那里一待就是很多年，饱尝流落异国之苦，对东方六国有着天然的敌视。后来，他有幸结识了大商人吕不韦，并在吕不韦的帮助下回到秦国继承王位，成为现在的秦国国君。为了复仇，他刚继位就派吕不韦率兵东进，先是灭了周王室，继而发动对韩国的战争，逼迫韩国割让成皋、巩等地。第二年他又发动了对赵国的战争，连下赵国三十七座城池，以发泄之前在赵国做质子时受到侮辱的仇恨。同时，他还发兵魏国，对其他几个诸侯国形成很大的震慑力。

李斯很佩服秦王的胆量和气魄，认为他是当今世上的大英雄，最有资格吞并各路诸侯，统一天下，让老百姓过上安定幸福的生活。如果能为这样的君主效力，便可实现自己飞黄腾达的梦想。

可是，怎样才能为秦王效力呢？首先要接近秦王，用自己的智慧和学识来征服他，以获取他的信任。但是，秦王身边有一个人让李斯感到顾忌，此人就是秦国的相邦吕不韦。

李斯一直在想，吕不韦到底是个什么样的人呢？对自己会有帮助还是有威胁呢？就在李斯半睡半醒之际，他忽然被外面的一阵喧闹声惊醒。他睁开双眼，发现天已经亮了，刺眼的阳光从窗户照射进来。他跳下床，一边整理衣服一边来到窗边向外看，被眼前的情景吓了一大跳。

原来，大街上所有的人全都身穿重孝，号啕大哭，就连街道两旁的店铺也挂上了白幡，看样子，一定是秦国哪一位大人物去世了。

这时，走廊里传来店家和伙计的说话声。李斯走出客房，看到店家和伙计同样身穿缟素，神情严肃，忙上前去询问。店家回答说："客官有所不知，今日从宫中传出消息，大王薨逝。官府有令，治丧期间，所有人家必须挂幡戴孝，否则以重罪论处。"

李斯听了大吃一惊，自己千算万算，怎么也没算到秦王会突然去世。因为事发突然，他一时不知道该怎么办。直到店家的身影消失，李斯才渐渐缓过神来，回到屋子里重新思考下一步该怎么办。

可以预见，在接下来的一段时间里，秦国人将忙于办理秦王的丧事，不会对他这个东方来的客人感兴趣。等丧事办完，新的秦王继位，在政局明朗之前，秦国的政要们最好的选择便是沉默、观望和等待。

李斯非常清楚自己的身份，他是一个东方六国的来客，在这个关键时刻千万不可惹祸上身。在经过深思熟虑之后，他决定静观其变，等待时机。每一次帝王的更迭，都是国家权力重新洗牌最为激烈的时刻，各方势力为了争夺权力，明争暗斗、尔虞我诈，甚至相互残杀。

不过，这一切目前都和他没有关系，他迫在眉睫的问题是解决自己的食宿问题。他身上的盘缠已经所剩无几，如果不想办法弄点钱，只能露宿街头了。所以他搬出了上等客房，住进了相对廉价的大通铺。之后，他又把马拉到大街上卖了。他这样做的目的有两个，一是凑些银两，二是断绝无功而返的念头。因为手中有了盘缠，李斯的心也安定了不少。既然现在什么事情都不能干，索性不去多想，正好去了解一下咸阳城的风土人情，听听底层百姓对于秦国政治的见解。

秦国之所以军事力量强大，原因在于这个国家全民皆兵，军功制度明确，赏罚分明，将士们将杀敌立功视为升官发财的手段，秦国的平民百姓也很关心国家大事，有着浓厚的政治情结。所以，只要关注底层百姓有关政治的言论，便可以一探未来的政治动向。

李斯开始按计划行动，他装作无所事事，游走在咸阳城的街头巷尾，哪儿人多往哪儿挤。他一般很少说话，只静静地听别人议论，搜集到了不少关于秦国王宫的信息。这些信息有真有假，有虚有实，李斯凭借敏锐的政治嗅觉和独特的洞察力，将有用的、真实的信息过滤出来，加深了对秦国的认知。

按理说君王去世后要停灵一段时间，有时长达数月，举办隆重的丧事，但秦庄襄王去世后遗体并没有在王宫里停留太久，丧事也举办得很简单。之后，太子嬴政继位，成为新一代秦王，开始处理朝政大事。

嬴政继位时年仅十三岁，根本无力掌控朝臣，也无力处理朝政大事。在这种情况下，当初助先王脱困、又极力辅佐先王亲政的吕不韦，继续担任相邦一职，并被嬴政尊称为"仲父"。

李斯从搜集来的大量信息中得知了吕不韦受到秦王赏识和重用的原因。

吕不韦本为卫国濮阳人，早年在阳翟经商，频繁往来于诸侯七国。尤其是赵国，更是他常来常往之地。为了更好地在赵国经营，他不惜花费重金买下一片豪宅，把赵国当成了自己的第二故乡。

当时各诸侯国之间往往会互换王子为人质，因为当人质会有很大的风险，所以被派为人质的王子往往是不被国君喜欢的。异人，即后来的秦庄襄王、秦王嬴政之父，很小就被送到赵国做人质。吕不韦来到赵国的时候，正是异人生活最落魄的时期，他希望尽快回到秦国，过上正常的王子生活。而吕不韦虽然拥有大量钱财，却因低贱的商人身份而受人轻视，或许正是这个原因，才促使他向着政治奋进，以谋取一定的社会地位。于是，二人一拍即合，各取所需，结成了政治同盟。

吕不韦一边给异人五百金，让他结交权贵，扩大自己的影响力和知名度；一边到秦国活动，上下打点，为异人寻找靠山，制造舆论。经过吕不韦的一番运作，异人在秦孝文王暴毙后继承了王位，是为秦庄襄王。秦庄襄王即位后不食前言，封吕不韦为相邦、文信侯，食邑十万户，让吕不韦掌管秦国的半壁江山。

如今秦王嬴政年少继位，吕不韦继续在朝中执掌大权，不过，并非朝中所有的官员都对吕不韦唯命是从，对他阳奉阴违的也大有人在。当时秦国政坛的形势非常复杂，几股势力并存，其中最具代表性、实力最为强大的当数分别以蔡泽、赵姬和华阳夫人为首的三股政治力量。

蔡泽是战国时期燕国纲成人，足智多谋，善于雄辩。在秦昭襄王时期，蔡泽经范雎推荐担任丞相，但几个月后便主动请辞，担任郎中令，先后侍奉过秦昭襄王、秦孝文王、秦庄襄王，到嬴政时已是四朝元老，成为秦国资格最老的大臣。他在朝中耕耘多年，结交广泛，德高望重。蔡泽自吕不韦被封为相邦之后，便被逐渐疏远，即便如此，他的政治实力仍然不可小觑。

第二股政治势力是刚刚坐上太后宝座的赵姬。赵姬身为太后，是这次权力更迭中最大的获益者，唯我独尊，号令天下。

第三股强大的政治力量则是当初力荐异人为太子的华阳夫人。按照辈分，华阳夫人为赵姬的婆母，赵姬能成为皇后、太后，嬴政能继承王位，都与华阳夫人当初扶持异人是分不开的。因此，从某种程度上说，以华阳夫人为代表的王室宗亲势力，是当时秦国政坛中最早形成的势力。

李斯还听说了吕不韦和太后赵姬之间的特殊关系。赵姬曾经是吕不韦的歌姬，为了攀上异人这个高枝，吕不韦忍痛割爱将她送给了异人。传言吕不韦在将赵姬送给异人之前，赵姬就已经怀孕，因此嬴政根本就是吕不韦的儿子。甚至当时还有传言流出，说这一切都是吕不韦预先设计好的，他故意让赵姬出现在异人面前，让赵姬对异人暗送秋波，然后趁机提出让异人将赵姬带回家中，以达到鸠占鹊巢，让自己的子孙继承秦国百年基业的目的。这一传言对后来嬴政继位造成了严重的威胁，也对他的执政产生了很大的负面影响，险些让他失去王位。至于赵姬跟随异人，是异人主动提出还是吕不韦主动奉送，历史上并没有明确的记载。但无论哪一种情况，结果都是一样的，赵姬经吕不韦赠予，成了异人的妻子，最后成了大秦帝国的太后。

秦庄襄王驾崩之前，赵姬作为皇后，只能掌控后宫，无权插手国家政治，最多只能在幕后出出主意、吹吹枕边风，从来不敢明目张胆地干预政治。但秦庄襄王驾崩后，嬴政继位，情况就大不相同了。赵姬由皇后一跃成为太后，地位和权力也大大提升，以绝对的优势压倒了以华阳夫人为代表的宗室势力，成为秦国政坛上举足轻重的力量。在这场权力的争夺战中，吕不韦无疑成为最大的受益者。赵姬身为太后，享有至高无上的权力，也使吕不韦在秦国的政治地位更加牢固，无人能够撼动。即便是秦王嬴政，也要对吕不韦礼让三分。

经过认真分析，李斯得出了结论：就目前来说，秦国政坛由吕不韦和赵姬把持，其他各方被迫隐忍，表面上看似风平浪静，实则暗流涌动。加上秦王年幼，无力控制朝政，凡事完全仰仗吕不韦，因此吕不韦会在相当长的一段时期内掌控大权。李斯认为自己现在最应该避免的就是操之过急，应当耐心地等待时机。但是，这一次的等待和上一次的等待完全不同，上一次的等待是被迫的、无奈的，而这一次的等待则是他主动选择的，是一种积极的策略，是以不变应万变的万全之策。

当然，对于李斯来说，长久的等待也是不可取的，毕竟身处异国他乡，坐吃山空，他必须尽快找到一份差事，维持自己的生活。他想，吕不韦在朝中手握大权，家中也养着数千门客，只要能进入相府做幕僚就不愁没有饭吃。然后再想办法接近吕不韦，取得他的信任，借助他的力量步入仕途，背靠大树好乘凉，秦国的朝堂上何愁没有自己的立足之地？到那时，凭借自己的能力成为秦王的左膀右臂，加官晋爵，实现自己的抱负都不成问题。

第二节　结缘郑国

李斯的思路还是基本正确的。当时流行着一种风气，凡具有一定实力的政治人物，都会在家中养一些门客。这些门客可以为主子排忧解难，壮大主子的政治力量，同时主子又可以借助门客向天下展现自己珍惜人才的宽广胸怀，从而赢得更多的人心。比如"战国四公子"，每一个人的家中都供养着几千门客，他们花费大量的钱物，只为获得自己在本国的政治资本，增强自己的政治力量。吕不韦身为秦国相邦，手握朝政大权，为了使自己的地位更加长久，他也效仿"战国四公子"，招揽天下人才为己所用。李斯幻想着自己成为吕不韦的门客，并从中脱颖而出。

　　李斯对上层社会的这一切看得非常透彻，而且他相信凭借自己的才华，只要能进入相府，帮助吕不韦出谋划策，就一定能获得他的信任。

　　这天吃过早饭，李斯精心收拾了一番，便怀揣着雄心壮志从客栈出发了。中午时分，他来到一座宏伟壮阔的大宅院前站住，抬头看去，门楣上方的青石条上刻着三个斗大的篆字——相邦府。门楼的两侧，分别蹲着两只一人高的神兽像，令人望而生畏。

　　令人望而生畏的除了门口的两只神兽，还有分列两边、表情冷漠的八个手持长矛、身穿铠甲的侍卫。李斯也算是见过世面的人，但面对戒备如此森严的相府，他不禁有些心虚起来。他想转身回去，转而又想，既然已经来了，连吕不韦的面都没见着，岂不是太亏了，不就是一道大门吗？不就是几个侍卫吗？又不是龙潭虎穴，有什么不敢的？

　　他壮了壮胆子，走到几个侍卫面前，刚要说话，其中一个侍卫看了一眼衣服破旧的李斯，很不耐烦地冲他挥了挥手，喝道："快走开，勿在此碍眼！"

　　李斯不敢发火，陪着笑，低声下气地解释说："在下楚人李斯，有意投靠相邦，烦请通报一声，不胜感激！"

　　听说是来当门客的，那个侍卫用讶异的目光打量了李斯一番，张口骂道："楚国一乞丐，冒充斯文，混入相府，意欲何为？欲为细作乎？速速离去！"说着，像是驱赶苍蝇那样冲李斯挥了挥手。

　　李斯不甘心就这样离开，于是极力压制内心的怒气，继续向侍卫乞求，结果却被他们痛打了一顿。

因为挨的打有些严重，李斯在客栈躺了好几天才勉强可以出门。这天，他独自来到客栈一楼的酒店里，烫了一壶酒，点了几个菜自斟自饮，一边看着街上熙熙攘攘的行人，一边想着自己的心事。

这时，有个人从外面走进来，往屋子里看了一圈，径直来到李斯对面坐下来，然后伸手抓起李斯面前的酒盏，毫不客气地喝起来。

等李斯反应过来，对方的酒已经下了肚。李斯想发火，但随即又平静下来，心想：自己背井离乡已久，在这里举目无亲，连一个说心里话的人都没有，更别说有人对饮了。今天既然难得遇见一个，当痛饮一番，岂不快哉！于是，他又向小二要来一只酒盏，拿起酒壶将两只酒盏都倒满了，然后对来人说："在下楚人李斯，敬兄台一杯，先干为敬！"说完，一仰脖将酒干了。

来人伸手端起面前的酒盏，也一饮而尽，然后冲李斯拱手作揖道："在下郑国，冒昧叨扰，兄台见谅。"

李斯并不在意对方的身份，他只想找个人，好好发泄一下内心的苦闷。他冲来人摆了摆手说："你我萍水相逢也是缘分。今日只管痛饮，何须繁文缛节。"

郑国听了高兴地说："多谢李兄抬爱，恭敬不如从命！"

二人推杯换盏，饮得不亦乐乎。

酒过三巡，郑国开口道："郑某久闻兄台大名，有意结交，不知兄台意下如何？"

李斯听了十分诧异，忙问道："郑兄知道李斯？"

郑国笑道："李兄受辱于相府门前，天下谁人不知？郑国早已听闻。"

李斯不好意思地笑了笑，说道："让兄台见笑了，李斯求仕心切，不料竟成为街头巷尾笑谈。"

"李兄想多了，"郑国劝慰道，"大丈夫在世，当轰轰烈烈地干一番大事业，岂在意一时之辱？凡夫俗子谨小慎微，或许平安一生，却大多碌碌无为。"

郑国看似随意说出的几句话，每一句都说中了李斯的心思，让李斯感到无比温暖，有种相见恨晚的感觉。他豪气地冲店小二挥手叫道："小二，再上一壶酒，上你们店里最好的酒，我要与郑兄一醉方休。"

"李兄心情郁闷，借酒浇愁，是否还在为无法见到吕相而发愁？"郑国明知故问道。

李斯坦率地说："李斯所愁，正是无法面见相邦。李斯不才，拜于荀子门下求学多年，如今纵有凌云壮志，也无从施展。"

郑国端起酒盏一口喝下，神秘地说："李兄莫愁，在下可帮李兄进入相府，面见相邦，以遂心愿。"

李斯眼中闪过一丝疑惑，问道："吾与兄台素不相识，不知为何帮助李斯？"

郑国坦率地说："实不相瞒，郑国到秦国来，乃受韩王所托，有要事与秦王相商。吾已与相邦约好，几日后即在相府见面，洽谈具体事宜。到时候，李兄可以扮作我的随从，与我一同前往相府，我自会帮你引荐。李兄能否留在府中，就要看自己的造化了。"

听了郑国的话，李斯非常感动，他紧紧地抓住郑国的手，说道："果真如此，郑兄对我李斯有再造之恩，李斯没齿不忘。"说完，他起身作揖致谢。

郑国急忙伸出双手挽住李斯，说道："李兄言重了！李兄怀才不遇，郑国心生怜惜，故出手相助，微薄之力，无须挂齿。"

二人客气了一番，重新落座，继续饮酒。郑国几次欲言又止，李斯见状，说道："不知郑兄有何指教？"

郑国说道："荀卿大名天下尽知，各国君主皆对其礼遇有加，假使李兄当初请先生手书一封，王侯公卿将无一不厚待于你，又何至受门人羞辱？"

李斯微微摇头道："李斯跟随恩师七年，蒙恩师不弃，将平生所学传授于我，我当自谋生路，又怎敢借助恩师的大名到处炫耀？"

听了李斯的回答，郑国对李斯的敬重之意又多了几分，举起手中的酒盏，敬了李斯一杯酒。

李斯深谙处世之道，知道不该探听和自己无关的事情。但是，郑国既然是韩王派过来的，所谈之事肯定是事关韩秦两国之间的大事。如果自己能提前得到一些消息，等进入相府后，帮助吕不韦拿拿主意，则不失为一件好的见面礼。于是，他放下酒盏，为郑国倒了一杯酒，说道："在下有一个疑问想要向郑兄请教，不知是否方便赐教。"

郑国豪爽地说："李兄但问无妨，郑国保证知无不言。"

"多谢郑兄信任！"李斯客气了一句，问道，"郑兄刚才说受韩王所托，有要事与秦王商讨，不知所为何事？"

"这个嘛……"郑国略一犹豫，说道，"此事并非机密，乃好事一件，于秦国有百利而无一害。郑国偶尔行经大秦关中平原，乃见上有泾水与洛水相交，如能在这二水之间多修水渠，使八百里秦川旱可以灌溉、涝可以排水，则贫瘠的土地可变千里沃土，大秦子民也将丰衣足食，再无缺粮之苦，岂不美哉！"

原来，郑国也是韩国新郑人，与韩非是同乡。郑国学识渊博，尤其精通水利，曾担任韩国管理水利的水工，先后参与了治理荥泽水患和修整鸿沟的工程。秦国强大之后，经常侵扰东方六国，韩国与秦国相邻，所以就成了秦国优先侵扰的对象。为了不受秦国侵扰，韩国欲施疲秦之策，派郑国到秦国，以帮助秦国修建水利工程为名耗费秦国的人力物力，让秦国没有精力对外征伐。不过，这些话郑国是不会对李斯说的。

李斯虽然不懂水利，但他也知道水利对于一个国家的重要性，水利设施的好坏直接关系到农业的丰收与否，而农业的丰收与否又直接关系到国家的兴衰。但他听了郑国的计划，心中却产生了一种隐隐的担忧。他没有去过关中，但曾听老师说过，泾水与洛水之间有数百里的距离，其间多山脉，难以开挖。郑国的计划表面上堪称完美，但工程量实在太大了，不但要耗费大量的人力物力，而且需要很长的时间。秦王如果采纳这一建议，无疑是自缚手脚，不可能再有精力去完成统一大业。他有心劝阻郑国，但想到自己还是一介布衣，而且现在他也不敢得罪郑国，于是将这种担忧藏在心里，没有说出来。

不管怎样，与郑国的意外相遇，对于李斯来说无疑是天大的好事。早上醒来时，他还在为怎样进入相府而一筹莫展，没想到郑国的出现，让这个问题迎刃而解，让他在黑暗中看到了一丝曙光。

第三节　笼鸟槛猿

和郑国分别之后，李斯在焦急中等待了四天，第五天的时候，郑国终于给他带来了一个好消息，进入相府面见吕不韦的机会到了。

李斯欣喜若狂，自然少不了一番千恩万谢。送走郑国之后，他反复整理自己的思路，想着见到吕不韦之后可能出现的各种情况以及应对之策，一直到很晚很晚，他才在意犹未尽中进入梦乡。

次日一早，郑国的马车停在了客栈门口。李斯早已在门口恭候多时，他接过郑国递来的一身仆从的衣服换上，然后跟在随行人员的队伍中一起前往相府。

不多时，大队人马来到相府大门外，卫兵看到郑国的车子，态度十分恭敬，请郑国在门外稍等，一溜小跑着进入府中向吕不韦通报，然后将郑国一行人迎入相府。

相府内亭台楼榭、小桥流水、花鸟鱼虫，令人目不暇接，环境十分优美。"好一个相邦府邸，堪称天下第一豪宅！"李斯在心中暗暗赞叹道。

他们顺着曲折的走廊，在一所古朴典雅的房子前停下。下人告诉郑国，这里就是相邦的客房。相邦正在书房处理公务，请郑国先在客房喝茶。于是，郑国便跟随下人走进客房，李斯则和其他仆人一起在房门前的三级台阶下面恭候着。

此时正是三伏天，火辣辣的太阳挂在空中，晒得人头皮发麻，李斯身上的衣服很快被汗水湿透了，紧紧地贴在身上。他感到口干舌燥，喉咙里几乎冒出烟来。

大约一刻钟后，李斯只觉得双腿发软，两眼发黑，几乎站立不住。就在这时，一个响亮的声音传了过来："相邦到——"

李斯顿时精神为之一振，循声望去，只见一个身材高大、衣着华丽、举止文雅的中年男子被一众仆人簇拥着朝这边走来。他心中大喜，似乎已经看到了自己未来飞黄腾达的日子。

然而，吕不韦根本没有看李斯等人一眼，就直接进客房了。

等待的时间是漫长的，李斯心中充满了压抑、焦虑，更多的是紧张不安。他猜想着郑国和吕不韦在屋子里谈些什么，进展是不是顺利，郑国是怎样向吕不韦推荐自己的，吕不韦会不会同意见他这个外来客……这一切都使他感到一种前所未有的不安。

大约过了两盏茶的工夫，一个下人从屋子里走出来，站在台阶上，大声问道："李斯何在？李斯何在？"

李斯不敢怠慢，忙往前走了一步，挺了挺胸膛，说道："鄙人便是李斯。"

下人没想到相邦召见的居然是一个貌不惊人的布衣，心中立即对李斯产生三分轻视，甚至想转身走开，但他又不敢违背相邦的命令，于是勉强说道："汝既为李斯，随我去见相邦。"

李斯极力压制激动的心情，跟在那个下人的身后走进客房，只见吕不韦盘膝坐在案几后面，郑国则坐在案几的一侧。从两人的表情来看，他们的谈话已经结束，而且谈得很是愉快。李斯也感到高兴，他似乎看到了成功的希望。他趋步上前，在距离案几三尺远的地方站住，恭恭敬敬地施了一礼，说道："楚人李斯，见过相邦。"虽然双方身份悬殊，但李斯的语气不卑不亢，丝毫没有畏惧、奉承的意味。

吕不韦身为相邦，一向高高在上，习惯了以居高临下的口气跟人交谈，而今一个楚国来的仆人，竟然用平等的语气和自己说话，他心中很不高兴，脸色不由沉了一下。他见李斯相貌平平，实在看不出有什么奇才，但刚才郑国说李斯才华横溢，是个难得的治国奇才，倘若能收入自己麾下，自己的政治势力便可以得到稳固和增强。他开始怀疑郑国是不是言过其实了。

仔细想来，吕不韦的这种反应也是正常的，世人大都喜欢奉承之言，吕不韦虽贵为相邦，也不例外。不过，他毕竟是一国相邦，涵养还是比常人深厚得多。因此，他见到李斯之后，虽然脸上有短暂的失望之色，但很快又恢复过来，用审视的目光看着李斯。

面对吕不韦犀利的目光，李斯没有丝毫的胆怯，也用同样的目光和吕不韦对视着。就这样，二人从相见的这一刻起，便展开了一场无声的较量。

若撇开地位和身份的差别，单纯从较量的角度来看，吕不韦已经处于下风。因为李斯很早便开始研究吕不韦，对他的性格、为人，甚至人际关系都有所了解。相反，吕不韦从来没有听说过李斯这个名字，他到秦国来之前是干什么的，有什么背景，师从于谁，吕不韦一概不知。如果他真的像郑国说的那样，是旷世奇才，可治国安邦，又是真心前来投靠，吕不韦自然求之不得；若李斯只是一个夸夸其谈的庸才，打着投靠的名义为楚国探听消息，这样的人也万万留不得。想到这里，吕不韦的双眼中渐渐有了一丝杀气。

李斯也明显觉察到了吕不韦对自己的敌意，但是他知道，这时候自己一定要坚持住，不能让对方看透自己的心思，让对方察觉到自己是假意投靠，否则自己有可能性命不保。因此，他极力保持镇定，不卑不亢地直视着吕不韦。

二人长久地对视着，谁也不愿意先开口说话，屋子里出奇的安静，似乎能听到三个人的心跳和呼吸声。经过一阵僵持，吕不韦首先打破了沉默，开口问道："汝乃李斯？"

李斯明白自己来相府，不是为了一时的快意，而是为了长久地留在相府中并站稳脚跟，为接下来得到秦王的重用，实现自己远大的抱负铺平道路。所以，他赶忙低下头去，恭恭敬敬地回答说："正是在下。"

"郑卿乃言，汝胸怀壮志，且才高八斗、学富五车，为安邦定国之奇才，不知何以证明？"吕不韦说得不紧不慢，语气平淡，实则充满了挑衅和施压的意味。

李斯抬起头来，自信地说："眼见为实，耳听为虚，李斯今立于相邦面前，正有要事相告，此事关乎相邦的生死。"

吕不韦脸上现出好奇的表情，他似笑非笑地盯着李斯，目光却十分冷峻，心中则在思考李斯的话是故弄玄虚，还是真有什么关乎生死的大事。不过，从李斯那认真的表情来看，似乎有几分真切。他倒想看看李斯葫芦里卖的是什么药，于是漫不经心地问道："何事关乎本相生死？"

李斯明显感觉到谈话正朝着自己所期望的方向发展，这无疑增加了他的信心。他的态度也变得强势起来，向一旁的郑国看了一眼说："李斯所言之事，事关相邦性命，只能与相邦一个人说。"

听了李斯的话，郑国知道自己的任务已经完成，再在这里待下去完全是多余。于是，他起身准备告退。吕不韦却冲郑国摆了摆手，示意他留下，并用冷峻的目光看着李斯，问道："汝之言，可信乎？"

李斯心里冷笑一声，目光中带有一丝傲慢，语气也更加强硬，说道："信与不信，皆在相邦，然李斯所言，相邦听后当知利害。"

除了秦王和赵姬之外，任何人跟吕不韦说话都毕恭毕敬，而今小小的李斯竟然说话如此放肆，这让他心中十分恼火，恨不得现在就杀了李斯。但是，在好奇心的驱使下，他又很想听一听李斯要讲的究竟是什么事情。所以，他决定让李斯多活一会儿。

吕不韦的心理反应完全在李斯的掌控之中。吕不韦身为秦国相邦，一人之下、万人之上，手握生杀大权，想要李斯的命不过一句话的事。但李斯既然有勇气走进相府，必然已经想好了应对之策。他抓住了人都有好奇心这一特点，知道吕不韦听说事关自己身家性命后，一定会担忧或者恐惧，要弄清事情的真相。也正因为如此，李斯才有了足够的底气，敢于用强硬的语气和吕不韦说话。

果然，吕不韦改变了原来的态度，向郑国看了一眼。郑国立即会意，忙知趣地起身告辞。

随后，吕不韦又屏退左右，整个房间就只剩下他和李斯两人，空气还是有些凝重，但已经少了些火药味。吕不韦转向李斯，故作轻松道："现在这里只剩下你我，所言何事，大胆说来。"

李斯向吕不韦走近一步，声音也放低了一些，但语气更加坚定和强硬："李斯斗胆进言，相邦当诛三千门客，方可保平安无事。"

"什么？！"吕不韦大吃一惊，想不到李斯竟说出如此荒唐之语，心中突然有了一种被戏耍的感觉。他气怒至极，一拳擂在案几上，怒喝道："竟敢戏耍本相，放肆！"可是，就在话说出口的一瞬间，他又后悔起来，心想，这家伙要么是旷世奇才，要么就是疯子一个。接下来，他最想知道的是李斯究竟想要说什么，是真心投靠自己还是挑拨离间，想要实现什么不可告人的目的。从短短数语的交谈之中，吕不韦的判断倾向于前者。所以，他说话的语气稍微缓和了一些："三千生命，非同儿戏，怎可凭你一句话就尽数诛杀！他们身犯何罪，又与我何干呢？"

李斯之所以对吕不韦语气强硬，是为了不让对方小看自己，现在他的目的已经基本达到，锋芒也应该收敛一些了，若一味地刺激对方的情绪，有可能适得其反。想到这里，他冲吕不韦又施一礼，说道："相邦位高权重，一人之上，万人之下，独揽大秦朝政，亦不知足乎？有二心乎？"

吕不韦是何等人也，他能从一个商人摇身一变成为掌控大秦朝政的相邦，凭借的是聪明无比的头脑。他一听就明白了李斯话中的深义，笑着摇摇头说："先生莫取笑，吕某深受秦王隆恩，担任大秦相邦，当不辜负我王信任，尽心尽力替我王分忧，怎敢有二心？"

由直呼其名改称先生，正说明吕不韦从轻视到尊重李斯的改变，也说明吕不韦愿意放下身段来倾听李斯的意见了。不过，李斯没有因此得意忘形，现在说成功还为时尚早，关键在于后面的谈话。他略一沉思，说道："李斯虽为楚人，闻相邦之名久矣，仰慕相邦之才华，故不远千里来投奔，愿效忠大秦，效忠相邦。李斯曾闻相邦操劳国事，夜以继日，付出不可谓不多也。然相邦当知，所谓树大招风，朝中觊觎相邦之位者不在少数，定造谣诽谤相邦。谣言广传，则陛下生疑耳，相邦之位并不稳固。"

李斯语气平和，似乎是随口说出，却充满了分量，就像一记重拳，捶打在吕不韦的心上。吕不韦低下头，看向案几上的一捆竹简，装作漫不经心的样子，说道："先生继续说。"

"李斯以为，相邦身处高位，当有所收敛，不可锋芒太露。而今相邦府中宾客只知相邦，不知秦王，倚仗相邦权势，四处作恶，为所欲为，完全不顾及相邦的名声。这一点，即便李斯不说，相邦也心知肚明。为了相邦的安全，这样的门客是不是应当杀掉？"李斯说完，用锐利的目光盯着吕不韦，想看他接下来的反应。吕不韦将目光从竹简移到李斯脸上，有些为难地说："先生所言确有几分道理，但先生当知，三千人命非草芥，岂能说杀就杀？"

从吕不韦说话的语气和面部表情看，李斯知道他已经认可了自己的观点，只是为了面子而不愿意承认罢了。但凡事应点到为止，不能太过，否则就有可能适得其反，于是他说道："李斯言所言之策，取不取只在相邦。"

吕不韦身为秦国相邦，上得君主信任，下有百官拥护，俨然成了无冕之王。当权力达到顶峰后，他的心境也有了一些改变，李斯所言也是他早已担忧的事情。此外，低贱的商人出身也是他的一块心病，为了流芳百世，吕不韦决心把门客组织起来著书立说。他主动邀请李斯留下来，希望李斯也参与著书。

若是别人，获得如此殊荣，自然求之不得，但李斯没有立即答应，他微微一笑，意味深长地说："李斯跟随荀卿学习七年，愿学以致用，怎能仅仅做舞文弄墨之事，望相邦另请高明！"

吕不韦当然明白，李斯非池中之物，他志存高远，想要的并不是简单的温饱和安逸的生活，而是要荣华富贵、锦衣玉食，甚至权力。他决心留下李斯，于是将姿态放得更低了些，甚至有些巴结地冲李斯笑着说："先生在这里，只管住下，想做什么，全凭先生自己的意愿，吕某绝不强求。"

这无疑是丞相府中最高的待遇，体现了吕不韦最大的诚意。但是，李斯并不满足，他表情严肃地说："相邦之厚爱，李斯铭记在心，当竭尽所能为相邦效劳！李斯别无所求，只求相邦杀掉八个守门的侍卫！"

"这……"吕不韦眉头皱了一下，心想：李斯心胸也太狭窄了，已经给了他这么高的待遇，而他却因前仇与几个普通的侍卫斤斤计较，这样的人如何成就大事，不用也罢。

李斯从吕不韦的表情变化中看透了他的心理，遂又解释道："请相邦放心，李斯绝非度量狭小之人，杀八侍卫，非为李斯，实为相邦也。"

吕不韦听了，心中十分恼火，但是他不动声色，问道："此话怎讲？"

"相邦爱才，广招贤士，天下尽知，故诸多士子云集相府，只为一展宏图，李斯亦在其中，此有利于相邦。然侍卫立于门外，仰仗相邦的权威，飞扬跋扈，士子皆畏之如虎，高兴而来，败兴而去，口口相传，有损相邦威严，使天下误解。久之，必然毁了相邦多年来积攒的求贤若渴、爱惜人才的好名声，天下贤才也会因此对相邦寒心，敬而远之，转而辅助与相邦为敌之人。"李斯明明是公报私仇，却说得那么冠冕堂皇，所有利害都站在吕不韦的立场分析。

其实，对于李斯心里的小算盘，吕不韦也十分清楚，但找不到反驳的理由。而他身为相邦，爱惜才能的名声早已传遍天下，为了维护这个来之不易的名声，他最终答应了李斯的请求，下令将那几个守门的侍卫杀了。

这个借刀杀人的方法，也体现了李斯狠辣的一面。从此，李斯成了吕不韦门下的一名谋士，也与他想要的权力更接近了。李斯的权谋与狠辣，也传遍了秦国的每一个角落。

李斯成功进入相府，算是实现了自己目标的第一步，完成了从流落咸阳到成为相府贵客的华丽转身。

因为著书立说的工作还没有正式启动，李斯在相府中整日无所事事，吕不韦也再没与他交谈过。这对某些人而言，或许是梦寐以求的好事，但对李斯而言却是一种精神上的折磨。他费尽心机进入相府，并不是为了吃几顿好饭、穿几件好衣，按时领几两银子，他是来做大事情的。因此，这样的日子对于他来说十分煎熬，甚至可以说是度日如年。

他想，是不是第一天吕不韦召见他的时候，自己表现得太张狂，让吕不韦在心理上产生了反感，所以故意将他困在这里，使他成为笼中之鸟，无法施展才能。当然，也有另外的可能，或许吕不韦认为他是一把锋利的宝剑，暂时还派不上用场，让他留在府中等待机会。李斯想尽了一切可能的理由，但始终没有想出个所以然来。

在以后很长一段时间里，吕不韦依然对李斯好吃好喝地招待着，但不给他任何事情做。当然，吕不韦并没有完全忘记李斯，偶尔也会召见他，但只是问一些无关紧要的事情，或者关心一下他的生活。每次谈话结束，回到自己的屋子里，李斯都有一种冲天的雄鹰被剪断了翅膀，被关进鸟笼的感觉。他站在窗前，仰望蓝天，他多想展开翅膀去翱翔一番。他甚至后悔自己当初进入相府的决定。

每到夜深人静的时候，李斯躺在床上，总是自我安慰，不要着急，要学会静，只有静下心来，所有事情才会一目了然。无论是谁，若想干一番事业，必须学会冷静，学会享受孤独，学会习惯煎熬。因此，尽管李斯心中很是焦急，但在吕不韦面前他每天还是装作若无其事的样子，从来不主动跟吕不韦要事情做。然而他一直在多方探听秦国的大事、要事。

偶尔吕不韦也会主动找李斯，在一些事情上征求他的意见。李斯表现得非常谨慎，很少主动表露自己的观点，除非吕不韦直截了当地问。可是，吕不韦从来没有这样问过。

在吕不韦的心目中，李斯的确是个不可多得的人才，可是，经过一段时间的考察，他发现李斯城府太深，不知道是真心效忠自己，还是想借助自己的力量达到某种目的。即便李斯真心效忠自己，他的德行又如何？对自己有多少利用价值？考虑到这些，他一直不敢重用李斯。

此时的秦国情况特殊，秦王嬴政才十三岁，还没有能力处理朝政，朝政大权全都集中在吕不韦一人手中。如果不是顾忌赵姬和天下舆论，吕不韦但凡存有野心，也可以取代现在的秦王嬴政，成为秦国的最高统治者。当然，吕不韦并非没有野心，只是在等待时机罢了。他现在身居高位，一举一动都受人关注，他必须找一个能够帮自己谋划的幕僚，但此人必须绝对忠诚于自己，一旦选错人，就有可能威胁到他的地位，得不偿失。

抛开野心不说，单从处理朝政方面来讲，作为一国相邦，需要他处理的事务太多了，有时忙到深夜还处理不完，让他心力交瘁。因此，他也非常渴望能有人为自己分担一部分。他的相府中虽然有门客三千，但吕不韦清楚这些人大多是滥竽充数，真正有才华的寥寥无几。毕竟他当初广招门客的出发点是为自己装点门面，并非寻找什么安国定邦之才。因此，李斯的出现，对吕不韦来说简直就是上天赐给他的礼物。

可是，面对城府深不可测的李斯，吕不韦又陷入了进退两难的境地。从内心来讲，他非常想重用李斯，让他成为自己的心腹，但又担心李斯会成为一匹脱缰的野马，自己无法驾驭，反而被其坑害；如果不重用李斯，他又觉得这样一个优秀人才白白地浪费掉，实在太可惜了。正是基于这种心理，吕不韦对李斯既不敢重用，又舍不得放弃，与他始终保持着若即若离的关系。

李斯是何等人也，他有着非常灵敏的政治嗅觉和明察秋毫的能力，不会放过任何可以利用的机会。他既然下定了决心效忠秦国，并且已经来到秦国，就会不惜一切代价寻找并创造机会，尽快结束这种笼中鸟的状态。

第四节 天降嫪毐

吕不韦虽然大权在握，但正如李斯所言，吕不韦那看似一人之下、万人之上的地位其实是有着隐忧的，而这与太后赵姬有着莫大的关系。

秦王嬴政年少继位，还没有执政能力，一切都听从母后赵姬的安排。而赵姬虽然天生丽质，能歌善舞，但对于政治也是一窍不通，必须有一个力量强大的男人在背后做支撑，这个男人自然非吕不韦莫属。如此一来，秦国朝政大权全部落入吕不韦之手，他在整个秦国都可以为所欲为。他还频繁出入赵姬的后宫。这时秦王嬴政才十三岁，对于男女之事尚处于懵懂阶段，不明白吕不韦与赵姬的关系，也无法对他们形成制约和威慑。

但长此以往，吕不韦难免有所担忧，因为他和赵姬的关系是见不得人的，若暴露了就是重罪。要知道现在的赵姬已不再是邯郸城里的一个歌女，而是秦国太后，这样的事情如果传扬出去，将成为秦国的耻辱，让天下人笑话，也会给吕不韦招来杀身之祸。对于这一点，吕不韦再清楚不过，所以和赵姬的每一次幽会也成了他最为恐惧的事情。为了彻底摆脱这种噩梦般的生活，他时刻都在思考，如何才能在这场感情纠葛中做到全身而退，专心于秦国的政务。

考虑到赵姬成为太后以后，性情大变，专横跋扈，阴险狠毒，吕不韦不敢直接和赵姬断绝关系，他希望能寻找一种明哲保身的方式。正当吕不韦为了这件事一筹莫展的时候，他突然想起一个人来，这个人便是李斯。

这天，吕不韦拖着满身的疲惫回到相府，特意请李斯小酌。二人一边饮酒一边闲谈，吕不韦总是一副心不在焉的样子，东拉西扯，闪烁其词，但李斯何等聪明，在心中已经大概拼凑出了这件事情。

李斯有一种预感，吕不韦遇上大麻烦了，自己大显身手的机会来了。他想，既然吕不韦主动放下身段请自己来喝酒，说明他有意拉近和自己的关系，而他说话半藏半露，说明他对自己不是十分信任，是有意试探。如果自己能够凭借高超的智慧，将这件事处理得当，或许能得到吕不韦或者赵姬的赏识，在秦国政坛上崭露头角，进而实现自己帮助秦国一统天下的宏伟构想。李斯思来想去，决定铤而走险，用自己的前途和性命赌一把。

不过，要想出一个两全其美的办法，并不是那么容易。当他闷闷不乐地从吕不韦的房间走出来，经过门客幕僚们居住的舍区时，忽然被一阵嘈杂的声音吸引住了。他循声走过去，只见一名男子在光天化日之下竟然被人扒掉裤子围观取乐。李斯觉得众人的行为太过火了，这已经不是简单的嬉闹，而是一种羞辱。他正要上前阻止，却忽然听明白了大家这样做的原因，原来，这名男子没有别的本事，唯一的特点便是"大阴"。又因为他是个粗人，突然来到一群衣着光鲜、满口之乎者也的文人当中，显得格格不入，产生了自卑情绪，所以遭到众人的戏弄。

李斯经过打听，得知这名男子叫嫪毐，因为家道中落，流落街头，被吕不韦收留，成为相府中的一名舍人。嫪毐进入相府后，多年来一直默默无闻，渐渐地就被吕不韦淡忘了。

当时吕不韦的门客很多，有说在三千人以上的，也有说逾万人的。为了方便管理，他专门建造了一片房屋供这些门客居住，这片房屋又分为上下两等，上等装饰豪华，专门给像李斯这样受到器重的人居住；下等则为普通房舍，为那些资质平庸的门客提供遮风挡雨之处。嫪毐一直住在下等舍区，李斯跟他从来没有打过交道，两人互不相识。

李斯了解到嫪毐的情况后，眼前突然一亮，立刻将嫪毐和吕不韦的烦恼联系在一起，一个大胆的计划随即在他的脑海中形成。他顿时感到笼罩在头顶的乌云散开了，心里暗喜道：真乃天助我也！随后，他脸色一沉，厉声呵斥道："尔等无耻之徒，光天化日之下行如此无礼之事，文人所不齿也！速与人道歉，若相邦得知，尔等将不得留于相府！"

李斯进入相府的时间不算太长，但名气已经非常大，经常成为吕不韦的座上宾，尤其是他说服吕不韦杀掉八个侍卫，更让这些门客十分忌惮，平时对他敬而远之。现在看到他站出来帮嫪毐说话，再也没有人敢放肆，都乖乖地向嫪毐鞠躬致歉说："嫪毐莫生气，我等与汝嬉笑耳，非有他意也。"说完不敢再看李斯一眼，四散而去。

嫪毐早就听说过李斯的大名，也知道李斯是吕不韦的贵宾，但未曾结识。如今听说站在面前的就是李斯，他扑通一声跪倒在地，声泪俱下道："先生大名，如雷贯耳，今得遇先生搭救，嫪毐感激万分！先生的大恩大德，嫪毐没齿不忘！"

李斯冲嫪毐摆摆手，说道，"你我共同侍奉相邦，理当情同手足，不分彼此，不必客气。今日有幸相识，实乃缘分，不妨畅谈。"说完，也不等嫪毐回答，拉起他的一只胳膊向府门走去。他确信凭借自己的三寸不烂之舌，一定能说服嫪毐，帮助吕不韦解决眼前的困境，让嫪毐成为自己仕途的一块垫脚石。

"愚兄有意帮贤弟谋划一个更好的前途，而贤弟身无一技之长，不易也。"李斯一边走一边对嫪毐说，"然非不可也，须静待时机，从长计议。"

　　嫪毐还不知道自己正一步步掉入李斯精心设计的陷阱，以为他是真心帮助自己，因此没有丝毫的防备心理，感激地说道："嫪毐愿意听从兄长的吩咐。"

　　李斯满意地点点头，意味深长地说："当知上天所予，皆有所用。弟且安心等候，我自有安排。"

　　命运往往就是这样，谁也不知道什么时候会时来运转，什么时候会大祸临头。嫪毐便是如此，他做梦也没有想到，忽然有一天，会有一件天大的好事降临到他的头上。李斯的出现，让他在黑暗之中看到了一丝曙光，他预感自己的命运即将改变。

　　李斯的脸上也不由得露出一丝得意的笑容来。对他来说，嫪毐的出现虽然是个意外，但帮助他解决了一个大问题。现在，他的计划已经实现了第一步，接下来他又开始筹划第二步。

　　这日，李斯认真观察吕不韦的脸色后，脸上现出一种同情和担忧的表情，他关切地说："相邦公务繁忙，日理万机，为大秦鞠躬尽瘁，呕心沥血，李斯无力相助，十分惭愧。今日难得相邦清闲，李斯忽然记起，前日遇见一事，甚为稀奇，今讲于相邦听，为图一乐耳。"

　　吕不韦正烦闷到了极点，哪有什么心情听李斯说笑，他勉强笑了笑，说："有何稀奇之事？不妨说来听听。"

　　李斯说道："天下之大，无奇不有，比如有六指之人，有脚跟朝前之人，有力大无穷之人，有身高不足二尺之人，这些都算是奇人，但也不在少数。李斯前日于府中遇见一人，乃稀奇中之稀奇。此人是大阴人。"

吕不韦听了忍不住大笑起来，他一边笑着一边指着李斯，说道："先生无稽之谈也，天下何来如此之人？莫不是寻吾开心？"

"非也，"李斯正色道，"李斯纵有一百个胆，也不敢在相邦面前妄言，李斯说的确有其人，乃相府下等舍人，名曰嫪毐。"

吕不韦紧皱眉头想了一阵子，终于想起此人，说道："经先生这么一说，我记起来了，府中确实有此人。不过，自他进入府中以后，倒没听说过有何作为，乃一庸才耳。"

李斯的话点到为止，之后二人继续饮酒，一杯接一杯，像是心照不宣，谁也不再提这件事。李斯知道，自己只能点到即止，说得过于明白，会让吕不韦认为自己太聪明，反而对自己不利。吕不韦这么聪明，用不了几天，一定会有所行动。

果然不出李斯所料，几日后，吕不韦便找来李斯，直截了当地说："太后身边急需用人，如何才能将嫪毐送入宫中？"

"千万不可，"李斯却出乎意料地说，"李斯明白相邦的一番苦心，为了太后的起居着想，但这样做十分不妥。"

吕不韦本以为李斯会积极地帮自己出主意，没想到却被泼了一盆冷水，他不解地问道："为何？"

李斯说道："相邦想过没有，嫪毐出身市井，心术不正，一旦得宠，必然危及相邦的安全，成为相邦的心腹大患。"

吕不韦听了不高兴地说："先生无须顾虑太多，只要做到掩人耳目即可。"

"相邦对李斯恩重如山，李斯当以牛马之力相报，竭尽全力辅助相邦治理江山，兴我大秦。但今日相邦所为实在荒唐，李斯以命相谏，恳请相邦收回成命，否则将追悔莫及。都怪李斯当初多嘴，在相邦面前提起嫪毐，李斯该死，请相邦处罚！"李斯仍不打算妥协。

吕不韦提高声音说："这是关乎本相生死存亡的大事，你无须多问，只管奉命行事即可！"

面对吕不韦咄咄逼人的气势，李斯也毫不示弱、态度坚决地回答："请相邦体谅李斯的一片苦心，恕难从命！"

这是吕不韦当相邦以来，第一个敢用这种态度和他说话的人，如果是在平时，吕不韦早就无法容忍，但今天情况特殊，因为他已经将最后的希望寄托在了李斯身上。

而李斯之所以有勇气冒着杀头的危险顶撞吕不韦，也是经过深思熟虑的。首先，吕不韦在这件事情上，需要李斯的紧密配合，所以不会轻易杀掉他。其次，嫪毐入宫后，一定会得宠，到时嫪毐与吕不韦之间为了利益迟早会发生争斗，吕不韦便有可能迁怒于他。他明知道无法劝阻吕不韦，还以命相劝，正是为了将来好开脱责任。

吕不韦见李斯毫不妥协，失望地摆摆手说："先生请退下，待本相想想再作打算。"

李斯预感到，嫪毐的入宫，必将在秦国政坛掀起一场大的风波。

又过了几天，吕不韦从宫中回来，马上召见嫪毐，斥责他说："嫪毐，你利用邪术妖言惑众，闹得沸沸扬扬，外面到处盛传相府内淫风盛行，伤风败俗，你罪不可恕！"

嫪毐惊恐万分，急忙磕头求饶："相邦明察，小人万万没有啊！"

吕不韦冷笑一声："本相最痛恨歪风邪气，岂能容你这等淫邪之术继续盛行，为了永绝后患，决定对你施以宫刑！"他不等嫪毐答话，又冲左右喝令道："来人，将他拉下去，施以宫刑！"

嫪毐听说要阉割自己，当时就吓得昏死过去，也不知过了多久，他忽然被一阵剧烈的疼痛弄醒，忙睁开眼，吃惊地发现自己在一间光线昏暗的房间里，身子被牢牢地捆绑在一根粗大的木桩上，有几个彪形大汉正在对他用刑，其中一个正用一种特殊工具拔他的胡须，每拔一下，他就惨叫一声。很快，他的胡须便被拔光了。正当他疑惑不解的时候，又有几个大汉闯进来，解开他身上的绳索，生拉硬拽地将他拖出去，塞进一辆车里。

从此，吕不韦的相府中少了一名舍人，赵太后的后宫中则多了一个"太监"。

第五节　一波又起

嫪毐进入太后赵姬宫中后，吕不韦突然明白过来，自己是掉进了李斯设好的陷阱里。原来李斯跟自己讲嫪毐的故事，并不是随口说说，而是有目的的，这样既能将嫪毐推荐给自己，又不戳破自己和赵姬的秘密，而且日后出了事情也怪罪不到他的身上。如此三全其美的计策，也只有李斯想得出来。这个李斯不显山不露水，却干成大事，实在不简单，此人一旦得势，可能会成为自己政治上的劲敌。想到这里，吕不韦冲外面大喝一声："来人！"

马上有一个侍从从外面走进来："相邦有何吩咐？"

"快去把……"吕不韦话说了一半，又突然打住，皱着眉头想道：以什么样的罪名杀掉李斯呢？当初自己要送嫪毐入宫，李斯可是以命相劝的，尽管是虚伪的相劝。现在要杀掉李斯，无论是道义还是情理上都说不过去，而且现在还不是除掉他的时候。李斯无论怎样聪明，现在还逃不出自己的手心，完全可以利用他为自己排忧解难，等他没有利用价值了，或者野心暴露的时候再动手不迟。于是他让侍从退下。

心情平静下来之后，吕不韦考虑的第一件事是如何扩大自己的势力，巩固自己在朝中的地位。当时秦国政坛的形势非常复杂，几股政治力量相互抗衡、制约，明争暗斗不断。身为郎中令的蔡泽被吕不韦两次打压之后，实力虽然有所减弱，但依然是吕不韦最大的威胁。蔡泽背后的靠山是华阳夫人，华阳夫人无论权势还是辈分，都比赵姬更高，华阳夫人不死，蔡泽就不会倒。蔡泽不倒，吕不韦无论做什么都无法完全施展拳脚，处处受到掣肘。那么，怎样才能尽快扳倒蔡泽呢？李斯不是聪明绝顶、智慧过人吗？用他来对付蔡泽或许是最好不过的武器，顺便也可以考验一下李斯对自己的忠诚度。同时，也要让李斯知道，他那套自作聪明的小把戏早已被自己看破，之所以没有怪罪他，是自己爱惜人才、宽宏大量，他要知恩图报，永远效忠于自己。

这时，李斯坐在他的房间里，也在思考着一个问题，那就是秦国的走向。就目前而言，秦国政坛形势相当复杂，吕不韦独掌大权，蔡泽不甘示弱，蠢蠢欲动。不过，这一切可以维持多久，还要看新王的态度，还要静观其变，不过李斯猜测，吕不韦难以长久。

李斯之所以做出这样的判断，有两个原因。

一是出身问题。那个年代，门阀思想非常严重，出身在很大程度上决定了一个人今后的发展。吕不韦之前是被人看不起的商人，通过运用高明的手腕，投机取巧步入仕途，但缺乏强大的靠山和支持力量，因而无法长久。李斯认真研究了秦国近百年的历史，发现一个规律，凡他国客卿来到秦国，都是暂时的辉煌，辉煌过去很快便归于沉寂，商鞅、张仪、范雎都是最好不过的例子。所以，吕不韦来自卫国的商人身份也注定了他不可能霸占秦国政坛太久，毕竟势单力孤，无法与秦国传统的贵族势力抗衡。

二是军权问题。无论哪个国家都离不开军队，军队是保护国家的最重要的力量，在国家的发展和建设中起着至关重要的作用。谁掌握了军权，谁就掌握了至高无上的权力。吕不韦身为相邦，只掌控着秦国的政权，却始终得不到军权，这也注定了他政治生涯的厄运。

那么，若干年后，谁最有可能取代吕不韦呢？李斯分析，有可能是那个既不安分、又有靠山的嫪毐。嫪毐虽然刚刚被送进宫中，但因为得到赵姬宠爱，实力迅速增长，用不了多久就会成为吕不韦的头号政敌。

李斯之所以暗示吕不韦将嫪毐送入宫中，名义上是帮助吕不韦摆脱困境，其实是为了打破秦国现有的政治格局。如果任由吕不韦在政治上一家独大，他就没有出头之日，永远只能是吕不韦的一位门客。只有扶植另外一股势力，牵制吕不韦的力量，他才能寻找机会，借助新的势力，出人头地。

不过，嫪毐有没有能力和魄力发展自己的力量，有没有野心和吕不韦抗衡，也只能看他自己了。

另外，还有一股政治力量至关重要，便是秦王嬴政。嬴政是秦国的最高统治者，尽管他现在还年幼，力量薄弱，但早晚有一天，他会成为秦国的主宰，吕不韦也好，嫪毐也罢，在秦王面前，都不过是秦国政坛上的匆匆过客，这是大势所趋，是任何力量都改变不了的。和大秦数百年的宗室力量相比，吕不韦、嫪毐之辈根基太浅。

将秦国目前的形势分析透彻后，李斯认为，自己现在要做的就是耐心等待，韬光养晦。因此，在接下来的一个月里，他足不出户，每天看看书、练练字，过着恬淡而又宁静的生活。

这天，李斯和往常一样在房间里练习书法，忽然接到吕不韦召见的命令。他不敢怠慢，急忙整理衣冠，跟随侍从去见吕不韦。

吕不韦见到他后，脸上露出微笑，用关切的口气说："近段时间朝中事务繁多，所以冷落了先生，先生不要放在心上。"

李斯一直害怕吕不韦因为嫪毐的事情对自己不利。现在，从吕不韦的表情和语气，他知道自己已经度过了危险期，不由得松了口气，说："相邦日理万机，为大秦鞠躬尽瘁，李斯不能为相邦分担忧愁，深感惭愧，怎么会有冷落之说？"

李斯说话的时候，吕不韦盯着他，从李斯说话的语气和面部表情，他断定李斯对自己还算是忠诚的，是可以利用的，于是问道："先生谋略过人，不可能久居府中，不知道对前途有何打算？"

李斯听了心中暗喜，预感到自己将要离开相府，结束舍人的生活。但是，他表面上仍保持平静，向吕不韦表忠心道："相邦对李斯有知遇之恩，李斯没齿不忘，此生愿为相邦赴汤蹈火，万死不辞！"

对于李斯的表忠心，吕不韦感到非常满意，他冲李斯点了点头，说道："现在郎中令治下郎官一职空缺，本相有意让先生担任，不知先生以为如何？"

来秦国之前，李斯已经对秦国的官制进行了详细的研究，知道郎官负责宫廷的安全，直接服务于秦王。郎中令是郎官的直属上级。

在当时秦国的中央机关中，郎官这个职位不算高，甚至有些低微，却是正式的官职。因此，李斯做了郎官，意味着他正式步入仕途。以李斯的能力，做一个郎官实在有些屈才。吕不韦担心李斯会嫌弃这一职位，不愿赴任，想对李斯说一些安慰的话，以打消他的抵触情绪。然而，李斯没有半点不高兴的样子，但也没有太多的惊喜，像是完全在他意料之中一样，他向吕不韦鞠躬行礼，说："多谢相邦的举荐，李斯感激不尽，愿效忠大秦！"

听着李斯场面上的客套话，吕不韦心中未免有些失落，他本来以为李斯会有两种反应，要么对他感激涕零，要么婉拒，没想到会是这么平静的反应。而李斯的心中，已经开始布局一盘大棋了。

第四章 富贵险中求

第一节　驱虎吞狼

对于李斯，吕不韦基本还是满意的，认为他是可以为自己所用的，起码在短时间内是这样，如果掌控得当，或许可以永远为自己所用。于是，他开始和李斯敞开心扉地谈话："先生智慧过人，郎官乃小吏也，着实委屈先生，然本相举荐先生乃事出有因，先生当心中明白。"

李斯双眼直视吕不韦，认真地说："李斯洗耳恭听！"

吕不韦沉吟片刻，说道："先生来大秦时日已久，当知晓大秦现职郎中令蔡泽。此人曾经是华阳夫人所倚重的老臣，在位多年，广结党羽，倚仗华阳夫人之势力，祸乱朝纲，为所欲为。先王继位后，我为相邦，蔡泽任郎中令，他屡屡与我作对，如今他虽已失势，但仍犹如百足之虫死而不僵，处处与我作对，于大秦江山不利啊，实在可恶！我派先生去，先生当心知肚明。"

不得不说，吕不韦这一步棋走得十分高明。自古以来，奸细都是一个非常危险的角色，他让李斯担任这一角色，是经过深思熟虑的。李斯是自己门下的舍人，如果自己杀掉他，消息传出去，会损害自己的名声。而将李斯送到蔡泽那里就不同了，李斯若干得好，他便可以源源不断地获取蔡泽的情报，从而制定应对之策，更好地打压政治敌人；李斯若暴露，蔡泽便会毫不留情地杀了他，这样也算替自己除掉了他。

李斯是何等聪明，对于吕不韦的这点小心思，他看得十分透彻，然而李斯明白，到蔡泽身边任职，虽有危险但也是一种机遇。所以，他没有表现出丝毫不满，反而跪拜吕不韦，说："能得到相邦如此信任，李斯感激不尽，请相邦放心，李斯当竭尽全力报效相邦！不过……"说到这里，他顿了一下，眼中闪过一丝狡诈，"相邦，李斯有一不情之请，望相邦成全。"

吕不韦没有注意到李斯的表情变化，爽快地说道："但说无妨。"

李斯说道："蔡泽侍奉过几代君王，势力盘根错节，党羽众多，想要从中获取消息并不难，但想要获取重要的消息，则有些难度，须多方打点，买通各个关节才行。李斯一介布衣，身无分文，还需相邦帮衬，相邦以为呢？"

　　吕不韦这才醒悟过来，李斯这是在向他伸手要钱。作为一个成功的商人，他对金钱的作用再清楚不过了，只要有足够的金钱开路，就没有得不到的东西，他今天能坐在相邦这个位置上便是最好的证明。李斯为自己办事，由自己出钱也是理所应当的。对吕不韦来说，钱从来不是问题。他冲李斯点点头，问道："需要多少，尽管去取。"

　　李斯向吕不韦伸出一个手掌，说道："五百金。"

　　吕不韦正手捧着茶盅往嘴边送，听到李斯的话吃了一惊，手一抖，茶水洒出来，弄湿了他的衣服。在当时，五百金可不是一个小数目，而李斯张口就要五百金。他不禁一阵恼火，正要拒绝，转而又想：只要能得到自己想要的，五百金又算什么？于是，他挤出一丝笑容说："先生只管去府库里取就是了。"

　　阳春三月，和煦的春风送来了温暖。一辆马车缓缓从相府驶出来，行驶在熙熙攘攘的咸阳大街上，引来许多行人羡慕的目光。

　　李斯意气风发地坐在马车里，身边放着他刚刚从相府府库里提出的五百金。他伸出一只手，轻轻地抚摸着其中一只光滑的箱子，心中禁不住感慨万千。转眼他来咸阳已经一年了，在这一年里，他感觉自己就像是一只猛虎被关进了牢笼，纵使有撼山动地的力量也无法施展拳脚；在这一年里，他忍辱负重，无时无刻不在看吕不韦的眼色行事，唯恐稍有不慎给自己惹来杀身之祸；在这一年里，他日思夜想，怎样才能尽快冲破吕不韦设置的牢笼，放开手脚大干一番，实现自己的远大抱负。现在，他终于如愿以偿了。郎官的职位虽然不高，却是他登上秦国政治舞台的第一步，他相信在不久的将来，自己一定会取代吕不韦，成为秦王最为倚重的大臣，并帮助秦王统一天下。

马车在咸阳大街最繁华地段的一座豪宅前停了下来，只见两扇朱漆大门敞开着，大门两侧分别站着四个手持长矛、身穿铠甲的侍卫。这些侍卫身姿笔挺，精神抖擞，表情严肃。

李斯将一块竹简递给车夫，吩咐道："你去通报，就说新任郎官李斯前来拜见。"

车夫答应一声，来到一个侍卫面前，将竹简递上，非常客气地说："请向里通报，新任郎官李斯前来拜访蔡大人。"

那侍卫接过竹简看了看，客气地说："请稍等！"说完，转身跑进府中去了。

李斯坐在车里，看着侍卫恭敬的态度，不由想起了自己初到秦国去拜访吕不韦的情景，心中感慨万千。现在他也是秦国的官员了，有了属于自己的府院，可以乘坐马车，有专门的车夫，出门拜访也有自己的帖子，受到的待遇自然也是天壤之别，他不禁又想起了家乡的"厕鼠"与"仓鼠"，万分感慨。

不一会的工夫，那个侍卫一溜小跑出来，到了车旁，冲李斯拱手施礼说："请大人下车，老爷有请！"

李斯跟随一名侍从来到蔡府的客房里，看到一个满头白发、身穿华服的老人正端坐在案几后面，他知道此人必是蔡泽，忙趋步上前，依礼拜见。

李斯来见蔡泽之前，已经详细了解过蔡泽的出身、为人及他在秦国官至相位的传奇经历。

蔡泽是燕国人，口才极好，善于雄辩。他胸怀壮志，却没有受到燕国统治者的重视，反而因为相貌丑陋招来诸多冷嘲热讽。无奈之下，他不得不放弃在本国发展的打算，先后奔走于赵国、魏国、韩国，但仍处处碰壁。正当蔡泽失望之时，秦国接连发生了两件大事：先是大将郑安平与赵国作战失败，率军士投降了赵国；紧接着又有河东郡守王稽暗中收取魏国的贿赂，勾结叛国，被秦昭襄王处死。因为郑安平和王稽都是秦相范雎举荐的，事情发生后，范雎在朝中的威信大大降低。当时秦国制定了荐贤令，其中规定：被举荐的人员成绩突出，举荐者受到奖励；反之，若被举荐者出现危害国家安全的行为，举荐者也要受罚。范雎当时在秦国地位极高，对秦国的强盛有着巨大功劳，秦昭襄王虽然没有降罪于范雎，但范雎仍然免不了被大臣们私下议论。

这件事传到蔡泽耳中后，他认为自己大显身手的时候到了，于是快马加鞭赶往咸阳。为了引起秦王的注意，他刚进咸阳城便四处宣传、夸耀自己有经天纬地之才，治国本领远在范雎之上。范雎若见了他，必定会将相位拱手相让。

范雎听到这些传言后十分生气，当即命人将蔡泽抓来，要亲眼看一看他是何方神圣。

蔡泽在秦国只是个游民，但他见了范雎非但不下跪，反而趾高气昂，这让范雎无法接受。他脸色一寒，厉声喝道："蔡泽，你何德何能，竟然口出狂言，欲取我相位而代之！如此诋毁朝中大臣，可知罪乎？"

面对范雎的喝问，蔡泽没有表现出丝毫的害怕，他神色平静地说："蔡泽所言句句是实，何罪之有？若相邦因忌惮蔡泽之才，强加以罪，恐天下不服。"

范雎听后，便想试一试蔡泽是否有真才实学，于是对蔡泽说："取本相的位置不难，但须有正当的理由，你若能说出，本相便向我王举荐你，否则休怪本相无情！"

蔡泽微微一笑道："相邦学识渊博，想必知道商鞅、吴起和文种的故事。"

商鞅、吴起、文种都是春秋战国时期非常著名的人物，尤其商鞅和吴起最为人所熟知，而且商鞅还是秦国的大功臣、变法的领军人物。蔡泽用这种再简单不过的问题来考范雎，简直是对他智商的侮辱。范雎十分生气，但还是尽量用平和的口气说："知道，皆为前辈，赫赫有名，功高盖世，无人能及。"

蔡泽又问："相邦是否有意效仿，以求名留千古？"

范雎一听，语气变得有些不友好起来："大丈夫一生，当以功名为重，我为大秦之臣，当竭尽全力报效秦王，至于身后之名，当由后人评定。"

"相邦高风亮节，令人佩服之至！"蔡泽称赞了一句，又问，"可是，相邦想过他们三人的下场吗？"

范雎一时无言以对。蔡泽看着范雎尴尬的表情，心中一阵得意，接着往下问道："相邦对大秦赤胆忠心，毋庸置疑，可您对大秦的功业能和这三个人相比吗？"

范雎沉吟片刻，摇摇头说："不可相提并论。"

蔡泽继续问道："依相邦之见，他们三位所辅助的君王，与当今秦王相比，如何？"

范雎又沉默了，答案不言自明。

蔡泽乘胜追击，继续说道："相邦乃明智之人，当知名臣欲尽其才，须遇明君，方可造福国家和百姓。若君主昏庸，即便臣子有经天纬地之才，亦无从发挥，反而身受其祸。"

范雎听了立即想起郑安平和王稽的事情，脸色也变得苍白起来。这一切都被蔡泽看在眼里，他知道自己的话说中了范雎的痛点，又进一步说道："相邦对秦国的功劳不可谓不大，但远不如三位前辈，得到王上的信任亦不及，然蒙受王上恩宠却远在三人之上，只是世事难料，相邦断言结局定胜过前辈吗？"

范雎被蔡泽这一番话问得哑口无言，陷入深深的思索之中。

蔡泽看到范雎不说话，又接着说道："相邦现在如日中天，当知'日中则昃，月满则亏'的道理。万物无不盛极而衰，人生同样如此。如今正是相邦急流勇退、保全名声的时机，若相邦贪恋名位，恐适得其反，难得善终啊！"

如此一番推心置腹的劝说，范雎终于被说动了心，尽管他很不舍得现在的高位，但为了能够善终，他还是决定辞官还乡，归隐山林。

次日，范雎上朝面见秦昭襄王，极力推荐蔡泽，说他是一个明了"三王之事，五霸之业"的人才，当今天下无人可与之匹敌，若他能得到重用，实乃秦国之大幸。秦昭襄王非常高兴，当即召见蔡泽。当着文武百官的面，蔡泽将自己对东方六国与秦国的局势进行了详细分析，秦昭襄王和众大臣无不心服口服。蔡泽建议采取破坏六国合纵、各个击破、最后兼并六国的策略，实现统一天下的目标，得到了秦昭襄王的赞同。

范雎见自己的目的已经达到，趁机向秦昭襄王递交辞呈，表示愿意将相邦的位置让给蔡泽。就这样，蔡泽成了秦国的相国。

蔡泽当上相国后立即按照自己的计划行事，很快便成功地帮助秦国消灭了周王室，使秦国稳居霸主之位。但蔡泽在混得风生水起的同时，也招来了很多流言蜚语。为了保命，他也效仿范雎，辞去相国之职，受封纲成君，但仍然受到朝廷的重用。

秦昭襄王去世后，秦孝文王继位，同样重用蔡泽，让他常署政事。吕不韦因为辅助太子子楚（即异人）有功，也被提拔重用，任蔡泽的副手，帮助他处理政务。

吕不韦为了出人头地，在异人身上投入了大量的心血、财物，怎会甘心屈居人下，于是想方设法排挤蔡泽，欲取而代之。但蔡泽深得华阳夫人赏识，文武大臣也都对他十分敬重，且他为官多年，势力盘根错节，不是当时的吕不韦可以撼动的，二人因此结怨。

后异人继位，即秦庄襄王。秦庄襄王不食前言，按照约定和吕不韦共掌江山，吕不韦被封为相邦，一下子跳到了蔡泽的头上。他利用手中的权力，对蔡泽进行打压，但是蔡泽也没有任人宰割，他表面上谦虚谨慎，暗中却和吕不韦斗得你死我活，由于他树大根深，吕不韦一时也奈何不了他。

三年后，秦庄襄王驾崩，十三岁的嬴政继位，即后来的秦始皇。嬴政年幼，吕不韦继续执掌朝纲，权力更大。此时蔡泽年事已高，在朝中的势力也大不如前，再也无力与吕不韦抗衡。

不过，能凭一张嘴爬上丞相的位置，然后又急流勇退、明哲保身这么多年，蔡泽自然不是傻子，他对吕不韦派李斯来担任自己部下的用意再清楚不过了，知道吕不韦是要监视他，寻找他的把柄，欲除之而后快。但此一时彼一时，蔡泽现在只是郎中令，位居吕不韦之下，对于李斯的来意只能看破不说破。他并不知道李斯和吕不韦之间的恩怨，认定李斯是吕不韦的忠实走狗，就是来帮助吕不韦对付他的。所以，他用带着几分仇恨和鄙视的目光看着李斯，不无讽刺地说："既为相邦舍人，来此任职可谓屈才！"

李斯听了如芒刺在背，小心翼翼地说："承蒙大人夸奖，李斯虽才疏学浅，愿竭尽所能效忠大人！"

蔡泽冷笑两声："老朽老矣，不敢承受，汝当唯相邦马首是瞻。"

面对蔡泽的嘲讽，李斯面不改色，佯装没有听懂："大人此话怎讲？"

蔡泽突然脸色一寒，口气严厉地说："李斯，相邦以汝为郎官，目的不言自明，看在相邦的面上，汝且上任，但汝当知，郎官责任重大，关乎陛下安危，凡有二心者，将以重刑处之，绝无情面，请好自为之！"

面对蔡泽赤裸裸的恐吓，李斯没有辩解，只是恭恭敬敬地回道："属下明白！"

这次谈话，可以说双方都亮明了观点。因为疑心，李斯上任以后，蔡泽时刻都在提防他，对他的要求也极为严苛，稍有不如意便大声呵斥甚至责罚。郎官负责王宫内各宫殿的安全，严格来说属于武官的范畴。李斯不过一介书生，虽然略通骑射，但从来没受过军事训练，无法胜任这项工作。蔡泽看准李斯的弱项，以保护王宫安全需要加强训练为借口，派人监视李斯，对他进行各种排挤，希望通过肉体和精神上的折磨让他知难而退，最好是让他彻底消失。李斯当然不愿意任人摆布，他利用从吕不韦那里得来的金钱，买通监视自己的人，使自己不用承受皮肉之苦。这些监视李斯的人在蔡泽面前，全都夸奖李斯聪明能干、吃苦耐劳，而且安守本分，根本不像是相邦派来的奸细。蔡泽渐渐对李斯放松了警惕，派他担任王宫的警卫。

第二节　贵人王绾

李斯由一介书生变成一名武士，每天身穿铠甲，手执长戟，把守王宫大门。这时候的他，心理是十分复杂的，他想到自己来秦国的目的，是为了帮助秦王一统天下，实现伟大的理想，可现在自己只是一名武士，连参与议政的资格都没有，实现理想不过是一句空话而已。然而，他又想，自己现在身处逆境，最重要的是冷静，虽然暂时不能面见秦王，但距离秦王已经很近了，甚至有几次，秦王带着浩浩荡荡的队伍出巡，李斯就陪同在侧。早晚有一天，他会和秦王相见。

所以，李斯不再怨天尤人，反而认定担任郎官是上天赐给他的机会。当然，他也没有忘记自己的另一个任务，偶尔会给吕不韦送一些无关紧要的情报，随便糊弄一下，竟然也没有引起吕不韦的怀疑。

当时的郎官，有的负责把守宫门，有的负责在殿内值守，有的每天都能看到秦王，有的常年见不到秦王一次，甚至一辈子也见不到秦王。李斯是负责把守宫门的，按说根本没有与秦王接触的机会，但他绞尽脑汁，不惜以重金收买秦王身边的人，以达到直接和秦王对话的目的。

王绾也是一名郎官，此人比李斯入职要早，而且职位也更高，是蔡泽的副手。据说王绾也胸有大志，才气远在李斯之上，但蔡泽嫉贤妒能，处处压制王绾，王绾因此仕途不顺，对蔡泽颇多怨言。

一个偶然的机会，李斯得遇王绾，交谈中得知王绾的官职仅次于蔡泽，秦王每次出行，几乎都让王绾带队护卫。于是，李斯开始与王绾套近乎，两人很快成了无话不谈的好朋友。

一天，蔡泽摆酒设宴，李斯和王绾都在场。酒过三巡，蔡泽不知不觉有了点醉意，只见他从座位上站起来，手拿酒盏，在场子中间又跳又唱。

一曲唱罢，蔡泽环视众人一圈，声音嘶哑地说："贾人吕不韦、阉臣嫪毐，出身卑贱，为世人所不齿，如今春风得意，把持朝纲。暂且让他们猖狂一时，待陛下亲政，我定再为相邦，取二人首级，与诸君开怀畅饮！"

说者无意，听者有心。酒宴之后，在回去的路上，李斯和王绾便议论开了。

李斯说道："王大人，我观蔡泽恐命不长久矣！"

王绾面色大变，急忙向四周看了看，低声问道："此话怎讲？"

李斯说道："理由有三。骄狂昏聩，不得人心，此乃其一；酒后僭越，妄测上意，此乃其二；自封相邦，无视陛下，此乃其三。大人明日见了陛下，若以实情相告，蔡泽必然会被罢免，蔡泽之位非大人莫属！"

"酒后胡言，不可当真。蔡泽为四朝老臣，深得陛下赏识，岂会因为一句话就被罢免？若不成功，还会招来杀身之祸，此计不可取。"王绾不以为然地说。

李斯这样说，并非要王绾真的去举报蔡泽，而是对王绾的试探。通过这几句话，他看出王绾也不满蔡泽，是可以利用的人。随后，李斯转换话题，向王绾询问有关秦王的事情，比如秦王的喜好、出行习惯、最亲密的人，以及生活习惯等，王绾都一一回答。从王绾口中，李斯得知，现在的秦王性格沉稳，不苟言笑，喜欢一个人静静地思考，有时候一坐就是一整天，至于他在思考什么，没有人知道，也没有人敢主动询问，只看到那张年轻的脸上总是写满了忧郁。李斯心想：以当前形势来看，秦王担忧的无非是蔡、吕二人把持权柄，自己王权旁落，既然如此，正是我得到重用的良机！他心里这样想着，嘴上则恭维王绾道："大人乃旷世奇才，却屈居蔡泽之下，实在不合情理，李斯颇感不公。"

王绾也喝醉了，口无遮拦，他深深地叹了口气，冲李斯摆摆手，一脸苦相地说："旷世奇才倒不敢说，但论起治国之道，自认不输于蔡泽。奈何蔡泽势强，有华阳夫人做主，无人能够撼动，也只好如此了。"

"是啊，"李斯深有同感，"蔡泽巧舌如簧，仅凭一张嘴便得到几代秦王的赏识，若论治国之道，则徒有虚名。假如李斯能面见陛下，必直言不讳，努力说服陛下，以大人取代蔡泽。"

王绾被李斯一番吹捧的话说得有些飘飘然，他感动地拉住李斯的手，流着泪说："多谢阁下的抬爱！我看阁下也非池中之物，才华和谋略非常人能比，日后必为朝廷重用。请阁下放心，以后若用得着我王绾，我必当倾力相助！"

李斯听了这话，心中十分高兴，趁机说道："不瞒大人，李斯确实迫切想要面见陛下，若大人能引荐，李斯感激不尽！"

王绾本来说的是一句客气话，没想到李斯却认真了，他心中懊悔自己酒后多言，但想要收回已经来不及了。他沉思片刻，咬咬牙说："也罢，这事就包在我身上了！"

李斯闻言心花怒放，连声向王绾道谢。

之后，李斯便将全部的希望都寄托在王绾的身上。在等待期间，他反复琢磨如何向秦王陈述自己的计划，想象着秦王听到自己计划后的反应，以及以后如何具体实施计划。为了尽可能多地了解秦王，李斯一有时间便请王绾到家里喝酒，或者带着酒去王绾家中。

为了防止吕不韦起疑心，在接近王绾的同时，李斯也没有忘记老主人吕不韦。他偶尔会回一趟相府，向吕不韦报告一些蔡泽的情况，比如他今天去了哪里，明天有什么打算。吕不韦对李斯的表现还挺满意，认为李斯是一个靠得住的人，还向李斯说了一些当今秦王的事情，李斯都一一记在心中。

第三节　面见秦王

深冬时节，咸阳下了一场大雪，厚可盈尺，将整个秦王宫覆盖在一片银白之中。雪停之后，秦王得到禀报，说兰池宫内的梅花一夜盛开，分外妖娆。于是，他立即传令整备仪仗，要去兰池宫赏梅。李斯、王绾各司其职，随同出发。很快，浩浩荡荡的队伍来到兰池宫外，王绾跟随秦王的车驾直入宫内，李斯因为负责外围，只得在宫外停了下来。他身穿铠甲，腰悬宝剑，脚踏着深及小腿的积雪，不停地来回巡逻，并不时向宫门张望，期待王绾能够早点出现。按照预先的约定，王绾今天要引荐他面见秦王。

终于，王绾的身影出现在了宫门内。李斯非常激动，急忙迎着王绾走过去，迫不及待地问道："请问大人，事情办得如何？"

王绾说："跟我来！"说着便转身往回走。

李斯一听机会来了，既兴奋又紧张。他平复了心情，整理了衣冠，稳步跟在王绾身后，来到一个僻静的小院前。王绾站住了，对李斯说："就是这里了，陛下正在里面赏花。但王宫的规矩阁下是知道的，不经陛下传召，任何人不得私自接近陛下百步以内，否则为杀头之罪。所以，阁下还无法进入院子，只能在此等候陛下出来。"

李斯心中不免感到一阵失望，他本来以为王绾会将他直接带到秦王面前，没想到只能站在门外等候，还不知等到何时，即便等到秦王出来，会不会被召见还要另说。他抬头看去，这是一个非常别致的院子，院墙以青砖砌成，墙头上用灰色筒子瓦做顶，月亮门的门楣上镶着一块条石，上面刻着三个篆字：梅香园。院门两侧，分别站着八个侍卫，都是全副武装，表情严肃，一个个如临大敌。透过院门，他又看到庭院里盛开的梅花，在皑皑白雪的映衬下，分外鲜艳。梅花丛中，立着一位头戴王冠、身穿华服的少年。这少年英俊潇洒，浑身上下透出一股王者之风。在少年的身后，垂手恭立着老臣蔡泽。李斯知道，这少年便是他渴慕已久的秦王嬴政，现在秦王近在咫尺，却不能拜见，这让他十分焦急，额头上竟然冒出细密的汗水来。

王绾注意到了李斯的情绪，安慰道："阁下不必焦急，只管耐心等待便是，即便今日不得陛下召见，还有下次。"

"不可，"李斯摇头说，"观天下时局，变幻莫测，陛下志在千里，欲使大秦一统天下，若李斯献计于陛下，可助陛下早日实现愿望。况且你我任事于蔡泽，难有出头之日。所以，李斯今日无论如何也要觐见陛下！"

王绾为难地说："这个可不好办，除非硬往里闯，但这些侍卫会要了你的性命。到那时，恐怕我的脑袋也得搬家！"

李斯沉思良久，忽然计上心来，他拉起王绾的衣袖，向外走了一段，眼睛偷瞄着几个侍卫，低声说道："我看不如这样，我就说我是奉了相邦之命，有事需要禀报陛下，侍卫自然会放我进去。若陛下怪罪下来，罪责由我一人承担，与大人无关。"

李斯城府极深，王绾一直以为李斯是吕不韦的心腹，出了事吕不韦一定为他出面周旋。于是，他冲李斯点头说："看来也只有如此了，阁下保重。"

二人又回到门前，李斯壮了壮胆子，对一个侍卫说："在下李斯，奉相邦之命，觐见陛下，烦请通报。"

侍卫不知真假，将目光投向王绾。王绾立即上前帮忙打掩护："此人确实来自相府，既然奉相邦之命有事禀报陛下，理当向陛下通报。"

侍卫听了王绾的话，不再怀疑，客气地说："请稍候片刻，在下这就去通报。"说完转身向院子里走去。

李斯站在门外，双眼紧盯着侍卫的背影，心狂跳起来。对他来说，这无异于一场豪赌，赌注便是他的身家性命。若成功，他便有可能一步登天，成为人上之人；若失败，他便会身首异处，甚至还有可能牵连王绾。

不一会儿，侍卫回来了，对李斯说道："陛下有令，李斯觐见！"

听说秦王同意召见自己，李斯异常兴奋，他狠狠掐了一下自己，努力平复自己的情绪。随后他解下腰中佩剑，并经侍卫搜身，跨过月亮门，向秦王走去。

从月亮门到秦王，不过几十步的距离，却是李斯一生走过的最漫长的路。为了踏上这条道路，他用了将近十年的时间。十年间，他付出了多少努力、品尝了多少艰辛、历经了多少次失望，恐怕连他自己也说不清。但他知道，这条道路必是他日后飞黄腾达的阶梯！

他低着头，一步步地向秦王走去，距离秦王越近，他的心情就越激动，到了秦王面前，他连忙全身匍匐在地，三叩九拜，口中高呼："臣李斯，叩见陛下！"

陪伴在秦王身边的蔡泽，对于李斯的出现感到既意外又有些不解，同时也不免有几分怀疑：李斯身为郎官，本职工作是护佑秦王的安全，而秦王这一次的行动是临时安排的，李斯怎么有机会去向吕不韦汇报？吕不韦身为相邦，又是秦王的仲父，全权处理朝政大事，若非重大事件，无须向秦王汇报，即便要汇报，可亲自来，也可派宫内侍从来，怎么会派不属于他管的李斯来？想到这里，他怒火中烧：李斯虽然曾经是相府的舍人，可现在毕竟是自己属下的郎官，他竟然还和吕不韦暗中来往，根本不将他这个郎中令放在眼里。他怒视着李斯，恨不得当场将他杀了。

秦王正在赏梅，听到李斯的声音，连头也没抬，冷冷地问道："相邦所禀何事？"

李斯知道，自己接下来所面临的结局有两种：一是得到秦王的认可，被秦王重用；二是未得秦王欣赏，以欺君之罪，被秦王斩首。无论哪一种，在踏入这道门之前，他都已经做好了心理准备。所以，他主动坦白道："启禀陛下，罪臣李斯并非受相邦派遣，而是自己要觐见陛下。"

听说李斯假冒吕不韦之命来见秦王，一旁的蔡泽更是怒不可遏，喝道："大胆，竟然欺骗陛下，心怀不轨，依律当斩！来人，给我拉出去斩了！"

后面的卫队得到命令，立即便有两个人冲过来，一人架住李斯的一只胳膊拖着就走。

李斯用力挣脱两个侍卫的手，四肢着地，爬回秦王脚下，声嘶力竭地哀求说："陛下，罪臣李斯有话，希望陛下能够一听，待李斯说完，再斩不迟。"

秦王终于抬起头来，冲侍卫摆了摆手，冷峻的目光投向李斯："好吧，寡人让你死而无憾，抬起头来说话。"

"谢陛下！"李斯急忙叩首道谢，然后抬起头来，眼睛却看着地面，慷慨激昂地说，"陛下能容臣说话，足以说明陛下心胸宽广，魄力非凡，当为天下共主。臣今日有幸一睹圣容，死而无憾。臣临死之前，斗胆再进一言，我大秦今国力强盛，碾压六国，陛下继承先王遗风，志冲斗牛，气吞山河，当携六世之余威，横扫六国，使天下一统，再无战争，疆土不再四分五裂，三山五岳尽归秦地，五湖四海皆为王土。到那时，大秦之咸阳即天下之咸阳，天下万民乃我大秦之臣民，陛下将被万世敬仰，岂不美哉！"

李斯这一番话，深深地触动了秦王的心弦。身为大秦君王，他何尝不想早日统一天下，结束这战乱不止的局面，完成几代先王的遗愿。然而，当今的秦国却不是他说了算，朝中有吕不韦专权跋扈，后宫有嫪毐为所欲为，他们仗着太后的庇护，根本不将他放在眼里。什么一统天下，横扫六国，不过都是空谈。想到这里，他深深地叹了口气，像是对李斯说，又像是自言自语："唉，谈何容易啊！"

听到秦王的叹息，李斯高高悬起的心放了下来，看来他没有看错秦王之志，这场豪赌已经赢了一半。他知道自己说中了秦王的痛处，这条命算是保住了，于是又壮了壮胆，接着说道："臣知道，陛下现在处境艰难，但臣坚信事在人为，只要陛下有心，便没有办不成的事情。若陛下信得过李斯，李斯当倾力而为，为陛下赴汤蹈火，万死不辞，辅助陛下完成统一大业。"

秦王平时幽居深宫，所看到的都是宫娥彩女，所听到的都是阿谀奉承，即便是临朝听政，大臣们也都是向吕不韦奏报，他在一旁完全是多余的。就连对大秦忠心耿耿的四朝元老蔡泽，也很少跟他谈论朝政大事，倒是经常在他面前提起吕不韦和嫪毐的种种不德。总之，朝中文武大臣都称呼他为陛下，但没有人真正视他为大秦国王，更没有人和他谈论一统天下的话题。现在李斯发出了完全不同于其他朝臣的声音，一个他从未听过的声音。他想看一看李斯是个什么样的人，竟然如此胆大，不惜冒着杀头之罪向他进言。他语气平和地说："李斯，抬起头来。"

李斯说："罪臣不敢！"

秦王说道："寡人赐你无罪。"

李斯这才抬起头来，秦王发现跪在自己面前的是一个仪表堂堂的青年，天庭饱满，地阁方圆，面泛红光，双眼明亮，浑身上下充满了朝气，顿时对李斯产生了好感，心想：吕不韦、嫪毐欺我年幼，把持朝纲，为所欲为，实在可恶之极，若得此人相助，铲除奸臣，助我大秦一统天下，倒不失为一件好事。只是不知此人能力怎样，希望不是夸夸其谈之辈。秦王这样想着，又将目光转移到梅花上面，漫不经心地说："爱卿多虑了，当今相邦为治世奇才，可担大任，更有'文韬武略'的嫪毐辅助，我大秦国力蒸蒸日上。他们二人对寡人忠心耿耿，寡人可高枕无忧矣，一统天下不过早晚的事情。"

"陛下……"李斯叫了一声，又看了一眼蔡泽，欲说还休，似乎有难言之隐。

秦王立即明白了李斯的意思，转向蔡泽，吩咐道："爱卿可去门外稍候一时。"

"这……"蔡泽一副不情愿的样子，犹豫片刻，冲李斯狠狠地瞪了一眼，转身向外面走去。

秦王看蔡泽走远了，说道："爱卿平身，有话但说无妨。"

李斯从雪地里爬起来，说道："陛下，恕臣斗胆直言，相邦虽然治国有方，但他僭权越位，号令天下，完全无视陛下的存在。嫪毐不过一市井之徒，既无根基，又无治国才能，必将祸乱朝纲。秦国是陛下的秦国，秦之大权必须掌握在陛下手中，权柄不可假手于人。若陛下运用得当，天下也将是陛下的天下。"

李斯今天所说的每一句话，都是秦王所不曾听过的。他眉头微微皱了皱，好奇地问道："爱卿何以知晓天下将为寡人之天下？"

李斯胸有成竹地说："天时已到，人和已至，地利乃存。"

"哦？"秦王更加好奇，"何以见得？"

李斯慷慨激昂道："先王穆公时期，我大秦就西并诸戎，开疆拓土，东出函谷，与天下诸侯争雄，而后突然停滞不前，其中原委，陛下可知？"

秦王紧盯着李斯："愿闻其详！"

李斯清了清嗓子，接着说道："陛下，早在昭襄王之前，周室虽然势力衰微，但仍为万民所向。五霸虽然称雄于天下，对周室却不敢有谋逆之举。因为周室的存在，天下一统便成了一句空话。好在先王时期，周室被我大秦所灭，天下群龙无首，强者称霸。我大秦自商鞅变法以来，国力强盛，傲立六国之上，历六世而不衰。如今更是屹立函谷之西，雄视东方诸国，使六国君主畏之如虎，不能不算天时也。诸国连年征战，百姓流离失所，苦不堪言，无不渴望有正义之师一统天下，结束乱局，建立太平盛世。而我秦国万千将士，身先士卒，为国血战，不能不算人和也。我大秦位于关中要塞，东有函谷关，西有大散关，南有武关，北有萧关，有四塞之地的美称，扼守交通要道，八百里秦川为屏障，东出可攻，西退可守，物产丰富，不能不算地利也。如此天时地利人和俱全，天下一统之势已成，陛下当抓住机遇，不可错过此等万世之功啊！"

听了李斯的话，秦王紧锁的眉头渐渐地舒展开了，目光中的忧郁也很快消失，取而代之的是欣喜。其实，这些问题他也无数次地想过，但偌大的秦王宫，他找不到一个可以交心的人，也根本没有人愿意和他讨论这些大事。所以，他不知道自己的想法是对还是错，可不可行，又该从哪里开始行动，能否得到群臣的支持。现在吕不韦执掌朝纲，凡国家大事全部由他说了算，秦王只是一个傀儡罢了，即便他的想法是对的，又能如何？要说继位之初，他还未经世事，被群臣无视倒也罢了，现在他已经十六岁了，有了辨别是非和处理问题的能力，这些权臣、重臣本该交出权力，尽力辅佐新王亲政，可根基尚浅的嬴政依然被无视，这让他感到苦闷，同时也倍感孤独和无奈。李斯的话句句说中他的心思，这让他对李斯充满了亲切之感。他想，李斯的出现或许是上天的安排，是来帮助他完成大业的。秦王冷峻的目光中出现了一些光芒。

第四节 蔡泽乱阵

在秦王和李斯谈话的同时，蔡泽在月亮门外却如坐针毡，恨不得将耳朵拉长到李斯和秦王的身边，听一听他们都在说些什么，有没有对自己不利的地方，否则，李斯为何要让秦王支开自己。

"不行，我必须想办法阻止李斯，以免他在陛下面前搬弄是非。"突然，一个大胆而又冒险的想法在蔡泽的脑海里冒了出来：对于李斯这样的危险分子，最好的办法就是让他永远消失，以绝后患。

蔡泽打定主意后叫来几个贴身侍卫，和他们耳语了一阵，然后大步走到院子里，大声说道："启禀陛下，臣刚刚得知消息，李斯是楚国派来的细作，来我大秦目的不明。此人不除，大秦不安！"他说完打了个手势，李斯和秦王还没有反应过来，几个武士已经冲到李斯身边，将他按倒在地。

秦王大怒，呵斥道："放肆，没有寡人的命令，谁敢在此胡作非为！莫非想造反吗？"

这一声断喝，犹如炸响的惊雷，将那几个侍卫吓得跪倒一片，纷纷磕头求饶。秦王没有理会他们，而是看向一旁的蔡泽，厉声质问道："蔡卿何意？说他是细作，证据何在？"

"这……"蔡泽一时答不上来，他眼睛转了几圈，狡辩道，"李斯身为楚人，不待在楚国，而跑到我大秦来，以欺诈之法面见秦王，是何居心？难道不是受楚王指派，企图谋害秦王，觊觎我大秦江山？"

秦王将信将疑，问李斯道："李斯，你乃楚人？"

"启禀陛下，臣确是楚人，但绝非细作。臣出身卑微，但不甘碌碌无为，想要干一番大事。为此，臣拜荀子为师，苦学七年，但楚国羸弱，楚王昏庸，朝臣离心，如一盘散沙。臣看遍六国，皆不如秦。陛下您风华正茂，胸怀宽广，壮志凌云，是一统天下的不二人选，故臣不远千里投奔而来，为的就是辅助陛下完成大业，别无二心。蔡大人说我是楚人就是奸细，那么，当初的商鞅、张仪、范雎皆非秦人，难道都是奸细？"李斯说到这里，忽然转向蔡泽，目光严厉地看着他，质问道，"如果李斯没有记错，蔡大人好像也不是秦国人，难道也是奸细吗？"

"你……你……我……"蔡泽顿时满脸通红，支支吾吾地答不上话来。

蔡泽毕竟是四朝元老，而且有华阳太后的庇护，秦王也不想得罪他，便主动替他打圆场说："寡人知道爱卿的一番好意，都是为大秦江山着想，寡人不怪你，李斯是不是细作，寡人自有分寸。你先下去吧，寡人和李斯还有话要谈。"

蔡泽忙向秦王叩头谢恩，然后转身往外走去。他已经预感到，这次剿杀李斯不成，反而助他在秦王面前得势，以李斯的才能和心计，早晚有一天，他必将成为自己的政治对手。

秦王看着蔡泽的身影消失在月亮门外，这才将目光收回，继续之前的话题："依爱卿之见，寡人该如何完成统一大业？"

李斯见秦王年纪轻轻便做到处事不惊、收放自如，更加相信自己的选择，为自己冒失冲撞龙颜而感到庆幸。对于秦王的问话，他胸有成竹地回答说："陛下，臣以为，陛下现在应该做的有两件事。对内积蓄粮草，训练士卒；对外则暂缓兵戈，积蓄力量，应多遣说客，不惜以重金离间六国君臣，使其上下不能一致，再以说客挑拨六国关系，使其互相为敌，我大秦则有机可乘矣。"

秦王快速看了李斯一眼，语气平淡地说："离间之计，古来有之，并非稀奇，恐六国之君不会上当。"

李斯不慌不忙地说："陛下所言极是，离间之计由来已久，但形式千变万化，大不相同。就好比同一把宝剑，在武士手中可以取万人首级，而在农夫手中只能砍柴而已。臣为陛下所献离间之计，即如天网，六国君臣无一能逃。臣斗胆问陛下，若陛下举全国之师，威逼六国君臣，依陛下之见，孰战孰降？"

"这个嘛……"秦王沉吟片刻，说道，"寡人以为，求战者十有八九，愿降者不足一二。"

李斯充满自信地说："陛下若依臣之计，对各国君臣施以重金，有愿意从秦者，以礼相待；不愿意者，则派人刺杀。长此以往，必有奇效。臣敢保证，五年之后，与秦求战者十不足七，降秦者十有三四；十年以后，战和降则各有一半。到那时，陛下果断出兵，六国已毫无斗志，上下离心，只等陛下坐而收之，岂不美哉？"

听李斯说得头头是道，秦王不住地点头称是。在他眼里，李斯已经不是一个普通的郎官，而是一个高瞻远瞩的政治家、军事家，他献上的不只是一个计策，而是统一天下的战略，是值得自己去追求的伟大事业。他双手搀住李斯的胳膊，说道："爱卿快请起，寡人让你在雪地里跪了这么久，实在委屈你了！"

李斯受宠若惊，再次叩谢道："谢陛下隆恩，李斯不才，愿为陛下赴汤蹈火，在所不辞！"说完，他站起身，用急切的目光看着秦王，问道，"陛下还有何吩咐？"

秦王略一思忖道："寡人今日有些累了，爱卿先回，改日寡人再与你商谈。"

李斯本以为自己这番话肯定能征服秦王，从而得到秦王的赏识，然后被破格提拔重用，没想到秦王就这么轻描淡写地把他给打发了。他很不甘心，却也无可奈何，只好告辞，转身向梅香园外走去。他一边走一边想，这次冒犯龙颜，虽然没有取得预期的效果，但他献上的一番策论还是得到了秦王的认可，并且自己也安然无恙，这就是今天最大的成绩。至于以后秦国何去何从，只能看秦王的选择了。

当天，李斯回到家中还没多久，下人便来禀报蔡泽来访。不管怎样，在被提拔重用之前，蔡泽依然是他的顶头上司，他自然不敢怠慢，忙命人将蔡泽引到客房等候，然后整了整衣服，向客房走去。

二人相见，蔡泽首先向李斯作拱手礼，说："都怪老朽有眼不识玉，没看出先生乃旷世奇才，现已查明，先生绝非楚国细作，我已将传讹之人严惩。白天多有得罪，还请见谅！"

李斯知道，老奸巨猾的蔡泽是无事不登三宝殿，他不惜踩着尺厚的积雪到这里来，无非是想摸清自己的底细，顺便打听一下他离开之后自己和秦王谈了什么。但是，他看破不说破，佯装什么也不知道，客气地回道："大人言重了，大人心系国家安危，何罪之有？李斯作为大人的下属，又怎敢怪罪大人？"

蔡泽用狡黠的目光盯着李斯，恭维道："老朽看先生与陛下相谈甚欢，陛下对先生颇为赏识，看来先生平步青云的机会来了。"

对于蔡泽的恭维，李斯既不承认也不否认，他十分享受这种被人恭维的感觉，模棱两可地说："李斯承蒙陛下厚爱，当与大人一起，竭尽全力辅佐陛下，使我大秦立于六国之上。"李斯之所以敢这样说，是因为他已经断定，用不了多久，秦王必定单独召见他，并委以重任。退一步说，即便没有得到提拔重用，他这话说得也没有错，大家一起努力，辅佐秦王，这是天经地义的事情。

果然，蔡泽被李斯的这番话搞得有些不知所措，心想：听李斯这话，秦王非常看重他，若在这个节骨眼上将他除掉，秦王一定会怀疑到自己头上，反而对自己不利。与其这样，还不如和李斯搞好关系，万一李斯高升，也算是给自己留条后路。于是，他装出很生气的样子，说道："相邦府中藏着先生这样的栋梁之材，早就应该举荐于陛下，为国效力。可他却让先生当一个小小的郎官，于心何忍！你我都是明白人，老夫有话直说，相邦派你到这儿来，实非义举，是想加害老朽。也怪老朽有眼无珠，若非今日先生面见陛下，还看不出先生乃旷世奇才。"

　　蔡泽说这些话，无非是想和李斯套近乎，李斯心知肚明，也乐于接受。俗话说得好，宁交十个友，不树一个敌。自己能不能被提拔重用还是个未知数，在这个关键时刻，更不能得罪蔡泽。再说蔡泽和吕不韦有矛盾，自己没必要做吕不韦的替罪羊。所以他赶忙辩解说："大人此言差矣，李斯初投相邦门下，受到相邦的提携，到大人手下当差，也不过奉命行事，别无他意。李斯既然跟了大人，从此当忠心为大人尽力。"李斯既否认了自己卧底的行为，撇清了和吕不韦的关系，又稳住了蔡泽。

　　果然，蔡泽听了李斯的话十分高兴，当即赠以大量金银，以收买李斯。李斯也非圣贤，对于送上门的财物，照单全收。

第五节　官拜长史

　　蔡泽离开后，李斯度过了一个不眠之夜。自从来到秦国，他已数不清自己度过了多少个失眠的夜晚，但之前都是因为看不到前途而失眠，这一次则截然不同，他是因为兴奋过度而失眠。白天擅闯梅香园的那一幕，以及蔡泽来访时的讨好态度，反复在他的脑海中闪现，多年的愿望终于要实现了，他似乎看到自己正站在秦王身边，接受满朝文武的跪拜。

　　也不知过了多久，李斯正迷糊着，一声悠远的鸡啼声传来，他向窗外看了看，东方已经泛起鱼肚白，也快到早朝的时间了。他有种预感，秦王一定会在今天单独召见他，所以他不敢怠慢，提前起床将自己精心装扮了一番，想给秦王留下一个好的印象。

正如李斯所料，当早朝结束，百官散尽的时候，一个内侍出现在大殿门前高高的台阶上，大声呼道："宣李斯觐见！"

尽管李斯对这种宣召企盼已久，可当这一天真的到来时，他还是不敢相信，呆愣愣地站在那里。

自担任郎官以来，李斯还是第一次以这种无上荣耀的方式走进这座他十分熟悉的王宫大殿。此时此刻，往事一幕幕在他脑海中闪现：告别故乡、追随恩师荀子、二次离家、初到咸阳、屈居相府……所有的一切都是值得的。他抬起头来，向大殿上方看去，在阳光的照耀下，"咸阳宫"三个鎏金大字分外耀眼，他感觉在黎明前见到了曙光。

进入大殿，李斯看见在高高的平台上，摆着一个镶嵌着宝石的御案，案上放着一捆捆的竹简，都是文武大臣送来的奏章，秦王正低着头，认真地批阅着。尽管吕不韦包揽了所有朝政大事，一再强调不需秦王操心，但秦王深知君王不理朝政会自取灭亡。他不敢有丝毫大意，每次下朝之后，他都会晚走一会儿，将大臣们送来的奏章仔细阅读一遍，以便对朝政大事有所了解。

李斯趋步来到平台之下，对秦王三叩九拜，口中高呼："微臣李斯参见陛下！"

"爱卿平身！"秦王将笔插进笔筒里，说道，"爱卿，寡人听相邦说，你在他门下两年多来，为他排忧解难，献了很多妙计啊！"

李斯知道，秦王开口就提吕不韦，说明他已经向吕不韦了解过自己的底细，自己也不需要刻意隐瞒什么，该交代的要主动交代。想到这里，他冲秦王微微躬身说："陛下圣明，微臣在相府做了两年的舍人，也的确向相邦提过一些建议，能不能采纳，只在相邦本人。不过——"李斯话题一转，又说，"微臣初来乍到，投奔相邦，只是权宜之计。微臣最大的心愿是效忠陛下，效忠大秦！"

李斯这样说，既承认了自己向吕不韦献计的事情，又将责任推到了吕不韦身上，同时还不忘向秦王表忠心，表示期待被提拔重用。然而，接下来秦王的一句话让他吓得差点魂飞魄散。

"寡人听说嫪毐也曾在相府做过舍人，想必爱卿一定对他非常了解。"秦王脸上的笑容突然收了起来，目光也变得冷峻起来。

李斯一听，冷汗顿时冒了出来。看来秦王已经知道了自己向吕不韦献计的事情，他只能强作镇定，从容地答道："陛下明察，微臣和嫪毐的关系说不上密切，不过一般同僚而已。嫪毐突然失踪，断了音讯，后来微臣才知道他被送入宫中为宦官。嫪毐还曾多次托人劝说微臣，想要我为他效命，但都被我拒绝了。微臣以为，相邦也好，嫪毐也罢，他们今天的辉煌都是陛下所赐。离开了陛下，他们都一无是处。"

秦王又问："依爱卿之见，由他们二位辅佐寡人，能否完成统一大业？"

李斯直言不讳道："恕微臣直言，很难。吕不韦虽才智过人，但外强中干，而嫪毐乃市井之徒，二人虽如日中天，但难成大器。"

秦王自继位以来，虽然深知这二人不堪重用、为祸朝野，但听到的都是吕不韦如何聪慧、贤良，嫪毐如何忠勇、机智的话，从来没有听到过关于他们二人的负面评论。李斯作为小小的郎官，居然敢毫不避讳地在他面前说实话，而且李斯刚到秦几年，与吕、嫪两股努力虽有关联但并未勾结，这些情况他已派人探得，李斯这个人也许可以放心大胆地用。他从龙椅上站起来，在一名内侍的搀扶下，稳步走下平台，亲切地拉住李斯的一只手，说道："昨日爱卿一席话，令寡人受益匪浅。寡人经过一夜思索，极为认同爱卿所献一统天下之计。此策既然出自爱卿，就请爱卿代寡人行之，寡人愿拜爱卿为长史。"

长史一职创立于战国末期的秦国，当时丞相、国尉、御史大夫的属官中都有长史，相当于参谋，职责是为丞相、国尉、御史大夫出谋划策，排忧解难。这一官职看上去和舍人类似，实际上地位天差地别。舍人属于个人培养的群体，是一种私有财产；长史是国家性质的，是由官府正式任命的。而李斯的长史是秦王亲自任命的，含金量更高，十有八九是直接服务于秦王。李斯心中狂喜，俯身下拜说："谢陛下隆恩，微臣定当竭尽全力，不负陛下重托。"

就在李斯担任长史的正式诏令下达的同时，吕不韦带着贺礼来到了李斯府上。吕不韦做梦也没有想到，自己本来是派李斯到蔡泽的府中卧底，结果他竟然扶摇直上，一跃成为秦王身边的长史。这使吕不韦开始重新审视李斯。他知道，李斯绝对不会长期停留在长史这个位置上，如今朝廷中，嫪毐凭借太后赵姬的恩宠，逐渐坐大，成为秦国政坛上一股不可忽视的势力，后宫大小事务均由嫪毐决定。在不久的将来，嫪毐必然成为自己的政敌，而且实力强过蔡泽。李斯作为刚刚崛起的新生代，又出自他的相府，绝对不能被嫪毐利用。所以，为了争取到李斯，吕不韦才第一时间带着礼物向李斯表示祝贺。他冲李斯拱手施礼说："先生平步青云，可喜可贺啊！"

李斯回礼，谦虚地说："李斯能有今天，都是仰仗相邦的栽培，以后还需相邦提携。今后有用得着李斯的地方，相邦尽管吩咐，李斯愿效犬马之劳！"

吕不韦听了非常满意，认为李斯对自己的忠心未变，还是值得信赖的，遂又和李斯扯了一些闲话，便告辞了。

李斯这一次被破格提升，在秦国政坛上掀起了一场轩然大波，那些平时和李斯关系平平的官员纷纷前来拜会，希望与之交好。还有许多和李斯素不相识的同僚或者士子，也通过各种关系来拜见李斯，希望能够得到他的提携。一时间，一向冷清的李府突然变得宾客盈门，热闹非凡。李斯每天忙于应酬，一连数日不得空闲。

这天，前来拜会的客人有所减少，清静之余，李斯想起自己的妻儿来。匆匆一别，转眼就是几年，他们的身影无时无刻不出现在他的脑海中，随着时间的推移，他对他们的思念也越来越深。好在度过那段艰难的岁月之后，他现在终于出人头地，可以衣锦还乡、阖家团圆了。他决定回一趟家乡，将妻子儿女接到咸阳，共享荣华富贵。

第二天，李斯去拜见秦王，请求道："微臣感谢陛下的厚爱，微臣当呕心沥血以报大秦，方不辜负陛下所托。为了更好地效力大秦，微臣有意回楚国上蔡，携家眷同住咸阳，专心辅佐陛下，还望陛下恩准。"

　　人非草木，孰能无情。对于李斯的要求，秦王十分理解，也表示了极大的支持。一来给李斯一个人情，让他对自己感恩戴德；二来李斯妻儿都在秦都，他会更忠诚、谨慎，因为日后他一人犯错，会牵连全家。所以他当即给李斯放了假，让他回楚国去把家人接来。

第五章 坐山观虎斗

第一节　荣升客卿

一转眼的工夫，李斯在长史这个位置上干了四年。在这四年间，他按照自己精心设计的计划，培养了一大批能言善辩的说客，并给他们足够的资金，让他们去游说六国，挑拨六国君臣之间的关系。另外，他还招募了大批武士，对于那些不愿意归附秦国的"刺头"实行刺杀行动。经过这些说客和武士的一系列行动，六国内部开始出现混乱。贵族也好，肱骨大臣也罢，时不时就出现意外暴毙的状况，某位战功卓著的将军被解除兵权的事情也时有发生。为了防止消息泄露，李斯所做的一切都是保密的，即便是秦国的大臣也不知情。因此，秦国的文武大臣对于六国政坛事故频发的情况感到十分诧异，议论纷纷，而始作俑者李斯和秦王则心中暗喜。

这天，秦王召见李斯。李斯来到秦王宫中，看见偌大一个宫殿，只有秦王孤零零地坐在高高的平台上，伏案批阅奏章。

李斯行过礼后，侍立一旁，小心地问道："陛下召微臣来，不知有何吩咐？"

秦王揉了揉因看奏章而疲劳的眼睛，说道："也没有什么大事，寡人只是想与爱卿闲谈而已。"他顿了一下，又说，"爱卿担任长史四年，为寡人出谋划策、兢兢业业，寡人都看在眼里，若众卿都能如此，天下何愁不能统一。"

听着秦王夸奖的话语，看着秦王为国事操劳而疲倦的样子，李斯发现经过四年的历练，秦王成熟了许多。他谦虚道："陛下过奖了，微臣只是献上微不足道的计策，能有今日的效果，全靠陛下运筹和陛下的天威保佑。"

秦王站起来，在殿内走了几步，又回过头来，语气平静地问道："爱卿可还记得四年前寡人与你第一次见面时说过的话？"

李斯努力回忆了一下，说道："微臣当然记得，那天陛下与微臣说了很多，不知陛下指的是哪一件事？"

秦王直接说："是关于嫪毐的事情。"

李斯回道："臣记得，臣曾说过，吕不韦虽才智过人，但外强中干，而嫪毐乃市井之徒，二人难成大器。"

秦王又问："知道寡人为何提拔你为长史吗？"

李斯摇摇头说："微臣愚钝，请陛下明示。"

"吕不韦身为相邦，权倾朝野；嫪毐恃宠而骄，权势熏天，朝中无人敢说他们的坏话，唯有爱卿敢于直言，所以寡人认为爱卿刚直不阿，值得托付大事。爱卿应当知道，朝中派系林立，相互争权夺利，真心效忠寡人的寥寥无几。寡人欲成大事，必须有忠勇可靠之臣辅助，否则，一切都是空谈。爱卿可明白寡人的意思？"秦王锐利的眼睛直视李斯。

李斯一听秦王的话，知道秦王是在向自己示好，自己极有可能会得到进一步提拔，心情也开始激动起来。他极力抑制自己的情绪，慷慨激昂地说："陛下有何吩咐？微臣愿肝脑涂地，万死不辞。"

秦王没有说话，而是抽出腰中佩剑，举在眼前仔细地欣赏着，像是对李斯说，又像是自言自语："古人云'天子之剑，以燕谿石城为锋，齐岱为锷，晋卫为脊，周宋为镡，韩魏为夹，包以四夷，裹以四时，绕以渤海，带以常山，制以五行，论以刑德，开以阴阳，持以春夏，行以秋冬。此剑，直之无前，举之无上，案之无下，运之无旁。上决浮云，下绝地纪。此剑一用，匡诸侯，天下服矣。此天子之剑也'。圣贤直言，不亦善哉！"

李斯沉吟片刻，大胆进言道："陛下之言，恕臣不敢苟同。臣以为，天子之剑，关键在于无形，应做到无锋而利、无锷而钢、无脊而固、无镡而威。天子佩之，用时无人知，收起无人见，如此无影无形，像日月悬于天空，如星辰之永恒，上承天意，下治黎民，能持此剑者，唯天子也！"

秦王被李斯的宏论所折服，感叹道："寡人久居深宫，从来无人教诲，得遇爱卿指点，如醍醐灌顶，今再听爱卿宏论，知晓天子之道，心胸豁然开朗。寡人欲收回权力，但吕、嫪二人实力强大，实难撼动，若能得爱卿相助，又何惧此二人哉。"

李斯听了秦王的话，感到有些意外。对于秦王铲除吕不韦、嫪毐二人，收回权力的举措，他早就想过，只是没想到会来得如此之快。论年龄，秦王不过十七八岁，虽然血气方刚，但毕竟少经世事，阅历尚浅，虑事不周，又势单力薄，成功的把握不大。但他转而又想，或许可以将这个劣势转为优势。如今吕不韦、嫪毐二人在朝中争权，却忽视了尚未正位的秦王，认为秦王年幼，不足为虑，因此疏于防备。若再等几年，他们二人的势力得到进一步扩大，秦王将更无力撼动。此时秦王身边无人，若能助秦王除此二人，事成之后，自己或许就是下一个吕不韦，是听命于秦王的大秦相邦。

李斯心中有了主意后，对秦王说道："微臣得陛下如此信任，不胜荣幸。就目前而言，朝廷中吕不韦实力最强，其次是嫪毐。嫪毐虽无法与吕不韦抗衡，但也不容小觑。这二人相互争斗，无论哪方获胜，都不能为陛下所用。吕不韦把持朝纲，为所欲为，完全不将陛下放在眼里；嫪毐小人得志，难成大事，却妄想一步登天。除了这二人，还有一个人也不可忽视，他便是老臣蔡泽。包括陛下在内，蔡泽已经服侍四代君王，在朝中威信极高，又有前朝勋贵的支持。不过，蔡泽毕竟迟暮，不足为虑。依微臣之见，陛下应当拉拢蔡泽，争取勋贵们的支持。对于吕不韦、嫪毐二人，不妨坐山观虎斗，待时机成熟，将他们一举歼灭，王权自然回归大王。"

李斯讲得头头是道，并非临场发挥，而是他多年来观察思考的结果，他为了在秦王面前发表这番言论，已精心准备多时。秦王听了高兴地说："爱卿此言，令寡人茅塞顿开。有爱卿辅助，寡人可以高枕无忧矣！长史一职，实在委屈爱卿，寡人将向众臣宣布，拜汝为客卿，为寡人出谋划策。"

秦有客卿之官，以待他国来者，其位为卿而以客礼相待。这一官职起源于秦国，大概在秦昭襄王之前就已经有了，相当于秦王的最高参谋，客卿虽然没有决策权，却能在国策的制定过程中发挥重大作用。在秦国历史上，很多丞相都是从客卿提拔而来的，比如张仪、商鞅、蔡泽，包括吕不韦。李斯担任这一职务，充分说明了秦王对他的信任。在以后很长的一段时间里，他都将左右秦国的国策乃至命运。

第二节　心腹之臣

自古以来，奸臣当道，国必灭亡。秦王自然明白这个道理，所以才坚决想要收回吕不韦和嫪毐的大权。但是，他更明白，他们二人不可能心甘情愿地将权力拱手相让。嫪毐没有入宫之前，吕不韦一家独大，从嫪毐入宫的那一天起，这种局面逐渐被打破，吕不韦和嫪毐大有平分秦国之势，根本就没把秦王放在眼里。秦王对于他们的一举一动看在眼里、恨在心里，只因年幼而无可奈何，不得不选择了隐忍。但是，他暗中一直筹划着，要找合适的机会，将二人彻底铲除。他知道仅凭一己之力，无法撼动他们，必须有一个强有力的助手。李斯的出现让他眼前一亮，他认为李斯就是上天派来帮助他完成这一宏伟计划的。现在时机已经成熟，所以他任命李斯为客卿，帮助自己铲除吕不韦和嫪毐两股势力。

秦王屏退左右，从高高的平台上走下来，客气地说道："爱卿既已为客卿，此时只有你我二人，可免去君臣之礼，改行宾主之礼，你我席地而坐，促膝长谈，岂不美哉？"说完，便在地上盘膝而坐。

李斯受宠若惊，急忙推辞，但秦王执意如此，李斯推辞不过，只好顺从地在秦王对面坐下。秦王脸上现出忧虑的神情，说道："当初爱卿曾为寡人献计，但寡人没有让爱卿参与政事，爱卿当明白寡人的用意。"

李斯点头道："微臣明白，大王是在替微臣考虑，吕、嫪二人势力庞大，臣过早暴露，难免会招来杀身之祸。"

"爱卿能如此想，寡人深感欣慰。当时寡人尚年幼，对时局缺乏控制力，只怕你成为众矢之的。而今寡人已得朝中一些大臣的支持，又有爱卿助力，为保大秦基业，誓将权臣彻底扫除。爱卿有何妙计，但说无妨。"

李斯见秦王态度坚决，知道自己大显身手的机会来了。他必须为秦王设计一个完美的计策，要一招制敌，绝不能给对方反抗的机会。他沉思良久，说道："陛下，自古以来，君为天，臣为地，臣始终在君之下，臣所做的一切都在为君王服务，臣当明白自己的职责，为君王分忧。当初姜公立齐国，传六百余年，终被田氏取代；晋国三姓分裂晋土，各立一国。有云'千乘之臣有一，则危及君王'，而今吕不韦、嫪毐二人皆为千乘之臣，无视君上，妄自尊大，僭权越位，陛下要当机立断，千万不要贻误时机。"

秦王受到李斯的鼓舞，不由得信心倍增，恨不得即刻铲除吕、嫪两股势力。他努力平复心情，说道："爱卿所言与寡人所想不谋而合，吕不韦、嫪毐操弄权柄，祸国殃民，若不尽早除之，迟早会危及大秦江山。"

听秦王这么一说，李斯便知道自己取代吕不韦的日子不远了。为了考验秦王的斗志，他故意劝阻说："臣闻，卞庄子欲刺虎，馆竖子止之，曰：'两虎方且食牛，食甘必争，争则必斗，斗则大者伤，小者死。从伤而刺之，一举必有双虎之名。'"这段话是说，卞庄子想去杀虎，童仆却告诉他，两只老虎吃一头牛，当他们吃得正香的时候，一定会争斗起来，到时大虎受伤，小虎死亡，杀伤虎，就能一举两得。

秦王面色突然一沉，带着几分愠怒说："爱卿此言差矣！爱卿将吕不韦、嫪毐比作猛虎，寡人难道是任人宰割之牛吗？若任凭吕不韦、嫪毐相斗，必祸乱我大秦。除寡人之外，无人能救。若甘心为二虎口中之牛，二虎相争时，牛又岂能活命？寡人若置之不理，岂不是自取灭亡！若再有人趁机作乱，寡人又该如何应对？所以，任由二虎相斗之说，无异于自我损伤，对我大秦有百害而无一利，不可取也。"

　　秦王的话正是李斯最想听到的。从内心来说，他比秦王更想铲除吕不韦、嫪毐二人。他从一个小小的仓吏到现在秦王的客卿，花费了十几年的时间。现在他已进入壮年，精力充沛，正是实现凌云壮志的大好时机。若能取代吕不韦，成为大秦重臣，前途将不可限量。若任由吕不韦、嫪毐这么争斗下去，无论哪一方取胜，都对他不利。而且秦王正位之后君临天下，收回权力是早晚的事情。

　　为了尽早除掉吕不韦、嫪毐，他决定再为秦王加把火："陛下并非二虎相争之牛，而是伺机杀虎之勇士，若要除此二人，陛下应知二人罪责。臣观吕氏谋变之心久矣，越位行事为其一，编纂《吕氏春秋》为其二。大秦自昭襄王以来，几代先王均傲立群雄之上，无人敢与争锋，却从来没有想过为自己著书立说；而吕不韦一个商人，承蒙先王恩赐，得相邦之位，却擅自著书立说，以博取天下，居心叵测。再说嫪毐，恃宠而骄，家中养士三千，其野心昭然若揭。陛下既然决心已定，当以此由为根据，速除二贼，以免夜长梦多。"

　　"爱卿所言极是。"秦王点点头道，"寡人心意已决，但不知先除谁。"

　　李斯果断表示："当先除嫪毐，再除吕不韦。"

　　李斯这样说是有充分依据的。他心里清楚，若秦国政坛大乱，对秦王威胁最大的是嫪毐，其次是吕不韦。吕不韦掌管了大秦的半壁江山，地位无人可及，更受到群臣的拥护，根基较深，贸然拔出这棵大树，李斯并无把握。而且，吕不韦目前还在兢兢业业地为大秦服务，尚有可用之处，长久以来也未表现出取代秦王的野心。而嫪毐则不同，他从一个不为人知的舍人，成为太后的男宠一步登天，对大秦江山没有半点功劳，实为无功食禄、尸位素餐之人，如今位高权重，只能说是小人得志，虽养士三千，不过物以类聚而已，正义之士都对他嗤之以鼻。他和太后的苟且之事终将败露，到时天下尽知，令秦王蒙羞。所以，对他来说，不反会死，反了或许会有一线生机。而且先除嫪毐不会引起吕不韦的警觉，反而会得到他的支持。综合以上原因，李斯建议先拿嫪毐开刀。

第三节　小试牛刀

秦王虽然已决心除掉吕不韦和嫪毐，但是，这两个人的实力太强了，如果马上和他们刀兵相见，可能会引火烧身。要削弱二人势力，最好的办法依然是坐山观虎斗。于是李斯再次献上了阴险的一计：先对老臣蔡泽下手。蔡泽是朝中另一股比较强大的势力，但是相对于吕不韦和嫪毐，还是容易对付的。李斯的计谋是，先除掉蔡泽，这样秦王既可以收回一部分权力，又可以加剧吕不韦和嫪毐的斗争，一举两得。

蔡泽之前主动从相国的位置上退下来，担任郎中令，在这个位置上经营多年，党羽众多，而且他的职务还直接关系到秦王的安危。为安全起见，秦王要将侍卫队换成自己的人。他对李斯的计谋表示了支持。

　　李斯领命后，马上到蔡泽府上拜访。蔡泽年事已高，他现在最大的愿望就是再过几年官瘾，然后功成身退。听说李斯来了，他急忙整理衣冠，亲自到府外迎接，恭维道："李大人高升，可喜可贺，今日光临寒舍，蓬荜生辉呀！"

　　李斯表面上依然保持谦虚的态度，还礼说："蔡大人过奖了！李某贸然拜访，打扰蔡大人，也是迫不得已，还望恕罪！"

　　二人一同进入府中，各自落座。曾几何时，李斯作为卧底来到这里，冒着身首异处的风险，而现在他是代秦王行事，可以决定蔡泽的生死，在气场上占绝对的优势。

　　在跟李斯谈话的过程中，蔡泽感到了从未有过的心虚。当初李斯在他手下当差的时候，他对李斯颐指气使，百般刁难，呼来喝去，而现在李斯成了秦王身边的红人，他对李斯百般恭维，唯恐李斯怪罪。

　　蔡泽特意命人在上房置备了一桌丰盛的酒菜宴请李斯，并叫来舞姬助兴。李斯欣然接受，他一边饮酒，一边漫无边际地聊天，还饶有兴趣地欣赏美女翩翩起舞。这一刻，他深感自己当年辞去仓吏的决定是多么正确，这么多年的努力和付出也是值得的。

　　看到李斯陶醉其中的表情，蔡泽也很高兴，他放下酒盏，看似不经意地问道："大王得李大人辅助，是我大秦之大幸，但不知大王近来有何打算？"

　　李斯看了蔡泽一眼，脸上现出神秘的表情，说道："烦请大人屏退左右。"

　　蔡泽心中一喜，以为李斯要向他透露王宫机密，赶忙示意左右退下，说："现在只有你我二人，大人有话但说无妨。"

"陛下念大人自入秦以来，忠心耿耿，辅佐四代秦王，劳苦功高，无人可及。如今大人年事已高，不宜过度操劳，当安享晚年。陛下为大人身体着想，有意让大人告老还乡，赏赐金银土地，为大人新修府邸，供大人颐养天年，不知大人以为如何？"李斯说得不紧不慢，既像是对蔡泽的关心，又像是在征求他的意见。

但是，对蔡泽而言，李斯的话犹如一声惊雷，震得他晕头转向。良久，他才缓过神来，刚才的兴奋消失了，取而代之的是沮丧、失落、惊恐和无助。想当初，他从遥远的燕国跑到秦国，为秦国奉献一生，为秦国的强大立下了汗马功劳，没想到会以这种方式结束自己的政治生涯。都说伴君如伴虎，看来一点不假啊。他不甘心就这样下台，声音颤抖着问："陛下如何舍得老朽，大人不会是取笑老朽吧？"

李斯正色道："陛下一言九鼎，李斯怎敢儿戏？大人如若不信，不妨亲自询问陛下。"

蔡泽忙道歉说："不敢不敢，老朽岂敢怀疑大人。"随后又带着几分哀求说道："老朽是说，陛下是不是对老朽有误会。老朽虽有些年纪，但已四朝为官，护佑陛下安全不成问题。念在老朽与大人一向交好的份上，还望大人在陛下面前多多美言，希望陛下能够收回成命。事成之后，老朽自然不会忘记大人。"

看着蔡泽那可怜巴巴的样子，李斯心中突然产生了怜悯之情，甚至有些后悔自己的提议。但是，当他听到蔡泽提及旧情，那怜悯之情就立刻被愤怒所取代，他冷笑一声道："大人抬举李斯了，李斯不过是奉命行事，哪有能耐劝陛下改变主意？大人深得陛下赏识，何不亲自劝说？"

蔡泽本以为罢免自己是秦王的意思，但听了李斯的话，他意识到李斯是在公报私仇，自己再说什么都是多余的，只能被动接受。他想到自己当年凭一张嘴劝退范雎，成为秦国的相国，一人之下、万人之上，如今竟落得个被罢免的结局，颜面扫地。此刻他恨透了李斯，后悔当初没有要了他的性命。

蔡泽绝望之极，突然起身，一步跨到墙边，伸手拔出墙上挂着的剑，准备向自己的脖子抹去。

李斯怎么也想不到蔡泽会自寻短见，情急之下，他上前一步冲到蔡泽身边，死死地抓住蔡泽的手腕，劝说道："大人不要意气用事，陛下或许有为难之处，迫不得已而为之，待李斯回去后，告知陛下，或许会有转机。"

好说歹说，总算劝住了蔡泽，李斯也没心情喝酒了，劝了蔡泽几句，便告辞了。

其实，李斯明白，蔡泽并非真的寻死，不过是在表演罢了，是为了让他捎话给秦王，证明他的忠诚，希望能够感动秦王，让秦王改变主意。而秦王已经下定决心收回权力，任何挡在他路上的障碍他都将毫不留情地清除。蔡泽必须离开。

这天早朝，秦王嬴政和往常一样，端坐在朝堂上，双眼半睁半闭，一副似睡非睡的样子，看着吕不韦和嫪毐在激烈争吵，吵得人心烦意乱。

文武大臣中有吕不韦的党羽，也有嫪毐的跟班，两派人相互仇视着，恨不得将对方吃掉。而更多的是中间派，因为早已习惯了这种场景，都报之以冷漠的目光。李斯也袖手旁观，静静地看着两人的表演。

秦王终于感到了厌烦，冲他们摆了摆手，说道："朝堂之上，争吵不休，有辱斯文，都算了吧，寡人倒有一事需要众臣商议。纲成君蔡泽因年老体衰，于昨日递上奏折，恳请辞去郎中令的职务。众卿以为，谁来接替为好？"

这个消息来得太突然，除了李斯，所有人都惊愕不已，蔡泽干得好好的，怎么说辞就辞了呢？大家面面相觑，议论纷纷。吕不韦和嫪毐也顾不上争吵了，将惊异的目光投向秦王，希望听到秦王的进一步解释。

"众卿可有举荐之人？"秦王未再多言，见没有人说话，又问了一遍。

议论声渐渐停止了，嫪毐和吕不韦也开始低头沉思，各自盘算着自己的人选。郎中令这个职位直接关系到秦王的安全，若能举荐自己人，便会大大增强自己的势力。

嫪毐首先往前一步，大声道："陛下，臣举荐一人，名曰张五常，此人文韬武略，为不二之人选……"

嫪毐的话还未说完，吕不韦也上前一步，阻止说："陛下英明，千万不要听嫪毐胡言乱语。张五常乃市井之徒、泼皮无赖，从不曾带兵打仗，何来文韬武略？若论其本事，拈花惹草倒是一绝。臣愿举荐一人……"

秦王见他们又开始争吵，也不阻止，等他们吵够了才勉强客气地说道："二位爱卿一片忠心，寡人心中明白。至于你们举荐之人，寡人考虑后自有答复。"说完便宣布退朝。

　　众臣恭送秦王离开后，也纷纷往外走，一边走一边议论着，有说蔡泽辞官毫无征兆，不合常理；有说李斯升职太快，不可思议。尽管他们议论的声音很低，但还是传进了李斯耳中，他在愤恨之余，脸上也热辣辣的。他正要转身往外走，一个内侍过来说秦王召见他。于是，李斯跟随内侍来到御书房。

　　秦王一见李斯，开门见山道："今日朝堂之上，嫪毐、吕不韦争相举荐郎中令人选，客卿以为接下来事情如何发展？"

　　李斯微微一笑，胸有成竹道："如果微臣没猜错的话，此时他们府中应该是门庭若市，送礼求官者络绎不绝，接下来，因为郎中令一职，他们的矛盾会迅速激化，最终撕破脸皮。"

　　"他们恐怕想不到，这是寡人与卿之计。"秦王冷笑一声，随后又问，"依卿之见，由谁出任郎中令一职最合适？"

　　对于这个问题，在劝退蔡泽之前，李斯便认真考虑过，但又担心不合秦王的心意，所以没有表态，现在既然秦王询问，他也不好替秦王拿主意，决定先听听秦王的口气再作打算："启禀陛下，朝政大事，微臣不敢妄言，但凭陛下定夺。"

　　对秦王来说，李斯就是一把对付吕不韦和嫪毐的利剑，但要随时随地掌握在自己手中，绝不可以成为第二个吕不韦或者嫪毐。他之所以这样问，是对李斯的又一次考验，想看李斯是否会在得权之后培植党羽，成为下一个吕不韦。而李斯的回答也让他感到满意。于是他又问道："寡人有意让王绾出任，爱卿以为如何？"

李斯一听心中暗喜，这不是与自己的想法不谋而合了吗？他和王绾交情不浅，如果王绾能出任郎中令，无疑将是他政治生涯中的一个好帮手。不过，在和秦王相处的过程中，李斯也深深体会到了秦王的少年老成和心机深重，唯恐掉入陷阱，所以不敢轻易点头，而是试探着说："王绾年少，阅历尚浅，恐难当此任。"

秦王不以为然道："王绾追随蔡泽多年，熟悉这一职务，郎中令非他莫属。"

李斯见秦王态度明确，连忙附和道："陛下明鉴，陛下知人善任，微臣无异议。"

王绾做梦也想不到，他一句话没说，一点礼没送，竟成为郎中令人选。

第四节　左右逢源

这日，朝会正常举行，秦王再次提出郎中令一职的人选问题，吕不韦和嫪毐仍然各执一词，争吵不休。双方的党羽也相互指责，整个朝堂吵成一团，而事件的策划者秦王和李斯则饶有兴致地欣赏着这场精彩的大戏。

经过几轮争吵之后，吕不韦和嫪毐依然没有吵出个结果来。秦王也不宣布对王绾的任命，他就是要将郎中令这块肥肉高高吊起，激发吕不韦和嫪毐的斗志，让他们斗得越凶越好。等到时机成熟的时候，秦王便宣布让王绾出任，看看吕不韦和嫪毐有什么反应。若他们都认为王绾不是对方的人，可以接受，计划就算是成功了。开了这一先例，以后便可以重复使用这一手段，逐渐掏空吕不韦和嫪毐的权力，最终将他们铲除。

按照预定的计划，李斯回到了阔别多年的相府。当他看到门口的侍卫时，不禁想起了自己以前受辱的那一幕，心中对吕不韦的憎恨也增加了几分。

吕不韦听到通报说李斯来访，认为他肯定是来和自己商量关于郎中令一职的人选，于是高兴地出门迎接。二人相见，吕不韦走上前去，亲切地拉住李斯的手，笑着说："先生平步青云，成为陛下的座上宾，是不韦的荣耀，也是相邦府的荣耀。今天不韦摆酒设宴，为先生庆祝！"吕不韦可以说给足了李斯面子，充分展示了他见风使舵、随机应变的行事风格。

酒宴很快摆好，宾主入席，一边品尝美酒，一边欣赏歌舞，不知不觉间都有了些醉意。吕不韦放下酒盏，睁着微红的眼睛，问道："先生来此，除了叙旧，可有别的公干？"

李斯知道吕不韦这是揣着明白装糊涂，他正了正脸色说："相邦明察，李斯此行，事关相邦的安危。"

吕不韦微微一愣，意识到事情可能没有自己想的那么简单，忙问道："先生此话何意？"

李斯故弄玄虚道："相邦自上任以来，为我大秦日夜操劳，使大秦蒸蒸日上，而今嫪毐之流恃宠而骄，祸乱朝纲，欲动摇我大秦江山的根本，更将矛头对准相邦，已成为大秦公敌，相邦对此有何见解？"

提到嫪毐，吕不韦的心中莫名生出一股怒火来，心想，若不是你李斯当初向我献计，又怎么会有今天的结果？但是，他不敢表露对李斯的不满，只能自责道："都怪不韦未依先生之言，被嫪毐迷惑，以致酿成今日大祸，悔之晚矣！"

听着吕不韦言不由衷的话语，李斯偷偷地乐了，但他表面仍装作很愤怒的样子，咬着牙说："嫪毐小人，得遇相邦提携，方有今日，却不思报恩，反与相邦为敌，操弄权柄，妄图凌驾于相邦之上，已成为朝廷之患，此乃邪也。而相邦对陛下一向忠心耿耿，为大秦鞠躬尽瘁，此乃正也。自古邪不压正，况且嫪毐乃一阉人，凭什么与相邦为敌？可以预见相邦与嫪毐之争，嫪毐必败无疑。"

吕不韦听了李斯这番夸奖，心里美滋滋的，频频点头道："先生所言极是，嫪毐除以淫技取悦太后之外，一无所能，败亡不过迟早之事。"

李斯故作诧异："淫技？相邦之意，难道嫪毐当初腐刑有假？"

吕不韦立即意识到自己的失言，嫪毐宫刑造假，从未有人敢直接挑明，大家都装聋作哑，而今从事件的策划者吕不韦的口中说出来，至少说明了两个问题：一是他参与了此事；二是即便他没有参与，也是知情不报。无论哪一个问题，都够得上欺君之罪，当灭九族。所以，吕不韦忙改口说："不韦只是怀疑而已，不韦不明白，嫪毐未有寸功，为何得陛下如此信任？"

李斯又故意刺激吕不韦道："相邦有所不知，陛下并非信任嫪毐，而是迫于太后的压力。太后宠幸嫪毐，陛下为了讨太后的欢心，不得已而为之。"

吕不韦的心像是被刀子捅了一下，他咬牙切齿地说："嫪毐阉人，罪该万死！"

李斯不动声色地说："李斯听说，嫪毐有意取代相邦的位置，所以嫉恨相邦，到处散播谣言，说相邦窃国篡权，目无君上，对秦王之位图谋已久。"

吕不韦听了怒火直冲九霄，拍案而起："不韦效忠大秦之心，天地可鉴；真正窃国篡权的是嫪毐！若非不韦在，嫪毐早反矣！"

李斯点点头说："相邦一片忠心，李斯自然知道，陛下也知道。嫪毐阴险歹毒，野心巨大，陛下也心知肚明，早有意除之而后快，只是碍于太后才迟迟没有动手，今日派李斯来找相邦，正是为了寻找万全之策。"

听说李斯是受秦王的差遣，吕不韦兴奋不已，似乎看到了嫪毐的末日，说道："嫪毐与天下为敌，人人愤而诛之，请问先生可有妙计？"

"李斯以为，凡事不可操之过急，以免弄巧成拙。相邦此时应该做的，首先是控制嫪毐的势力，而后再剪断其羽翼，进一步削弱他的势力。但是，嫪毐背靠太后这棵大树，肆无忌惮，把持朝纲，党羽众多，若相邦与之正面冲突，非但无法达到目的，恐怕还会给相邦留下一个争势弄权、祸乱朝堂的罪名。所以，相邦应知变通。"李斯不慌不忙地说。

吕不韦认为李斯言之有理，问道："依先生之见，不韦该如何变通？"

李斯沉思片刻，说道："嫪毐欲取代相邦，但又忌惮相邦，害怕为相邦所灭。郎中令一职关系到王宫安危，手握重权，至关重要，若为相邦掌握，嫪毐恐无出头之日，故他力争不放。李斯以为，相邦不如暂退一步，将郎中令交给陛下任命。若嫪毐仍然力争，相邦可指责嫪毐欲掌控郎中令，有谋变之嫌，嫪毐纵使浑身是口，也无从辩解，到时嫪毐的性命便由相邦发落。相邦若有怜悯之意，则放他一条生路；若要断绝后患，可灭其九族，斩草除根。相邦为陛下除去心头大患，陛下自然高兴，即便是太后，也无话可说。到时，相邦之位稳牢矣。"

吕不韦生性多疑，对李斯的话并不十分放心，唯恐自己退出，给嫪毐以可乘之机，所以面露难色，迟迟不肯表态。

李斯看透了吕不韦的心思，又进一步劝道："若相邦不肯退让，执意争取，即便能成，也会落下把柄；若不能成，则会被群臣耻笑。其中利害，相邦当三思。"

吕不韦依然不放心："假如不韦退让，先生何以保证嫪毐也会退让？"

李斯早料到吕不韦有此一问，回道："李斯自有办法。"

吕不韦道："不韦相信先生的能力，那么，陛下有意让谁出任郎中令一职？"

李斯认为现在还不到亮出王绾这张牌的时候，他怕吕不韦得知后会拉拢王绾，便敷衍道："此事当从长计议，陛下也正在考虑。不过请相邦放心，陛下欲远离嫪毐，郎中令绝不会是嫪毐的手下。"

因为对李斯不太放心，吕不韦始终不肯明确表示退出之意，李斯也不勉强，遂转移话题，对此事不再提起。

　　告别了吕不韦，李斯又马不停蹄地来到嫪毐府上。嫪毐听说李斯到来，比吕不韦更加热情，不但亲自到大门口迎接，还替换下李斯的车夫，亲自为李斯赶车，拉着李斯进入府中。

　　在嫪毐的带领下，李斯先游览了他的府邸一圈，发现其豪华程度堪比王宫，不由得在心中感叹：士别三日，当刮目相看。再看嫪毐的脸上，找不到一根胡须，肌肤白嫩光滑，颇有几分太监的样子。

　　此时，府中已备好丰盛的酒宴，嫪毐携李斯入席，二人开怀畅饮，众歌姬在他们面前翩翩起舞。嫪毐一边和李斯对饮，一边滔滔不绝地夸耀自己的无限风光。他见李斯心不在焉，话题一转，问道："先生今日光临，不知有何赐教？"

　　李斯直言不讳道："实不相瞒，李斯今日拜访，是为郎中令一事与大人商议。"

　　嫪毐对此也有所预料，点点头道："先生有何赐教？"

　　李斯说道："今大人与相邦为郎中令一职争执不休，互不相让。大人应当知道，相邦与大人积怨已久，对于郎中令一职，相邦志在必得，若成，则势更强，大人危矣；若不成，则更嫉恨大人，必然会刀兵相见。李斯知道，大人一生光明磊落，从未与人落下把柄，但欲加之罪，何患无辞，相邦必然会以各种借口诋毁大人，若引起陛下的猜忌，恐对大人不利。李斯以为，相邦已近迟暮，大人则正当盛年，与其两虎相争，不如退一步，静待其变，此为长远之计……"

　　嫪毐突然打断李斯的话，用警惕的目光盯着他，问道："先生莫不是替吕不韦来当说客的？"

"非也！"李斯摇摇头道，"实不相瞒，李斯在来之前，已经劝说相邦放弃争斗，只要大人肯退让，相邦自然退让。"

"原来如此。"嫪毐沉思片刻，忽然举起酒盏，豪爽地说，"先生对嫪毐有知遇之恩，嫪毐一直找不到机会报答，看在先生的面子上，嫪毐愿意退让。"嫪毐听了李斯的劝导，觉得郎中令一职久久悬而未定，此事必不简单。若因此而留给吕不韦一个把柄，实在不划算。既然李斯保证吕不韦不再争夺，那自己不妨先应承下来，静观其变，再作打算。如今不如卖给李斯一个人情，日后也好照应。

李斯没想到说服嫪毐的工作如此顺利，心中十分高兴，遂与嫪毐推杯换盏，大醉方归。

次日的早朝上，秦王按照预先准备好的台词说道："郎中令一职，担负王宫安全，不可长期空缺。各位爱卿举荐之人都难以胜任，寡人倒是想起一个人来，王绾任郎官多年，兢兢业业，忠于职守，由他担任此职，众卿以为如何？"

嫪毐和吕不韦听了都不由得愣了一下，感到既意外，又在意料之中。意料之中的是正如李斯所言，二人都退出了这场竞争；意外的是，一向不为人所知的王绾捡了个大便宜。但事已至此，他们也没有反悔的余地了，毕竟他们再专权跋扈，也不敢公然和秦王对抗。而且经李斯一番游说，二人对郎中令一职已无太多想法，便同声道："陛下英明，我等无异议。"

就这样，一场权力之争以吕不韦和嫪毐的偃旗息鼓而告终。

第六章 妙计解危机

第一节　蒙骜去世

郎中令的人选问题顺利解决了，李斯和秦王很快又遇到了军权旁落的危机。

秦王政七年（前 240 年）春夏之交的一个夜晚，天象师突然发现有一道白光从东方的天际划过，坠落在西方。他不敢怠慢，急忙向秦王禀报，说天象异动，为不祥之兆，近来恐有大将殒命。满朝文武一片哗然，尤其是那些征战沙场的将军，都十分紧张，唯恐自己就是那个即将殒命之人。然而，事情过了几个月，朝中却十分平静，没有出现任何波澜，大家不由得松了口气，纷纷指责天象师妖言惑众，扰乱人心。然而有一天，一个不幸的消息突然传来，秦国大将蒙骜去世了。

蒙骜，本为齐国人，文韬武略，胸怀壮志，但在本国得不到重用，遂投奔秦国，为秦国上将军，封位上卿。他一生征战沙场，为秦国立下了赫赫战功。这一年，七十多岁的蒙骜奉命协同长安君成蟜率十万秦军攻打赵国，赵国大将庞煖同样率十万赵军迎战。此战秦军大败，蒙骜也死于赵军箭下。

蒙骜和蔡泽一样，都是秦国四朝元老，且能征善战，尤其在庄襄王时期，他作为秦军的核心人物，全权指挥秦军的行动，多次率领秦军攻打其他国家，帮助秦国开疆扩土，令六国军队闻之胆寒。六国的君主和将领们听说蒙骜去世的消息后，无不拍手称快，大摆筵席以示庆贺。

而对秦国来说，蒙骜的去世无疑是一个重大损失。为了防止外敌乘虚而入，秦国急需找一个人来接替蒙骜的位置。这又给吕不韦和嫪毐制造了相互攻击的机会。谁接替蒙骜的位置，谁就掌握了秦国的军权，掌管了朝政的话语权。同样，因为这一突发事件，李斯和秦王收回政权的计划也不得不暂时停止，将精力放在收回军权上。如果能趁此机会，将军权收归己有，接下来再收回政权，重整朝纲将变得非常顺利。

秦王再次召见李斯，说明自己的打算，然后问道："爱卿认为该如何计议？"

"陛下，臣以为，吕不韦和嫪毐蠢蠢欲动，若能顺利收回军权，自然最好；若遇到阻碍，当和之前的郎中令一样，令二人相争，并让与他们二人都不相干的人暂时接替蒙骜，待时局稳定后，再作图谋。"李斯信心满满地说。

秦王认为此计可行，遂点头应允。

随后，秦王昭告天下，要为蒙骜操办后事。那些征战在外的将领得知消息，纷纷返回咸阳，送老将军最后一程。为了防止敌人偷袭，秦王下令关闭函谷关，在函谷关外又多加了两道防御工事。

蒙骜下葬当天，举国上下都沉浸在巨大的悲痛之中，送葬的队伍浩浩荡荡有几十里。作为秦王代表，李斯也在送葬的队伍中。他表情肃穆，冷眼旁观着庞大的送葬队伍，认为这些人可以分为四类：一类是吕不韦的党羽，一类是嫪毐的党羽，一类是始终保持中立的力量，最后一类则是蒙家子弟。在这四类人中，唯有蒙家子弟的悲伤是发自内心的，其余的人则各怀鬼胎。

李斯非常佩服蒙骜的忠勇，也非常了解他为秦国做出的贡献。蒙骜在世的时候，李斯经常受秦王之托，前往军中慰问，因此和蒙骜熟识。在李斯的印象中，蒙骜为人正直坦荡，从不拉帮结派，在秦国有着良好的声誉，秦国也因此较为稳定。对于蒙骜的去世，李斯也颇为伤感。

蒙骜去世之后，因为暂时没有合适的人选接任其职，秦国朝堂上表面风平浪静，实则暗潮涌动。嫪毐和吕不韦为了掌控军权，争先恐后地推出自己的心腹爱将，随之展开了一场激烈的、不见硝烟的权力争夺战。

吕不韦觊觎军权已久，但因蒙骜忠勇无比，在朝中威望很高，所以他有所忌惮，一直不敢逾越雷池。蒙骜的去世再次激发了他对军权的欲望，若能独揽军政大权，嫪毐便再也没有能力与他对抗。到那时，整个大秦皆由他掌控。

相比吕不韦，嫪毐对军权的欲望更加强烈，他的最终目标是得到整个秦国，但如果不能掌管军队，一切都无从谈起。他之所以要这样做，是为了保命。他和太后的苟且之事，暴露的风险越来越高，一旦秦王掌权，得知真相，他可不单单是被处以极刑，恐怕还要被挫骨扬灰，株连九族。所以，趁现在自己正得势，他决定先牢牢控制军权，再图谋大秦江山。

当时蒙骜有一子叫蒙武，也是足智多谋、武功高强的战将，他曾追随父亲征战南北，在军中享有很高的威望。不过，他的威望主要来自父亲的庇护。蒙骜去世之后，人们纷纷远离他，让他深刻体会到人走茶凉的失落感。在他心中，大秦的军权以前一直是他父亲掌管，以后也应该由他蒙家来掌管。可是，嫪毐和吕不韦却展开了激烈的争夺，他们不等蒙骜的丧事办完，便开始了明争暗斗。吕不韦还特意找到蒙武，安慰他说，一定保举他继承父亲的职位，成为新的大将军。但是，蒙武非常明白，吕不韦不过是想把自己拉到他的阵营，成为又一个被他掌控的对象。他想到父亲在世时，蒙、吕两家一武一文，各掌半壁江山，互不侵犯，互不统属，和谐共处。父亲多次告诫自己，要远离朝政，远离吕不韦。而今若答应吕不韦，从此以后，蒙家将成为吕氏的附庸。但是，若不答应，蒙家从此将和吕家结怨，恐怕自己以后就没有好日子过了。另外，嫪毐也在觊觎这一位置，肯定也会来争取他。

嫪毐有太后撑腰，他同样得罪不起。

李斯得知吕不韦拜访蒙武后，马上就想到吕不韦是在拉拢蒙武，一旦吕不韦阴谋得逞，将对秦王非常不利，使他和秦王的计划流产。所以，他要尽快劝说蒙武，让他不要上吕不韦的当。

李斯准备了一些礼品，来到蒙府。谈话时，李斯慨然长叹："蒙老将军戎马一生，为大秦立下汗马功劳，今战死沙场，令人不胜唏嘘。蒙将军追随老将军征战东西，威名远扬，当继承老将军的遗志，为大秦再立新功。"

蒙武想起了自己一直担心的军权之事，又想到李斯是秦王的客卿，左右着秦王的决策，便试探道："家父生前光明磊落，从不结党营私，而今家父故去，蒙家已不复当年之光。关于军权一事，陛下有何打算？"

李斯前来为的就是这件事，遂接过话题来，说道："关于军权的事情，陛下正在考虑。李斯以为仍然由蒙家掌管最好，这一点我会向陛下提起。不过……"李斯话题一转，又说，"将军应知道，眼下相邦和嫪毐势如水火，都想夺取军权，或对将军极尽拉拢之手段，陛下遣李斯前来，正是为了提醒将军谨慎行事，以免引火烧身。"

蒙武本来对吕不韦的拉拢产生了几分兴趣，现在听了李斯的话，他吓出一身冷汗，立即打消了原来的念头，说道："请大人回禀陛下，蒙武只效忠陛下一人，绝无二心。"

李斯见目的已经达到，又抚慰了蒙武一番，便告辞了。

第二节　太后之请

秦王政七年（前240年），对于秦国来说可谓流年不利的一年，蒙骜去世的阴霾还笼罩在咸阳宫上方没有散去，王宫里又发生了一件更加令人悲痛的事情——当年倚重蔡泽的夏老太后、秦王嬴政的祖母病危了。

夏老太后是秦王嬴政生命中十分重要的一个人，她是异人的生母，嬴政因为是异人的嫡长子，所以得以继承王位。当初，异人继承王位后，尊生母夏姬为夏太后，夏太后也因此成为秦国上层统治集团中举足轻重的人物。

夏太后是一个很有自知之明的女人，她知道自己的太后位置来得有些侥幸，所以一直低调地生活在宫中，不插手朝政之事，因此几乎被人们遗忘了。

说起来，嬴政和夏太后之间的感情其实并不是很深厚。嬴政出生在赵国，直到九岁才回到秦国，所以他的童年和夏太后没有密切的关系。尤其是他继承王位后，他的母亲赵姬又因为嫪毐的原因，搬出了咸阳宫，从此疏远了他，而其他的宗室贵族也都在忙着争权夺利，对他这个秦王似乎并不在意。这让他对亲人产生了一种强烈的戒备心理。

相比于嬴政，夏太后更喜欢另一个孩子——长安君成蟜。成蟜是异人回到秦国后和新纳的王妃所生的儿子，也就是嬴政的异母弟。因为出生在秦国，又生长在王宫，成蟜从小就和夏太后有接触，每日在她的怀里撒娇，培养出了深厚的感情。尽管如此，毕竟血浓于水，夏太后病危还是让秦王嬴政感到悲伤。

这天下了早朝，嬴政来到夏太后的病榻前，看到弟弟成蟜正侍奉在祖母床前，他心中突然产生了一种强烈的反感，他们二人同样是老太后的血脉，为什么老太后却厚此薄彼呢？他想扭头走开，但夏太后已经看到了他，并叫住他说："政儿别走。"

嬴政只得停住脚步，转身回到夏太后床前，只见夏太后气息微弱，面无血色，眼窝深深地凹陷下去，目光灰暗，显然已经撑不了几天了。他突然觉得喉头发热，哑着嗓子叫了一声："祖母。"

夏太后费力地抬起一只手，放在成蟜的头上，轻轻地抚摸着，眼睛里泛着泪花，盯着秦王，虚弱无力地叮嘱道："我大秦自先祖秦非子创业，历经五百余年，如今传到你们手中，实属不易。现在祖母将去，世间唯有你兄弟二人至亲，血脉相连，望你们谨遵先祖的教诲，携手同心，共卫秦室，以不负列祖列宗在天之灵。万勿做兄弟相残、使亲者痛仇者快之事。你们兄弟当着我的面，对天盟誓，永不反目。"

夏太后此时对生死已经看淡，她唯一放心不下的就是成蟜。嬴政和成蟜虽是兄弟，但感情很淡，而嬴政又冷酷无情，万一自己走后，嬴政为保王位将成蟜杀掉也未可知。所以她只能以这种方式保护孙子。

秦王对这个同父异母的弟弟虽然有天生的排斥心理，但为了让老太后走得安心，还是拉住成蟜的手，在老太后的病榻前磕头盟誓，永不反目。

夏太后脸上露出了欣慰的笑容，又说："政儿，我听说上卿一职至今空缺，成蟜为王室宗亲，可当此大任。"

上卿的人选问题一直困扰着秦王，吕不韦和嫪毐对此都志在必得，为了争夺这一职位，他们每次一上朝就开始争吵。两派势力也明争暗斗，闹得不可开交。因为他们的参与，中立的文武大臣都退避三舍，谁也不敢举荐贤能。李斯一时也没有物色到合适人选。现在，夏太后的话不由得让秦王眼前一亮，心想：成蟜为王室中人，不偏向任何一派，若由他出任上卿，朝中恐怕无人敢提出异议，这正是李斯之前提出的权宜之策。想到这里，他很爽快地答应说："政儿谨遵祖母教诲！"

其实，夏太后替成蟜说情的时候，心里也很不安，唯恐嬴政拒绝自己。嬴政虽为秦王，但同时受到吕不韦和嫪毐的掣肘，有些事情自己不能做主，况且上卿的位置也被嫪毐和吕不韦惦记着。她没想到嬴政这么爽快就答应了，为了不让嬴政得罪吕不韦和嫪毐二人，她决定打破女人不参政的规矩，亲自上殿宣布此事。

第二天上午，阳光灿烂，鸟语花香，天气异常好。夏太后因为遂了心愿，心情也特别好。她坐在一辆特制的马车上，在宫廷侍卫、宫女、御医等的簇拥下，向大殿驶去。

车子来到了大殿前，内侍们毕恭毕敬地将夏太后从马车中抬下来，又把她放在一把椅子上，然后抬着进入朝堂。

此时，秦王和文武百官已在朝堂内等候。听到殿外侍卫的通报声，秦王急忙离开座位，带领群臣跪迎。

秦王没有告诉群臣夏太后要临朝的消息，因此，一众朝臣对于夏太后病重却突然临朝感到十分不解，但也不敢多问。看着她瘦骨嶙峋的样子，大家心中都感到十分悲伤。

夏太后坐定后，微微地抬了抬双手，示意众臣平身，然后目光在朝堂内搜寻了一阵，问道："相邦和嫪毐来了吗？"

吕不韦和嫪毐都愣了一下，赶忙往前走一步，下跪磕头，齐声说道："臣吕不韦、臣嫪毐拜见老太后！"

夏太后看着他们，语重心长地说："我大行之前，有一事恳求二位爱卿。我大秦傲视六国，仗赖二位爱卿的大力辅佐。今蒙骜将军以身殉国，为我大秦之大不幸。军队不可一日无帅，故任命上卿之事不可拖延。我与王上商议之后，决定由王弟成蟜出任上卿一职，二位爱卿以为如何？"

吕不韦和嫪毐一下子傻眼了，他们做梦也想不到一辈子不问朝政的夏太后到临终了竟然也干涉政事，而且要夺去二人日思夜想的军权。二人再也顾不上争吵，你看我我看你，一时不知该如何回答。

夏太后见他们迟迟不表态，不由得有些焦急起来，催问道："二位爱卿，意下如何啊？"

"这……这……"吕不韦支支吾吾了一阵，看向嫪毐，问道，"大人以为呢？"

嫪毐很不情愿地说："太后，恕臣斗胆直言，王子殿下年纪尚幼，恐怕……恐怕……"后面的话他结巴了好一阵子，就是不敢说出来。

夏太后生气地抬起一只颤抖的手指着两人，怒喝道："大秦江山乃我嬴氏历代先王励精图治打下的，尔等身为大秦之臣，当对大秦兢兢业业，唯我嬴氏马首是瞻，而今你们一味搪塞于我，不想成蟜任此要职，意欲何为？"

吕不韦看到夏太后动怒了，不由惊慌失措。夏太后虽然行将就木，但毕竟还有一口气在，得罪不起。他充其量只能算是秦国的管家、仆人，在没有取得主子的位子之前，必须无条件服从主子。所以他心里虽然十万个不乐意，但还是乖乖地回道："太后言重了，臣至死效忠大秦，绝无二心，臣愿听从太后的安排。"

"嫪毐呢？"夏太后又将目光转向嫪毐，带着几分怒意直呼其名道。

对嫪毐来说，上卿这个位置实在太重要了。他在赵太后的默许下，正暗中招兵买马，计划一旦羽翼丰满，便立即行动，将秦王推翻，自己取而代之。如果能掌握军权，不但行动的日期可以大大提前，而且成功率也会大大提高。他本来以为吕不韦会顺着自己的话提出反对意见，没想到他这么快就妥协了，把难题抛给了自己。如果自己再不答应，那就是对大秦不忠，是与夏太后作对，与秦王作对，同时与整个王室作对。时机不到，绝不可以莽撞行事，而且成蟜担任上卿，对自己或许不是坏事。首先成蟜和自己来往频繁，私交颇好；其次，成蟜年轻，阅历少，容易收买，只要自己多送重金和美女，他一定会为己所用。想到这里，他爽快地回道："臣听从太后的安排，绝无异议。"

夏太后心中的一块石头终于落了地，脸上露出了满意的笑容。

一场权力争夺的闹剧以吕不韦和嫪毐的完败、秦王嬴政的完胜而告终。他们都不知道，还有一个人正躲在角落里暗自伤心，这个人就是蒙武。当初李斯的一句承诺，让他对上卿这一职位充满了期待，本以为由李斯从中周旋，事情会毫无悬念，不料半路上杀出个夏太后，使他期望落空。不过，伤心归伤心，蒙家对大秦的忠心一直不改，后来成蟜叛乱，被秦王诛杀，蒙武因功被授予上卿职位，取代了成蟜的位置。其实李斯对于此事也感到尴尬，虽然那天他对蒙武的许诺只是随口一说，但毕竟说出来了，幸好夏太后出面干预的神来之笔让他找到了台阶下。

第三节　身世纷争

关于成蟜，历史上没有太多的记载，甚至连生卒年月都不详，只记载他是秦庄襄王的少子、秦王嬴政的弟弟。成蟜十五岁那年，考虑到秦国的规定，没有军功者不能封侯，王室子弟也不例外，秦王嬴政便派成蟜出使韩国，希望他能够为秦国建功立业，然后封侯。

韩国与秦国接壤，但实力弱小，经常受到秦国的侵袭，而成蟜的生母是韩国人，成蟜也算是半个韩国人，所以，韩国对于成蟜的来访十分热情，并心甘情愿献出百里土地给秦国，算作成蟜的功劳，助他封侯，以缓和两国之间的关系。成蟜得了这百里土地，得意洋洋地回到秦国，被秦王封为长安君。

成蟜从小生长在王宫中，深得夏太后和庄襄王的喜爱，可惜不是王室嫡长子，不能继承秦王之位，这也使成蟜对哥哥有着强烈的排斥心理。在日常生活中，他们兄弟二人的交流接触本来就少，而在夏太后生病期间，嬴政也很少去探望，这使成蟜对他更加反感。不过，这一次夏太后说情成功，让他颇感意外，也拉近了他和哥哥的关系，他决心以后要一心一意地辅佐哥哥。政治就是这样，有时候冷血无情，即使亲情也可以抛弃，但亲情有时候又是政治的一种纽带。

成蟜走马上任后，马上对秦军进行了大刀阔斧的改革，使秦王对军队的控制得到加强，确立了秦王在秦军中的核心领导地位，从而赢得了秦王的好感。

然而，每个人都有贪心的一面，只不过有的人能控制这种欲望，而有的人控制不了，成蟜就是后者。他在上卿的位置上刚刚坐稳，眼睛又盯上了秦王的宝座。有了这种想法后，他心中便像着了魔一样，变得严重失衡，满脑子都在寻思这件事。他想：你嬴政出生在赵国，你的生母也是赵国人，那么你就该是赵国人，为什么要回到秦国来，抢走本来属于我的王位？如果不是你，现在坐在王座上受万民景仰的就是我成蟜，整个大秦天下都是我的。可是，现在我只能做一个上卿，而且还是得益于你嬴政的施舍，每天都要看你的脸色。上天实在太不公平了！

无论哪个朝代，政权和军权都应高度集中，一旦出现分裂，政局必然动荡。而此时秦国就陷入了这样的局面，嬴政虽然高居秦王之位，但面临军、政两权严重分裂的局面，而他又不能掌控任何一方，形势十分严峻。

另外，王室和非王室的问题也不容忽视。蒙骜在世时，因为不是王室宗族，所以他要绝对忠于王室、忠于秦王，保持最基本的君臣纲常，才能使自己的地位稳固。而成蟜不但是王室宗族，还有一个秦王继承者的身份。因为嬴政还没有子嗣，一旦出现意外，成蟜便是下一任秦王的唯一人选。

与此同时，六国也在对秦国虎视眈眈。在那个诸侯争霸的时代，谁也无法预料哪天会遭到他国入侵，从而引发战争。因此，各国君主精神高度紧张，时刻关注敌国动态，一是防备敌人入侵，二是一旦发现有可乘之机，立即入侵敌国。

眼下的秦国，秦王大权旁落，君臣离心，朝政混乱。东方六国的君主看在眼里，喜在心上。秦国自商鞅变法以来迅速强大，实力远超东方六国，因此多次对东方六国发动攻击，且鲜有败绩，使这些国家遭受了很大的损失。现在机会来了，他们当然不肯放过，决定采取报复行动，以削弱秦国的实力，最后消灭它。

想要消灭秦国，直接出兵对抗是不行的，因为秦国的实力太强了，最好的办法是以其人之道还治其人之身。当初秦国派说客到东方六国实施离间之计，成功地削弱了六国的力量，现在为什么就不能采取同样的办法来削弱秦国的力量呢？可是，如何实施离间之计呢？有人突然想到了秦王的身世，看到了成蟜的野心，于是由此入手，很快设计出了一个完美的离间计划。

不知从哪一天开始，秦国流传着一个谣言，说秦王嬴政并非庄襄王的血脉，而是吕不韦和赵姬生下的野种。起初这种谣言只是悄悄地在民间流传，随着知道的人越来越多，传播的速度也越来越快，谣言很快就传到了秦国朝堂和王宫里。一时间，上至王公大臣，下到黎民百姓，无人不在议论这件事情，秦王嬴政被推上了舆论的风口浪尖。这种事情若发生在别人身上倒也罢了，最多只是一个茶余饭后的笑料，但发生在嬴政的身上就不同了。大秦江山是嬴氏创立的，秦王就应该是嬴氏血脉，如果嬴政真的是吕不韦的儿子，他就不是嬴氏血脉，那么秦王的位子也要让出来，由嬴氏唯一的正统继承人成蟜来坐。

面对如此严重的问题，秦王嬴政不得不严肃对待，他立即颁布谕旨：

"今天下遍传谣言，质疑君王的身世，实为敌国之阴谋，欲亡我大秦，其手段之卑劣，为天下所不齿。望我大秦子民，勿再传讹，使敌人阴谋得逞……有敢散播谣言、蛊惑人心、妄议朝政者，将处以极刑，诛灭九族！"

因为这一道圣旨，沸沸扬扬的议论声暂时平息了下来，毕竟没有人愿意为了逞一时口舌之快而以身犯险。但秦王的圣旨只在秦国有用，对于东方六国起不到丝毫的约束作用。

楚国的春申君从中看到了可乘之机，决定故伎重施，以挽回自己的威望。原来，早在秦王政五年（前242年），为了压制秦国的崛起，春申君曾说服赵、魏、韩、卫等四国君主，以楚国为盟主，分别从各国抽调人马，组成百万大军讨伐秦国。随后，春申君任命大将军庞煖为联军主帅，率领五国联军气势汹汹地向秦国进发。然而，当大军行进到函谷关的时候，却被秦军打得大败而逃。春申君因此受到五国君主的指责，说他指挥不当，以致战事失利，其威望也一落千丈。

现在秦国大将蒙骜已经去世，加上秦王身世的传言，使得秦国朝廷暂时出现了混乱。春申君认为机会难得，在他的游说下，本来已经对合纵联盟失去信心的各国君主再次被鼓动起来，纷纷遣使到赵国邯郸商议大事。

六国联盟的消息很快传入秦国，秦国上下如临大敌，气氛陡然紧张起来。秦王召集文武百官到大殿议事，问道："六国合兵，欲犯我大秦，众卿以为该如何应对？"

嫪毐首先出列，趾高气昂地说："陛下勿忧，想我大秦有百万雄兵，粮草辎重不可数，又何惧六国哉！"

秦王看了看嫪毐，没有说话。

这时，吕不韦也走出班列，冲秦王说道："陛下，依臣之见，六国合纵犯秦，不过是图利，既然能为利而合，当然也会为利而分开。陛下只要割让几座城池，或送给魏国，或送给赵国，然后再以美女和重金贿赂其重臣，让他们劝说其君主。这样一来，得到好处的国家必然不肯再合纵，合纵之计可破矣。"

秦王认为吕不韦这个计策还可以。秦国的面积这么大，只要能换来暂时的平安，丢几座城池又算什么，等形势稳定了，随时都可以再要回来。于是，他点点头说："就依相邦之计行事。"

这时，李斯突然从群臣中站出来，大声说道："陛下，臣有一计，可以不割一城、不动一兵、不费一钱，破六国合纵之计。"

此言一出，满朝皆惊，所有人的目光全都集中在李斯身上，私底下议论纷纷，有的说："客卿如此说话，让相邦颜面何存？"

有的说："客卿计谋无穷，或许可解燃眉之急。"有的说："客卿莫非说笑？难道他是六国之主，说破就破？"

秦王朝众臣摆摆手，示意大家安静下来，然后用期待的目光看着李斯："爱卿有何妙计？说来听听。"

李斯看了众人一眼，说道："六国之所以合纵，是因为他们知道自己力量薄弱，无法与我大秦抗衡，所以先制造谣言，乱我朝纲，乘我大秦之危，图我疆土。我们只需以其人之道还治其人之身即可破解。据臣所知，诬陷陛下的谣言起于赵国，合纵之计乃楚国春申君所谋，若使春申君退出，六国无主事者，则合纵无从谈起。"

听完李斯的话，众臣纷纷点头称赞道："客卿计谋高超，令人佩服！"

吕不韦却质疑道："陛下，臣有话想问客卿，有何计策能让春申君自动退出，且不费一钱？"

李斯不满地瞪了吕不韦一眼，反驳说："陛下，臣以为，相邦所言差矣。若能以钱财说服春申君，比起割让城池，可视作不费一钱。"

吕不韦还要争辩，却被秦王打断："且听客卿把话讲完。"

"谢陛下！"李斯继续说道，"陛下当知，蜈蚣虽百足，断首不能行；雁阵虽有序，无头雁则自乱。春申君身为楚相，功高震主，为楚王所忌惮。臣闻楚王一直无子嗣，春申君门客李园有意攀附权贵，便将妹妹送给春申君，待其怀有身孕，又送与楚王，后生下一子，便是现在的楚国太子。若陛下派人去楚国，将这一消息四处散播，春申君将受楚王猜疑，必会阵脚大乱，首尾难顾必回国处理，六国合纵，秦国之危可解。之后，陛下可派精锐之师进攻赵国，以示惩罚，震慑其他五国。"

秦王一听，李斯的计划实在太好了，可以将同样的问题送给楚国，让楚国自顾不暇，再也无心合纵之事。他紧皱的眉头马上舒展开了，满意地点头说："爱卿此计妙极，当依计而行。"

吕不韦和嫪毐虽然对自己的意见不被采纳而感到失望，但李斯的意见并未侵犯他们的利益，他们也找不到反驳的理由，遂点头表示赞同。

李斯的计划开始实施了，此时春申君正在邯郸慷慨激昂地向各国使臣描述自己精心设计的蓝图，忽然传来了楚人都在议论当今太子身份的消息，他顿时惊慌失措，再也顾不上合纵之事，匆匆赶回楚国平息流言，这一次的合纵联盟也不了了之。

谣言猛于虎，春申君因此备受煎熬，整天郁郁寡欢。秦王政九年（前 238 年），楚考烈王驾崩，春申君被刺杀于棘门之内，全家被诛。随后楚太子继位，即楚幽王。

第四节　成蟜叛变

这一次的身世之争随着六国合纵图谋的失败而告终，成蟜也决定努力控制自己，不再纠结哥哥的出身以及王位归属之事，与哥哥并肩作战，竭尽全力辅助哥哥完成统一大业。但是，一个人的出现，使他对秦王的宝座再次产生了幻想，以至于改变了他的命运，这个人就是秦国的将军樊於期。

樊於期是秦国名将，深受秦王赏识。成蟜被封为上卿后，将樊於期纳入麾下，成为他的心腹爱将。但是，樊於期自恃功高，不满足于自己的位置，他想：如果把成蟜推上秦王的宝座，还能除掉掌权跋扈的吕不韦，凭借拥戴之功，成蟜怎么也得把上卿这个位置赏赐给自己。从此他将掌管秦国的军事大权，成为秦国继白起、蒙骜之后又一个伟大的军事将领，彪炳史册。

这天，樊於期在府中宴请成蟜，二人一边喝酒一边闲谈。期间，樊於期有意无意地问道："不知公子对于陛下之前的身世传言有何感想？"

流言初起时，成蟜确实对接任秦王抱有希望，但经过一系列的波折后，他发现那不过是自己的妄想罢了。现在樊於期旧事重提，他苦笑了一下，说道："流言蜚语，不可当真。"

"非也，"樊於期正色道，"正所谓无风不起浪，事出必有因。相邦与太后之事，世人皆知。下官曾听闻，赵国多年前便盛传先王纳太后之前，太后已怀有身孕。陛下非先王血脉之事，千真万确，陛下矢口否认，不过是欲盖弥彰而已。"

樊於期的话说到了成蟜的心上，成蟜深深地叹了口气，无奈地说："即便是真，又能如何？"

樊於期从成蟜的脸色和说话的语气已经看出自己的话起了作用，心中暗喜，又问道："公子想没想过，相邦当初为何要在太后有孕后将太后送与先王？"

成蟜不假思索地说："听说父王爱慕太后美艳。"

"非也，"樊於期摇摇头说，"下官听闻，太后非先王索取，乃相邦主动相送。"

成蟜紧皱眉头思索良久，问道："将军何意？"

樊於期脸上闪过一丝不易觉察的笑容，说道："吕不韦虑事长远，非你我可比，他之所以如此行事，乃妄图窃取大秦江山。当今秦王虽为嬴姓，实则吕氏，大秦江山已落入吕氏之手，此乃相邦长远之计也。"

听到这里，成蟜恍然大悟，一拳擂在桌子上，愤怒地说："吕不韦阴险狡诈，害我大秦匪浅，罪该万死。"但他忽然又如泄了气的皮球，深深地叹了口气说，"唉！即便如此又能怎样呢？"

樊於期看火候已到，便开始怂恿成蟜，他说："当今秦王非嬴氏血脉，窃取王位，为天下所不容，而公子是嬴氏唯一的血脉、大秦王室的正统，理当掌管大秦江山。公子要做的，是夺回属于自己的东西，让大秦重归嬴氏所有，这样才无愧于列祖列宗。"

成蟜深感自己遇到了知音，开始大倒苦水："不瞒将军，成蟜的确有过这种想法，而且多次说与老太后，老太后也有意扶植成蟜。奈何王兄继位多年，根基深厚，又有吕不韦与李斯辅助。老太后不问朝政，凭我成蟜一己之力，无重臣相助，根本无法撼动王兄。成蟜为此事苦恼已久，却也只能望王位兴叹而已。"

看到成蟜终于上了钩，樊於期非常兴奋，拍案而起："公子若果真有此意，於期当鼎力相助！"

成蟜此时已经被酒精冲昏了头脑，他听了樊於期的话，胸中顿时产生万丈豪情，也愤而起身道："今得遇将军相助，成蟜不胜荣幸，当与将军倾力而为，夺回大秦江山！事成之后，将军便是相邦。"

酒宴过后，樊於期与成蟜分头行动，樊於期主要负责联络军中的势力，成蟜则负责暗中寻找合作伙伴，对那些愿意追随自己的人允诺封官，秘密结盟。经过一段时间的活动，樊於期联络了一大批追随者，成蟜也争取到了昌平君、昌文君的大力支持。

昌平君，名熊启，为楚考烈王之子；昌文君同样是楚国人，熊姓，与昌平君同属秦国外戚，在秦国担任要职。根据成蟜和他们达成的协议，事成之后，由他们分别取代嫪毐和吕不韦的职务。

此后，成蟜和樊於期开始寻找动手的机会。秦王政八年（前239年）的一天，早朝上，秦王看着文武百官，问道："众位爱卿，谁有本奏？"

成蟜首先站出来，气愤地说道："启奏陛下，臣有本启奏。前有赵国散布谣言，诋毁陛下，意欲乱我王室，其心可诛；后有春申君合纵六国，犯我疆土，野心勃勃。今谣言不攻自破，合纵败北，我大秦稳如泰山，万民归心。臣以为，对于赵国及春申君之流，当予以严惩，以儆效尤。臣恳请陛下，给臣十万兵马，挥师东进，踏平赵国，以解臣心头之恨！"

看着成蟜义愤填膺的样子，秦王心中一阵感动，到底是兄弟情深，知道为哥哥报仇了，这是好事。但是，他又想到成蟜不过十七八岁，除了两年前的一次韩国之行，连王宫都没离开过，更别说指挥千军万马去打仗了，万一有什么闪失，自己如何对得起夏老太后。想到这里，他冲成蟜摇摇头说："寡人知道王弟立功心切，但你初掌兵权，年不过十八，而出兵征战非同小可，刀枪无情，当从长计议，不可意气用事。"

秦王话音刚落，嫪毐从班列中走出来，大声说道："陛下，臣以为上卿言之有理。赵国多年来与我大秦为敌，对陛下诸多不敬。这一次赵国故意散播谣言，用心险恶，若不严惩，将引来其他五国效仿。上卿年幼，陛下可以多派谋士协助，再有我大秦十万勇士冲锋陷阵，大事必成。"

嫪毐刚刚说完，吕不韦又站了出来，说道："陛下，臣也认为上卿当带兵出征。且不说赵国欺辱陛下之事，就目前的形势而言，六国如一盘散沙，各自为政，利于各个击破。一旦六国再次联合，则机会不再有。"

这是吕不韦和嫪毐非常难得的意见统一的一次。而他们表面上团结合作，实则各怀鬼胎。嫪毐想的是，经过几个月的拉拢，他已经和成蟜达成默契，成蟜以征讨为名，向秦王要十万兵马在外，嫪毐率众门客在内，二人里应外合，达到推翻秦王的目的。但是，吕不韦比嫪毐考虑得更周全，他看出了成蟜的野心，之所以仍支持成蟜，有两个目的。一是若成蟜叛乱成功，他便临阵倒戈，助力成蟜，然后便可以拥立有功的名义，继续把持朝政，将成蟜作为傀儡，实现自己的野心；二是若成蟜叛乱失败，他可以此为借口，阻止秦王亲政，并诬陷李斯暗中勾结成蟜，以达到除掉李斯的目的。

有了朝中两位重臣的支持，秦王似乎仍然不放心，凝眉沉思着，迟迟没有表态。

樊於期不由得焦急起来，也走出班列，上奏道："陛下，臣以为上卿年轻有为，血气方刚，当驰骋疆场，为国建功立业。上卿出征，如同陛下亲临，将士们必将奋勇杀敌，扬我大秦国威，敌国将不战自溃。"

其他被樊於期鼓动起来的文臣武将也纷纷发言，请求允许成蟜出征。

秦王看到这么多人都在替成蟜请战，犹豫了好久，终于决定下来，说道："既然众卿都认为上卿应该带兵出征，寡人准奏。"

在这个过程中，李斯始终没有发表意见，因为他知道成蟜与秦王面和心不和，成蟜欲借出兵之名夺秦王之位，秦王欲借出兵之由将成蟜送上断头台，这纯粹是他们的家事，在结果没出来之前，谁也不敢确定哪一方将获胜。所以，他认为最明智的选择就是先不插手，静观其变。

随后，秦王拨给成蟜十万兵马，由樊於期辅助、蒙骜之子蒙武为副将，择日出征。蒙武虽不及他的父亲蒙骜足智多谋，但也久经沙场，是秦国不可多得的大将。而且蒙武和他的父亲一样，对大秦忠心耿耿，秦王这才放心。

得到了秦王的批准，成蟜开始筹备出征事宜。樊於期也没有闲着，暗中招兵买马，准备在成蟜出征回城后，来个里应外合，发动政变，杀秦王一个措手不及。

第五节　设局平叛

　　成蟜出征数日后，秦王和李斯在宫内一边品茶一边谈论国事。秦王问道："上卿出征已有一些时日，可有新的消息传来？"

　　李斯回答说："启禀陛下，蒙武将军刚刚送来情报，大军即将到达屯留，不日可与赵军交锋。"

　　秦王正要说话，内侍突然走进来说给事中嫪毐求见，有要事奏报。

　　秦王准见。片刻之后，嫪毐神色慌张地走进来，径直走到秦王面前，说道："启禀陛下，臣刚得知消息，上卿与樊於期密谋叛乱，由樊於期在城内接应，欲夺取王位，请陛下立即抓捕樊於期，令长安君撤军以平叛乱。"

　　嫪毐本来是支持成蟜叛乱的，并与成蟜达成了秘密协议，但成蟜出征后，他忽然又后悔起来，认为成蟜与秦王实力悬殊太大，不可能取胜，一旦兵败，自己也无法活命，不如来个先发制人，也好立功受赏。

　　秦王冲李斯会心一笑，又对嫪毐道："爱卿所言之事，寡人已知。"

　　嫪毐心里吃了一惊，暗自庆幸有先见之明，否则必死无疑。他努力掩饰内心的惊恐，假惺惺地说："陛下，嫪毐不才，愿为陛下赴汤蹈火，在所不辞。请陛下给我一支人马，我愿替陛下平定叛乱。"

此时秦王还不知道嫪毐与成蟜相互勾结的事情，被他的一番忠诚所感动，说道："不劳爱卿辛苦，有蒙武将军在，寡人高枕无忧矣。"

为了进一步表明自己效忠秦王的决心，嫪毐又义愤填膺地说："请陛下允许嫪毐前去捉拿樊於期，严加审讯，找出其所有同伙，一网打尽。"

按照嫪毐的预想，秦王在得知樊於期和成蟜叛乱的事情后，必定大发雷霆，失去理智，允许他前去抓捕樊於期，这样他就可以乘机将樊於期置于死地，以掩盖自己参与叛乱的事实，不料秦王的反应如此冷淡，自己碰了一鼻子灰。他正要告退，秦王忽然又说："难得爱卿一片忠心，寡人正欲派大将军王翦前去平叛，既然爱卿请战，就随同出征吧。"

嫪毐心中暗喜，立即答应道："谢陛下！嫪毐一定不辜负陛下的期望！"说完便起身告辞了。

不几日，李斯接到密报，樊於期要动手了，他不敢大意，急忙与秦王商议对策，然后回到自己府中，秘密召集自己担任长史期间培养的心腹爱将。这些人都身怀绝技，可以以一抵百，而且绝对效忠秦王。

李斯和众人打了招呼，表情严肃地说："诸位，上卿与樊於期暗中勾结，欲借出征之机谋反，今陛下要坚决除之。所谓养兵千日，用兵一时。陛下待诸位恩重如山，诸位当以命相搏，确保万无一失，事成之后，诸位护驾有功，陛下必有重赏。"

众人听了都摩拳擦掌，纷纷说道："我等愿以死护大人和秦王周全！”

　　李斯满意地点了点头，又对具体的事宜做了细致安排，然后乘坐马车赶往王宫。这个时候，他要待在秦王身边，保证秦王万无一失。这是他一生中最伟大，也是最冒险的一次赌博，若输，则人头落地；若赢，则功高盖世。为了大秦江山，为了自己远大的理想，他必须赌，而且必须赢。

　　按照樊於期和成蟜商定的计划，由成蟜率领东征大军离开咸阳，在一个名叫屯留的地方休整，然后以杀回马枪的方式打秦王个措手不及。樊於期则假装生病无法随同出征，留在城内组织兵力，与昌平君、昌文君共同向王宫发起进攻。里应外合，最终达到一举拿下咸阳宫、推翻秦王的目的。

　　在自己府中的后花园里，樊於期精神抖擞，铠甲在身，腰中悬挂三尺宝剑，用充满杀气的目光看着面前黑压压站成一片的武士，大声说道：“诸位，当今坐在王位上的嬴政，非大秦王室血脉，乃奸臣吕不韦与太后赵姬所生的孽种，长安君才是真正的大秦王室血统。今嬴政窃取秦国，为天下所不容，我已跟长安君约好，里应外合，共举大事，杀掉嬴政，迎新王长安君入宫。此举关乎我大秦基业兴衰存亡，必将是一场恶战，望诸位随我勇往直前，力保长安君夺位成功。诸位的命运将从此改变，你们的家人也会因为你们的勇敢而享受荣华富贵，你们的名字将永远载入史册。诸君，拿起你们的兵器，跟随你们的将军，向王宫冲击！”

　　武士们被樊於期慷慨激昂的话语激发出昂扬的斗志，一个个像打了鸡血般兴奋不已。他们连呼三遍口号，在樊於期的率领下，向王宫冲过去。

很快，这支队伍冲到了王宫外围，那里只有少数禁卫军负责警卫，他们看到突然出现的造反队伍，顿时惊慌失措，仓促抵抗。

"大秦的勇士们，杀死嬴政，拥立长安君，冲啊！"樊於期挥动三尺宝剑，大喊一声，率先冲到一名禁卫军面前，只见一道寒光闪过，那名禁卫军的长枪还未使出，便惨叫一声，倒地身亡。

其他武士看到主将取胜，士气大振，也一个个如恶虎般向禁卫军扑过去。一时间，咸阳宫外刀光剑影，惨叫连连。片刻的工夫，禁卫军便因为寡不敌众而全部战死，樊於期的队伍则毫发无损。樊於期觉得胜利在望，冷冷地看了那些倒在血泊中的禁卫军一眼，手中宝剑一挥，下令道："诸君随我冲进宫内，杀死嬴政！"

他们冲进宫内，又一道大门挡在面前，门口有大批禁卫军把守。和外面的禁卫军截然不同，这里的禁卫军似乎早有防备，队伍分为前后两排，前面的一排一手持盾牌，一手持钢刀；后面的一排手持弓箭，箭上弦，弓拉满，他们一个个神情镇定，目光冷峻，就像是猎人遇到猎物一般。

樊於期见状暗叫一声："不好！"但开弓没有回头箭，后退是死，前进尚有一条生路，他只好硬着头皮，对身后的武士们喊道："诸君莫怕，冲过去就是胜利！"

一场恶战随即展开，箭矢如雨，刀剑相撞，哀号声声，血花四溅……经过一阵厮杀，樊於期以极大的代价取得了胜利，但三千之众损失大半。他们顾不上喘口气，继续往里冲，希望能突破最后一道障碍，冲入大殿，杀死嬴政。

这时，通往大殿的最后一道门中央出现了两个人影，樊於期定睛一看，一个是李斯，一个是王绾。在他们身后，还有数不清的黑衣黑甲的武士。樊於期知道，身穿这种铠甲的武士是秦王的贴身侍卫，个个武功高强，可以以一当百。

李斯目光冷峻地看着即将冲到面前的樊於期，朗声说道："樊将军，秦王知道将军前来觐见，特遣李斯在此恭候，失敬失敬！"

樊於期闻言大吃一惊，知道大事不妙，原来秦王早有准备，但事已至此，绝无回头之路。他努力镇定了一下，说道："客卿大人，嬴政非王室血统，伙同奸臣吕不韦窃取王位，理当诛灭。请随我杀入宫中，擒获嬴政，迎立宗室公子成蟜！此为大人奇功一件！"

"哈哈……"李斯突然大笑，随即怒视着樊於期，厉声喝道，"樊於期，你身为秦国大臣，受秦王大恩，却不思报效国家，偏听谣言，蛊惑人心，串通成蟜叛乱，罪当诛灭九族！还不快快束手就擒，也好请秦王赐你全尸！"

"哼！"樊於期完全不为所动，冷笑一声，回道，"李斯小儿，口出狂言，待我先杀了你，再捉拿嬴政！"说完，挥舞着宝剑向李斯冲过去。他身后的那些武士也不甘落后，冲杀过来。

李斯不慌不忙，身子向一旁闪开，刷的一下抽出腰中宝剑，向前一指，冲身后黑衣黑甲的武士们大声命令道："大秦的勇士们，大王有令，杀樊於期者封侯！"

王绾也抽出宝剑，一边挥舞着一边向前冲，口中喊道："冲啊，杀了这些反贼！"

那些黑衣黑甲的武士早已等不及，一个个如猛虎下山，迎着樊於期等人冲杀过去。双方相遇，立即战在一起。这些黑衣黑甲的武士战斗力十分强悍，而樊於期的队伍反而成了一群乌合之众，毫无还手之力，随着一声声凄惨的号叫纷纷倒地身亡。一时间，大殿门前到处都是尸体，血流成河。樊於期知道大事不好，但仍然带领残兵败将负隅顽抗。此时他已经完全乱了阵脚，按照原定计划，他、昌文君、昌平君各自率领人马，同时行动，一举拿下王宫，可他已经行动这么久了，仍然不见另外两队人马到来。实际上，他们早已被李斯派人围困在各自家中，根本行动不起来。

樊於期的心理防线在一点点地崩溃，眼看援兵无望，他只好凭借自身的武功杀出一条血路，冲到王宫外，抢了一匹战马，投奔燕国而去。

就在樊於期带领部下血染秦王宫的同时，远离咸阳的屯留也在进行着一场生死大战。

成蟜一夜无眠，大脑一直被强烈的兴奋冲击着，他似乎已经看到自己正坐在秦王宫大殿内，对文武百官颐指气使地发号施令。天蒙蒙亮的时候，一个侍卫慌慌张张地闯进来，向他禀报说，蒙武带领的十万兵马没有跟过来，而是转回咸阳去了，现在屯留城内仅有三千亲随，城外有大将王翦率领六万大军蓄势待发。成蟜如梦初醒，原来自己意欲反叛的事情早已泄露，王兄故意给自己设了个套，让自己钻进去，现在即便缴械投降，回到咸阳也会被砍头，还不如一条路走到黑，万一樊於期在城中得势，或许还有成功的机会。于是，他命令三千亲随固守城池，等待援军。

安排好了一切，成蟜披挂整齐，来到城墙之上，向城外看去，只见秦军旌旗猎猎，战马萧萧，黑压压的一大片。在阵列的最前面，是骑着战马、身穿金盔亮甲、手提利剑的大将军王翦。王翦勇冠三军，威震天下，尤其是他手中的昆仑剑，曾经被周穆王佩戴，利可切玉。秦王派王翦来围剿成蟜，说明秦王已经完全不顾手足之情，誓要置他于死地。成蟜心中叫苦不迭，后悔受了樊於期的蛊惑，但仍然壮着胆子冲城下色厉内荏地喝道："大胆王翦，我奉陛下之命讨伐赵国，而你却私自围城，意欲何为？要造反吗？"

"将军，"王翦在马上冲成蟜一拱手，大声回道，"陛下早已知晓将军图谋不轨，所以派王翦一路跟随，伺机平叛。大人身为王室宗亲，不思效忠陛下，反而举兵造反，实在愚蠢。识相的话，快快打开城门，随我面见陛下，主动请罪，还有一线生机。"

成蟜冷笑一声道："大丈夫敢做敢当，嬴政非我嬴氏血脉，窃取大秦江山，我成蟜才是唯一可以继承王位的人。"他转而又劝说道，"王将军为我大秦重臣，若调转枪头，随我与樊於期汇合，拿下咸阳，当为大秦第一功臣。"

王翦哈哈大笑起来，然后说道："成蟜，你不要做梦了，如果我没有猜错的话，此刻樊於期已经成为秦王和客卿的阶下囚，你还是乖乖束手就擒吧。"

成蟜听了心中一沉，知道大势已去，但他仍拒不投降。王翦下令攻城，城外的秦军拼命向前冲，城上的守军玩命阻挡，滚木礌石，箭矢如雨，喊杀声惊天动地。经过一整天的激战，双方都有伤亡，相比之下，攻城部队伤亡更大，但其规模依然占据优势。

成蟜知道城破是早晚的事，战败也在旦夕之间，与其坐以待毙，不如投奔赵国，也好谋条生路，于是带着几个亲信趁夜突围，往赵国方向逃去。

次日，王翦突入城内，发现成蟜已经不知去向。他奉秦王之命，对于叛军一个活口不留。对于那些无辜的老百姓，王翦下令将他们全部迁到千里之外的临洮。屯留的所有房舍全部焚毁，整个屯留化为灰烬。就这样，轰轰烈烈的王室叛乱以成蟜的完败而告终。

成蟜叛乱令秦王嬴政雷霆震怒，叛乱平定之后，他下令将参与叛乱的昌文君、昌平君施以车裂酷刑，并诛灭九族。李斯却劝阻道："陛下不可，当三思而后行。"

秦王生气地问："为何？"

李斯说道："陛下，公子成蟜叛乱已经平定，昌文君和昌平君也掀不起什么大风浪，目前对您威胁最大的是嫪毐与吕不韦。若陛下赦免昌文君和昌平君，他们自然对您感恩戴德，一定鼎力相助。得此二人相助，可加速吕、嫪二人灭亡。"

秦王沉思良久，认为李斯言之有理，于是又问："依爱卿之见，该作何处理？"

李斯建议道："嫪毐参与平叛有功，当予以封侯；昌文君和昌平君，也要提拔重用。封侯嫪毐，使之麻痹，使吕不韦难以安坐，然后趁机图之。提拔昌文君和昌平君，可以瓜分吕不韦的权力，使其无力和陛下抗衡。"

秦王点头说："就依爱卿之言！"但他嘴上答应，心里又不愿意轻易地放过他们，总是要给他们一些教训。

次日上了早朝，当着文武百官的面，秦王将以昌文君、昌平君等宗室为首，参与叛乱的大臣们狠狠地训斥了一番。他板着面孔，严厉地训斥道："我先祖自创立大秦以来，历数百年而不衰，皆因君臣一心，王室宗族全力护佑。而今，先王将大秦基业托付于我，诸君当竭尽全力，助我大秦开疆拓土，一统天下。然，尔等无视我大秦的危亡，争名逐利，兄弟相残，给六国可乘之机，实在可恨……"

以昌文君、昌平君为首的宗室贵族们跪在朝堂之上，听着秦王的训斥，一个个止不住身子瑟瑟发抖。他们知道，秦王训斥完毕，接下来将宣布对他们处以极刑。

秦王顿了一下，口气有所缓和："按照大秦律例，谋逆之罪，当处以极刑，但寡人念及骨肉情深，暂不追究，望诸君引以为戒，从此全力辅助大秦，大业完成，定不负诸君。"

那些下跪等着受惩罚的大臣听说自己被赦免了，好一阵子才反应过来，禁不住喜极而泣，纷纷磕头谢恩道："多谢陛下不杀之恩，臣等一时糊涂，为公子成蟜和樊於期所蒙蔽，犯下滔天大罪，追悔莫及。以后愿为陛下赴汤蹈火，万死不辞！"

就这样，秦王嬴政又争取到了两股势力的支持，离铲除吕不韦、嫪毐二人又近了一步。

第七章

权臣大清洗

第一节　吕氏失势

吕不韦作为秦国相邦，几乎掌管了所有的朝政，大小事情都瞒不过他的眼睛，然而这一次的平叛事件却是个例外。他虽然已经预感到成蟜的叛乱，但没想到樊於期会在城内先一步动手，而且还没等到自己出手，叛乱便已平定。如此重大的事件，秦王竟然应对自如，以迅雷不及掩耳之势顺利解决，让他感到十分惊讶。当然，他也知道依靠秦王自己绝对不可能处理得如此完美，一切全赖李斯的辅助。这也使他产生了强烈的危机感：秦王已经不再相信他，开始将他边缘化了。

　　果然，在几天后的早朝上，秦王颁布谕旨，凡参与平叛者皆加官晋爵。其中，嫪毐因为举报有功和跟随王翦大军出征，立有军功，再加上太后的支持，被封为长信侯，赐山阳县为其封地。吕不韦自先王时便辅助大秦，掌管半壁江山，至今已有十多年，也不过受封文信侯，而嫪毐仅凭一时之功，便与他平起平坐。这且不说，更让吕不韦无法理解的是，参与叛乱的昌文君、昌平君不仅没有被追究责任，反而参与国政，明摆着是要瓜分他的权力，这让他如何能够接受。

　　他终于意识到，嬴政不再是之前的那个嬴政了，他已经长大成人，成长为一股独立的力量了，不再愿意受他的控制。他身为相邦，曾为其遮风挡雨，而今却成了嬴政掌握秦国大权的一块绊脚石，必定会被无情地踢到一旁。

　　下朝之后，吕不韦郁郁寡欢地回到家中，心中总有一种不祥的预感，自己的好日子快到头了，而且他的位置很可能会被李斯取代。

　　这次平叛，若论谁的功劳最大，李斯当之无愧。首先，正是因为他的精心设计，叛乱才得以在极短的时间内平定；其次，他留守宫中，亲自带领禁卫军成功地抵挡住了樊於期的进攻，保证了秦王的安全。尽管秦王只是对他口头嘉奖，没有加官晋爵，但他并没有半点抱怨的意思，心态十分平和，因为他知道，秦王并不想让他处于风口浪尖，成为下一个权臣。而通过这一次的平叛，秦王一定看到了他的价值，以后会更加离不开他，升官加爵不过是早晚的事情。

实际上，吕不韦这一次被边缘化也是有原因的，因为他是樊於期的举荐人，按照秦朝律例，被举荐人犯了罪，举荐人当接受同样的处罚，所以吕不韦应该被诛灭九族。秦王没有追究此事，已经是对吕不韦最大的宽恕了。

此次封赏打破了之前吕不韦和嫪毐势均力敌的局面，吕不韦开始处于下风。在此后很长一段时间内，吕不韦都无法走出被冷落的境遇，他虽然也天天上朝，和往常一样处理朝政，但开始变得敷衍起来，对很多事情都表现得漠不关心。在人们的眼中，吕不韦就像是即将隐入西山的太阳，所能发挥的不过是最后一抹红霞罢了。

就在吕不韦渐渐淡出人们视线的时候，一件事情的发生又让他重新成为众人瞩目的对象、议论的焦点，那就是《吕氏春秋》的问世。

《吕氏春秋》工程浩大，历时七年，终于编撰成功。它以道家理论为基础，以儒家学说为主干，以名家、法家、墨家、农家、兵家、阴阳家思想学说为素材，熔诸子百家学说于一炉，成一家之思想。全书共分为八览（有始、孝行、慎大、先识、审分、审应、离俗、恃君）、六论（开春、慎行、贵直、不苟、似顺、士容）、十二纪（孟春、仲春、季春、孟夏、仲夏、季夏、孟秋、仲秋、季秋、孟冬、仲冬、季冬），共二十六卷、二十余万字。

为了庆祝如此浩大的编撰工程完成，吕不韦大摆筵席，广邀宾朋，前来捧场的达官贵人、富商巨贾不计其数，他们都怀着无比敬仰的心理，想要一睹这部旷世巨著的真容。李斯也受邀出席了，吕不韦将他奉为上宾。李斯看到吕不韦如此高调，便有意无意地当着众宾客的面敲打了他一下，问道："相邦著书之事，大王可曾先阅览？"

吕不韦似乎已料到李斯会问这个问题，所以不假思索地回道："我已经特制一份，加急送往大王那里。"

李斯听了便不再言语。席间，他还将特意准备了热情洋溢的贺词，当着所有宾朋的面朗读出来：

泱泱大秦，山川广阔，秦川八百里，城池三千座。东方六国，底蕴浅薄，民风败坏，只识干戈。然，相邦智慧，著书立说，《吕氏春秋》，天地囊括，诸子百家，无所不说……

听着李斯慷慨激昂的演讲，吕不韦感到无上的荣耀，一段时间以来笼罩在他心头的阴霾终于烟消云散，他感到浑身轻松。

其实，李斯所说的这些话，并非出自他的真心，而是在秦王授意下特意写的。他今天到这里来，也是受秦王的委托，一来是以祝贺的名义麻痹吕不韦；二来是想探明吕不韦究竟勾结了多少党羽，以便将来行动的时候一网打尽。他嘴上盛赞吕不韦，内心却充满了不屑。看着吕不韦那志得意满的样子，他感到十分可笑。笑的是秦王正在编织一张大网，而吕不韦却浑然不觉，只顾在这里炫耀。

第二节　李斯誓忠

　　现在的李斯可谓无比洒脱超然，既不属于吕不韦一派，也不属于嫪毐一派，又因为受到秦王宠爱而成为吕不韦和嫪毐争相拉拢的对象。他表面上在吕不韦和嫪毐之间左右逢源，暗中却和秦王紧锣密鼓地制订着清除他们的计划。

　　寒来暑往，转眼又过了一年，秦王已经二十二岁了，几个月后便是他的生日，也是他举行冠礼大典的日子。他已经做好了所有的准备，那天他就要正式接管秦国的所有政务，成为名副其实的秦王。他知道，这个时候的咸阳城表面上风平浪静，实际上暗流涌动，各方势力都在为自身的利益做着不同的打算，最让他担心的自然还是吕不韦。这天，天象师来报，说天有异象，恐为不祥之兆，恐生兵变。秦王第一时间便想到了吕不韦，于是急召李斯前来议事。

　　在咸阳宫的麒麟殿里，多达百盏的青铜油灯将整个宫殿映照得亮如白昼。李斯垂手恭立在御案的一侧，秦王背抄着手，在御案后面来回地踱着步，眉头紧锁。他来回走了几遍，忽然站住了，以锐利的目光盯着李斯，问道："依爱卿之见，相邦真的不会在寡人的冠礼上发难？"

　　李斯微微一躬身，回道："回陛下，依微臣之见，相邦断不会有如此冒险之举。"

　　秦王问道："何以见得？"

李斯胸有成竹地答说："陛下，相邦为我大秦老臣，为大秦的基业立下了不朽的功勋。虽然他僭权越位，居功自傲，也可能会不甘心交出权力，但还不至于产生取代陛下的想法。当初陛下年幼，相邦一人执掌江山，又正值壮年，若有异心，何须等到现在？而今陛下青春年少，血气方刚，相邦则已近迟暮，垂垂老矣，只求保全名节，又怎敢图谋不轨？"

"爱卿言之有理。"秦王点点头，说道，"相邦不反，嫪毐一阉人更不可能反，那朝中还有谁会造反呢？"

李斯回道："陛下，臣恰恰以为嫪毐必反。"

李斯坚定地认为嫪毐会造反的依据有三：一是嫪毐野心大。从一个舍人到太后宠幸之人，这本来就是一个天翻地覆的变化，但嫪毐却不满足于这种身份，公然插手朝政，封侯赏地之后，更是广结朋党，说明他对权力极其渴望。二是年龄问题。嫪毐比秦王大不了几岁，正是精力旺盛、意气风发的时候，一旦坐上秦王的位置，还可以享受几十年的大好时光。三是身家性命问题。嫪毐与太后的事情瞒得了一时瞒不了一世，朝野上下早已传得沸沸扬扬，说不定哪一天就会传到秦王的耳朵里，嫪毐必死无疑。况且，李斯还听说嫪毐和太后育有二子，若东窗事发，势必受牵连。嫪毐想要活命，唯一的办法就是发动兵变，取代秦王。

秦王不以为然地摇摇头："爱卿错了，嫪毐乃一阉臣，即便夺位，也非人心所向，必会为众人推翻。而嫪毐又受制于太后，太后怎会容忍嫪毐图谋不轨，所以寡人不信嫪毐会反。即便要反，不过一群乌合之众，难成大事，无法与我正统相比，不足为虑。"

李斯脸上似笑非笑："陛下，微臣以为，嫪毐对我大秦未立寸功，却身居高位，手握重权，会让他觉得权力得来极易，也使他的欲望和野心膨胀不止。还有陛下对相邦的压制，朝中那些趋炎附势之徒已经闻到了这种气味，转而投到嫪毐门下，嫪毐的实力因此大增，所以变得愈加狂妄。根据微臣得到的消息，嫪毐近段时间假借保护太后安全的名义，招募大量勇士，日日操练，其目的不言自明。"

"爱卿果然心思缜密，"秦王似有所悟，"嫪毐的举动确有异常，寡人也早有心除之，奈何有太后阻拦。今爱卿提醒，无论反与不反，嫪毐嚣张跋扈，寡人已不能容忍，待寡人冠礼之后，把持大权，必然除之。"

李斯却觉得不可掉以轻心："陛下，为防止夜长梦多，望陛下早做准备。"

秦王沉思片刻道："既然如此，就请爱卿仔细谋划，不可出一丝差错。"

"请陛下放心，臣已经替陛下谋划周全。"李斯将自己制订的计划详细地讲给秦王听，"臣已经安排好了足够的兵力，并将其分为三部分，在冠礼大典那天，其中一路人马负责监视相邦，若其有异动，立即诛杀；臣亲率一路人马随同陛下前往雍城，保护陛下周全；昌平君、昌文君带领一路人马负责监视嫪毐的一举一动，若他有不轨之行，就地擒拿。除此之外，请陛下征调大将军王翦率军回防，驻扎于咸阳周围，以防不测。"

秦王见李斯安排得十分周全，遂放下心来，说道："有劳爱卿了，事成之后，寡人自然不会亏待爱卿。"

李斯听了十分高兴，但表面上还假装客气说："为陛下效忠，乃臣分内之事，不敢奢求太多。"

就在李斯和秦王计划着怎样防备嫪毐的时候，嫪毐府中却热闹非凡。几年前，太后赵姬为了不使自己和嫪毐的私情被发现，以咸阳宫不宜居住为由，搬到距离咸阳二百多里远的雍城行宫，和嫪毐住在一起，这里不但有嫪毐单独的房间，更有其一众心腹。

这天，嫪毐闲来无事，召集一众党羽赌博消遣。偌大的房间里，数十盏青铜油灯将整个房间映照得如白昼，房间里摆着几张案子，每张案子边都围满了人，一双双通红的眼睛紧盯着案子中间的竹牌和骰子，吵吵嚷嚷好不热闹。嫪毐站在其中一张案子旁边，双眼放光，满面通红，口中呼呼地喘着粗气，一阵阵浓烈的酒气从他口中冒出来。他虽然嗜赌如命，可惜赌技实在太差，以至于每赌必输，而且常常悔牌。只见他伸手抓起牌中间的一只象牙骰子，在手心里晃了几晃，又丢在案几上，瓮声瓮气地问道："几点？"

"五点。"周围的人大声嚷道。

嫪毐凑上去看了看，确实是五点，"赢了，我赢了！"嫪毐对面的一个太监说着，伸手就去抓嫪毐的钱币。

嫪毐一看自己输了，很不甘心，又伸手按住那骰子，蛮横无理地说："不行不行，再摇一次，这次不作数……"

站在嫪毐对面的太监也非善类，他看到嫪毐悔牌，十分不满，加上酒后失态，一时忘记了自己和对方的身份，抓住嫪毐的手不放，大声道："愿赌服输，哪有悔牌的道理？亏你还是侯爷，想不到人品如此之差……"

嫪毐本来就是市井之徒，一向蛮横惯了，更何况现在身居高位，每天对着下人呼来喝去，从没有人敢对他表示不满，这个太监居然敢对他不敬，简直是胆大包天。他不容分说，抬手就给了对方一记响亮的耳光，恶狠狠地骂道："我乃秦王假父，汝乃卑贱之人，竟敢如此放肆！"说完，他伸手拔出腰中佩剑，向着那太监砍去，幸好被旁边的几个人死死拉住。太监惊恐万状，再也不敢和嫪毐争执，仓皇逃出。

太监逃出宫外，经冷风一吹，酒顿时醒了大半，想到刚才嫪毐所说的话，惊出了一身冷汗。接着他又想到自己知道了嫪毐的秘密，嫪毐肯定不会放过自己，要想活命，唯有投靠秦王。于是，他加速赶往咸阳宫。

此时已是夜半时分，李斯已经告别秦王回到了自己府中，独自坐在书房里继续思考他和秦王制订好的行动计划，唯恐哪里出一点纰漏。最近一段时间，他每天都这样夜以继日地规划秦王冠礼正位之事，以应对随时都有可能发生的不测。他随手取过一个心腹刚刚送来的情报，上面说吕不韦近来精神状态不佳，食欲有所减退，经常一个人在书房内发呆，其他一切正常。他又取过另一份情报，是关于嫪毐的，说嫪毐今日又招募了一批勇士，而且这些勇士个个相貌凶恶、体型彪悍，他们还当着嫪毐的面进行了表演，全都是身怀绝技之人。再看第三份情报，是关于昌文君和昌平君的，倒没什么异常，不过是喝喝酒、发发牢骚而已。

通过这些源源不断送过来的情报，李斯得以全盘掌控整个咸阳的情况，吕不韦、嫪毐、昌平君、昌文君，甚至所有朝臣的一举一动，都逃不过他的眼睛。他非常清楚眼下的情势，自成蟜事件以后，吕不韦被分割权力，遭受沉重的打击，早已没有了往日的嚣张跋扈；以昌平君、昌文君为代表的宗室彻底倒向秦王，无须担心；嫪毐自从被封侯以后，比以往更加嚣张跋扈，还暗中招兵买马，蓄势待发，是秦王最大的威胁。根据内线回报，嫪毐府中的勇士已多达数千人，是一股不可小觑的力量，必须小心应对。明天见了秦王，他还要继续劝说秦王，越早动手越好。

突然，一个下人慌慌张张地闯进屋子，报告说："大人，宫内派人来了。"

李斯不敢怠慢，急忙站起身道："快请！"

片刻之后，一个内侍快步走进来，冲李斯拱手施礼道："陛下口谕，客卿大人速速入宫觐见。"

此时已是后半夜，秦王突然召见，一定是非常重要的事情。李斯急忙更衣，跟随内侍来到宫中，麒麟殿内灯火通明，秦王正在里面来回踱步，而且走动的速度很快，他的情绪十分激动。李斯趋步上前，施礼拜见后问道："陛下急召臣来，不知所为何事？"

秦王站住了，铁青着脸，双眼喷火，怒气冲冲地说："这个嫪毐，实在胆大包天！做出如此违背人伦之事，天理不容，当诛之！"

李斯眉头皱了一下，小心地问道："请陛下明示，嫪毐如何触怒龙颜？"

秦王深深呼吸了一下，努力平抑胸中的怒气，说道："寡人刚刚听说，嫪毐净身为假，而且与太后有染，还育有二子，长子六岁，次子四岁。爱卿可曾听闻？"

李斯心跳突然加快，暗中想道：何止是听说过，这事还是我一手策划的，只是这么多年一直守口如瓶，为何今天会传入秦王的耳朵里？假如秦王追究起来，把自己牵连进去，那只有死路一条，现在最紧要的便是诛杀嫪毐，一来解秦王心头之怒，二来保全自身。他努力掩饰自己的心虚，假装不相信地问道："陛下，此事关系到太后和王室的声誉，千万不可听信谣言。"

"此事千真万确，是那嫪毐手下之人得罪了他，为求活命才向我禀明。因为关系到太后和王室的声誉，寡人才没有对别人说，你是寡人唯一信任的人，所以深夜把你召来。嫪毐如此羞辱寡人，寡人痛恨至极，现在就要发兵，诛杀嫪毐，以泄寡人心头之恨！"秦王愤愤地说。

李斯一听，急忙劝说道："陛下千万不要意气用事，嫪毐倚仗太后为所欲为，势力强大，且准备多时，而我们却仓促行事，恐有不周，万一失算，后果不堪设想。陛下当以冠礼为重，不可节外生枝。嫪毐迟早要铲除，但不可操之过急，以免因小失大。"

经过李斯的劝说，秦王的怒气渐渐消了，头脑也冷静下来，他沉思良久，深深地叹了口气说："就依爱卿之言，按原计划行动吧。另外，将告密的太监秘密诛杀，以免走露风声，你且退下吧。"

得了秦王这句话，李斯悬着的心终于落了下来，他暗暗地吁了口气，急忙告辞。出了王宫，他忽然觉得双腿发软，浑身虚脱，几乎瘫倒在地上。

第三节　加冕为王

随着秦王冠礼的日子越来越近，咸阳城内也越来越忙碌和紧张。为了防止敌国乘机入侵，秦王下令关闭函谷关，对来往客商进行严格盘查，并派出大量心腹之人四处打探消息，一有风吹草动，立即回报。咸阳城更是戒备森严，不但城门的岗哨增加了一倍，而且还设置了大量流动岗哨，一个个如临大敌，朝野上下气氛异常紧张。

雍城，位于关中西部渭河北岸的黄土台塬，是周代秦国的国都。秦人定都雍城，凡历十三世、十六君、二百五十四年，是秦国定都时间最久的都城，后又迁都栎阳。秦孝公十二年（前350年），在商鞅的建议下，秦孝公将都城由栎阳迁往咸阳，雍城则成为秦王室祭祀宗庙、举行仪式的地方。因此，对秦国而言，雍城具有特殊的政治意义。秦王嬴政的冠礼大典，也毫无例外地选择在这里举行。

冠礼，即成人礼，起源于周，表示男子成年了，可以成亲，并可以参加他所在氏族的任何活动。达到冠礼年龄的人，必须由他所在氏族中的长辈按传统风俗为其举行仪式才可以得到承认。当时，由于国家不同、年代不同，对冠礼所要求的年龄也不尽相同，秦国规定的年龄为二十二岁。因为身份特殊，嬴政的冠礼有着非常重大的政治意义，代表着他从此将摆脱吕不韦，单独处理朝政，成为真正意义上的秦王。

所以，对吕不韦、嫪毐和太后而言，秦王的冠礼对他们来说无疑是一种打击，他们已经习惯了操纵朝政大权，一旦举行这种权力交接仪式，他们在秦王面前就再也无法高傲起来，就得回归臣子位置。

秦王政九年（前238年）四月的一天，天气晴朗，阳光灿烂，和风阵阵，鸟语花香。

在咸阳通往雍城的官道上，一支皇家队伍正不紧不慢地行进着，前面是马队，步兵紧随其后，再后面是侍卫仆从，中间是马车，马车后面依次又是侍卫仆从、步兵、马队，绵延十几里，车轮滚滚，旌旗猎猎，浓厚的尘土遮天蔽日。

秦王嬴政坐在中间最豪华的一辆车上，心中充满了无限的豪迈之感，他似乎已经看到自己正头戴王冠，身穿帝服，站在祖庙前面高高的平台上，双手从礼仪官手中接过象征最高权力的秦国玉玺，对着文武群臣发号施令。他下意识地握了握拳头，暗暗下定决心：一旦大权在握，定要成就一番大业！

大队人马一路走走停停，于三日后到达雍城。天象师经过无数次的观测，认为四月初六为黄道吉日，东方启明星闪耀，四方平安，祥云聚集，遂将冠礼大典定在了这一天。

早在秦王出宫的那一天，秦王室祖庙前高高的祭台上便布置一新，各项工作准备就绪。高台上，一面面黑色的大旗迎风招展，猎猎作响；台子四周，负责安全的卫兵们整齐地站立着，身穿金盔亮甲，手持长戈，昂首挺胸，威风凛凛。

大典举行的这一天，这里更是热闹非凡，听到消息的秦国百姓都从四面八方云集而来，只为一睹秦王的圣容。

吉时已到，大典仪式正式开始，唢呐阵阵，锣鼓喧天，气氛骤然达到高潮。

首先登上高台的是一众礼仪官。按照规矩，担任礼仪官的应该是朝中最有威望，权力也最大的老臣，就秦国而言，这一职位非吕不韦莫属。然而，出乎大家预料的是，吕不韦并没有主持这一重大仪式，而是换成了朝中另一位德高望重的大臣。

当然，吕不韦作为秦国相邦、辅助两代秦王的老臣，不可能缺席如此重要的活动。他垂手恭立于台下的百官之前，仰视着高台，脸上没有任何被冷落后的不满和失落，反而显得十分坦然。他想，自己从一个小小的商人做起，成为一国之相邦，主宰秦国朝政十多年，他已经知足了。而且，秦王近段时间以来的种种作为，明显是在向他传达一个清晰的信号：他的使命已经完成，是功成身退的时候了。所以，今天能参加这一空前的典礼，对他来说已经是无上的荣耀。

随着一阵庄严肃穆的音乐声响起，秦王嬴政在万人瞩目中，迈着沉稳的步伐，踩着一级级阶梯，缓缓登上冠礼台。他来到台子中央，听着礼仪官高声宣读颂词，内心禁不住激情澎拜，陡然生出一种傲视天下的豪情来。从现在开始，他就是真正的秦王，开始主宰秦国的未来，带领秦国进入一个全新的时代。

礼仪官读完了颂词，将王冠、帝服、玉玺、绶带、帝王佩剑等象征最高权力的器物交予秦王。嬴政一一接过，转交给身边的侍从。仪式即将结束，吕不韦率领文武百官以及万民，在台下行大礼，向秦王表示恭贺，齐声高呼："恭贺吾王陛下！"

秦王俯视着台下壮观的一幕，目光不由自主地停留在吕不韦身上。吕不韦曾经给予自己极大的帮助，被自己尊称为"仲父"，可以说，没有吕不韦，就没有自己的今天。对于这样的功臣，按说应该予以厚待，但今非昔比，吕不韦已经成为他执政的包袱、绊脚石，有吕不韦在，他就不可能完全掌控秦国的政局，所以必须将他赶下政治舞台。

第四节　困兽嫪毐

作为冠礼大典仪式的主要设计者，李斯站在高台下，看着秦王从礼仪官手中接过玉玺、绶带等一应物品，其激动的心情绝不亚于秦王本人。转眼间，他来秦国已经九年了，从一个小小的舍人做起，到今天成为被人仰慕的客卿，其间经历了多少风雨，遇到了多少困难，品尝了多少辛酸，只有他自己知道。现在，他终于盼来了秦王亲政的这一天，他所花费的心血也终于要有回报了。其实，对秦王来说也是一样，从他继承王位到今天亲政，道路漫长而又布满荆棘和陷阱。现在，秦王迎来了他生命中一个至关重要的转折点。这个转折，不但属于秦王，同样也属于李斯，属于整个秦国，甚至属于整个天下。想到这些，一股冲天的豪气激荡在李斯的胸间，他浑身止不住颤抖起来。

突然，一阵急促的马蹄声打断了李斯的思绪，他扭头从人群之间的缝隙看去，只见一匹红色的战马飞驰而来。李斯心中一惊，预感到自己担心的事情发生了。

战马疾驰而至，来人飞身下马，穿过两个禁卫军方队中间的一条通道来到高台之下，正要顺着台阶往上走，李斯先一步来到那里，压低声音问道："何事如此惊慌？"

来人知道李斯不想引起慌乱，于是凑到李斯耳边，低声说道："客卿大人，嫪毐盗取太后和陛下的印玺发动叛乱，调动了卫尉竭、佐戈竭、内史肆、中大夫令齐等及府中一众舍人，正在攻打蕲年宫。按照您事先的部署，昌平君、昌文君正率领禁卫军全力平叛。"

因为是预料中的事情，所以李斯没有丝毫的惊慌，吩咐道："再探再报。"

随后，李斯来到秦王身边，将此事告诉他。秦王面色平静，在几个内侍的帮助下，不慌不忙地戴上王冠，穿上帝服，配上佩剑。突然，他将长剑拔出，冲台下大声说道："诸君，寡人刚才得报，长信侯窃取太后和寡人的玉玺，假借寡人之名义，调动兵马，攻取蕲年宫，意图造反，罪大恶极，当天诛地灭！"

秦王的话不啻为一声惊雷，将现场所有的人都震懵了，他们平时看惯了嫪毐的嚣张跋扈、狐假虎威，却怎么也想不到嫪毐会造反，而且会选择这样的时机。一时间，台下议论纷纷，有一个人例外，这人就是吕不韦。

对于嫪毐造反，吕不韦早已料到，而且他知道嫪毐的一举一动都逃不脱李斯的掌控，所以也料到了嫪毐失败的结局。

太后听清秦王的话后，顿时如五雷轰顶，浑身颤抖不止。之前嫪毐多次逼迫她接受推翻秦王的阴谋，她犹豫不决，多次敷衍了事，没想到如今嫪毐竟真的造反了，这可让她如何是好？若嫪毐造反成功，儿子嬴政必死无疑；若造反失败，则嫪毐必死无疑，一个是骨肉至亲，一个是共枕之人，无论哪一个她都不愿意失去。况且，她和嫪毐还私育二子，一旦被嬴政知道，恐怕也难逃一劫。

太后是怎么想的，秦王不知道，也不想知道，他现在最紧要的事是安抚台下这些大臣，让他们不要惊慌。他冲众人大声说道："诸君勿忧，嫪毐谋逆早在寡人与客卿预料之中，寡人与客卿也早已做了安排。现城内昌文君、昌平君正全力平叛，城外有蒙武、王翦大将军随时支援，嫪毐必败！"

秦王随即派斥候飞骑赶到咸阳，向昌文君、昌平君传达自己的命令，将士们士气大振，以排山倒海之势向叛军杀过去。叛军不敌，被斩杀数百人，嫪毐见状惊慌失措，急忙逃走，但被前来支援的朝廷大军团团围住。经过一番激烈的厮杀，嫪毐只身逃走，其余叛军悉数落网。秦王对嫪毐痛恨至极，遂传檄天下："生擒嫪毐者赐钱百万，杀死嫪毐者赐钱五十万！"不久，嫪毐被捉拿归案，送往秦都咸阳。

可以说，嫪毐注定要走到这一步。此前秦王成功平定成蟜叛乱和削弱吕不韦权势，使嫪毐吃惊地发现，现在的嬴政已经有了自己的想法，有了让人看不透的城府，也有了令人不能轻视的实力。在此之前，嫪毐一直将吕不韦视为自己最强劲的对手，然而，经过这一次的权力洗牌，他恍然大悟，自己真正的对手不是吕不韦，而是嬴政、李斯。

仔细想来，吕不韦和他没有什么深仇大恨，反而对他有知遇之恩，吕不韦把他推荐给太后赵姬，他则帮吕不韦摆脱了困境，二人也算是扯平了。同样，李斯也对他有知遇之恩，但现在李斯成了他的头号敌人。而且和吕不韦不同的是，李斯和秦王的关系最为密切，秦王几乎所有的重大决策都出自李斯，所以李斯也最具危险性。秦王看似年轻，但在平叛中表现出超乎想象的沉稳、练达和精明、睿智，这让他感到更加恐惧，而现在，自己成了李斯和秦王清除的对象。

太后赵姬能不能保住他，秦王会不会容下他，又会不会容下他的这两个儿子，这些都很难说。为保全自己，他曾野心勃勃地对赵姬说："王即薨，以子为后。"——嫪毐竟异想天开地希望由他与太后生的儿子继承嬴政的王位。赵姬不置可否，这使嫪毐对靠赵姬保住自己失去了信心，加上吕不韦的突然失势，又让他产生了一种强烈的兔死狐悲之感。

嫪毐自进入王宫，就开始经营自己的势力，广招舍人，并对他们进行训练，经过几年的努力，其手下已经达到了几千人。而且他还在朝中拉帮结派，收买党羽，形成了一股不容小觑的力量，妄图取代秦王。其实，这不过是他一厢情愿罢了，他的一举一动早就在李斯和秦王的掌控之中。李斯何等精明，早就发觉了嫪毐的不轨之心，在征得秦王的同意后，他派出大量心腹，利用嫪毐招募舍人的机会，混入嫪毐府中，这些心腹将搜集到的情报源源不断地传入宫中。所以，嫪毐在想办法对抗秦王的同时，也将自己逼进了一条死胡同。

这天吃过午饭，李斯来到咸阳狱，命狱卒打开死牢，他走进去，借着昏暗的光线，看到在铺着稻草的地面上躺着一个人，正是嫪毐。他遍体鳞伤，蓬头垢面，目光灰暗，精神萎靡，全然没有了往日的意气风发、嚣张跋扈。看着眼前的情景，李斯不免生出许多怜悯之情，几年前那个单纯少年的影子又浮现在他的脑海中，如果不是因为贪欲，嫪毐或许还是那个少年，何至于落到如此地步。

嫪毐看到李斯，如同抓住了一根救命稻草，他挣扎着爬起来，双手抱住李斯的腿，苦苦哀求道："先生对嫪毐有再造之恩，万不可撇下嫪毐不管不问。若救嫪毐出狱，嫪毐当为犬马相报！"

李斯脸上现出一丝无奈的笑容，摇摇头说："早知今日，何必当初，谋逆之罪，不可饶恕，纵使太后也无能为力！"

嫪毐心中最后一丝希望破灭了，他无力地松开李斯的双腿，颓然瘫倒在地上。直到这时他才明白，自从进入后宫的那一天起，他其实已经踏上了死亡的道路。他忽然又想起了太后，多年的感情，为何她不为自己求情，甚至连一次探视也没有？他不甘心，又问道："太后呢？嫪毐要见太后，恳请先生转达。"

李斯冷冷地说："李斯前来，正是奉陛下之命告知于你，你和太后之事已败露，陛下已命人摔死二子，囚禁太后。"

"啊！"听说两个儿子被摔死，嫪毐顿感五脏俱裂，惊叫一声，几乎昏死过去。良久，他渐渐清醒过来，声音虚弱地问道："先生此来，就是为了告诉嫪毐这些？"

"非也。陛下知你净身为假，特命李斯前来，为你再次净身。"

李斯说着，朝身后一挥手，两名狱卒走进来，不容分说地将嫪毐从地上拉起来架着就走。嫪毐吓得昏死过去，他被拖进一间特别的房间，按倒在冰冷的刑台之上。一阵剧烈的疼痛袭来，他突然发出一声声嘶力竭的号叫："啊——"

几天以后，嫪毐伤未痊愈，又被拉到集市上，在李斯的监督下被执行车裂之刑，同时株连三族。凡参与此次叛乱的，无论官职大小，全部被杀头，多达数千人，因此案受牵连而被流放发配者更是不计其数。

第五节　吕氏落幕

傍晚，吕不韦站在相府的院子里，看着将落的夕阳，心中感到无比凄凉。他想到近几年朝中发生的诸多大事，蒙骜战死沙场、夏太后临死托孤、成蟜叛逃赵国、嫪毐车裂于市、赵姬幽居深宫……一种莫名的伤感油然而生。特别是嫪毐之死和赵姬被幽禁对他的心理产生了很大冲击。嫪毐和他同是大秦的朝臣，而且都位高权重，又同被秦王视为威胁，嫪毐已死，谁也不敢保证他不是秦王的下一个目标；赵姬之事，又使他暗自庆幸，若当日沉溺于与赵姬的关系，或许今日被车裂的就不是嫪毐而是自己。

从赵姬他又想到了自己这十多年的辉煌，自从辅助异人上位，他便开始主宰大秦，新王继位后，他更是尽心尽力，丝毫不敢懈怠。少年时期的嬴政，没有执政能力，完全依赖吕不韦，这一时期，他和嬴政的关系十分融洽，形同父子。随着年龄的增长，嬴政渐渐积累了丰富的执政经验，对于权力的欲望也更加强烈，这时的吕不韦开始成为他前进道路上的障碍，尤其是一度闹得沸沸扬扬的关于嬴政身世的传言，让嬴政无法承受。从那时开始，吕不韦的政治生涯就如同这夕阳，即将落下帷幕。

现在看到嫪毐和太后的结局，吕不韦更加清楚，自己人生的辉煌已经到了尽头，是该功成身退的时候了。仔细想来，他由一个地位卑微的商人，成为叱咤风云的秦国相邦，人生能走到这一步，也该心满意足了。想到这里，他本来郁闷的心情突然变得明朗起来，决定明天早朝时便向秦王递上辞呈，告老还乡。

就在这时，一个侍从快步走过来，禀报说客卿李斯求见，要传达秦王旨意。

吕不韦心想：秦王这时候派李斯来传什么旨？是好事还是坏事？无论好事坏事，自己都必须面对。他快步走出府门，看见李斯还坐在马车上，身穿朝服，表情冷漠，车子后面跟着一众随从。从李斯正襟危坐、不苟言笑的表现，让吕不韦意识到这次李斯给自己带来的十有八九是坏消息。

果然，李斯下了车，手捧竹简，向吕不韦高声传达秦王的圣旨："经查，吕不韦身为相邦，居功自傲，僭权越位，勾结叛贼嫪毐，图谋不轨，依律当斩。但寡人念及旧恩，赦免死罪，罢免相邦之职，逐回河南封地，即刻启程，不得延误。"

因为已经有了心理准备，吕不韦对于秦王的旨意并没有感到太大的意外，也说不上悲喜欢愁，心情反而异常平静，甚至感到浑身轻松。他知道，秦王说自己参与嫪毐叛乱不过是莫须有的罪名，真正的原因是自己妨碍了秦王行使王权，幸运的是他只是被罢官，性命无忧，富贵仍在。他双手接过竹简，跪地谢恩。送别李斯后，他转身回到府中，召集所有仆从，开始收拾行装，准备上路。

整个相府一夜无眠，于次日凌晨终于收拾好了所有的行囊。吕不韦正要上路，一阵沉闷的钲鼓之声传进他的耳朵，那是早朝的鼓声。听着这熟悉的声音，他心中禁不住五味杂陈，就在昨天，他还身穿朝服，伴随着这鼓声率领文武百官步入大殿，而今却只能在这鼓声中离开。过去文武百官对他极尽逢迎巴结，此刻却连一个为他送行的人影都看不到，这不由得让他感叹世态炎凉。他想去朝堂上跟秦王道个别，又害怕秦王不待见自己，遂放弃了。他转身上了马车，向城门口走去。

日上三竿时分，秦王下了早朝，在李斯的陪同下来到咸阳城东门，登上城门楼，向东遥望，依稀可以看到一支庞大的队伍正缓慢向东行走，他的脑子里不由自主地又浮现出吕不韦的身影。

吕不韦，一个让他又爱又恨的人，让他感激又让他蒙羞的人，一个成功逆袭又以悲剧落幕的传奇人物，就这样默默地离开了，他心中忽然生出些许不舍来。可以说，没有吕不韦，就没有他的今天，可吕不韦的狂妄和跋扈又让他无法接受，尤其是与赵姬的绯闻，更让他无法面对。想到这里，他心中对吕不韦的那点不舍又突然转变为强烈的愤怒和仇恨。他在心中暗暗说道："吕不韦，我一定要除掉你！"

李斯立于秦王身边，心中同样充满了复杂的情绪。他想到自己初来咸阳时，流落街头，幸得吕不韦收留，又被推荐担任郎官，才有今日的成就，因此，吕不韦算是他的恩人。可是，他非但没有报恩，还帮助秦王设计剥夺他的相位，将他赶出京城，这算不算恩将仇报？

"不韦与先生相识以来，即成为知己。先生应当知道，不韦也曾经为外客翘楚，如众星捧月，意气风发，明日我将去，如夕阳落山。先生既为外客之首，当牢记身份，时刻提防王室及朝臣之算计。"这一番话，是昨天夜晚李斯去探访吕不韦时，吕不韦对他的劝告，现在想起来，他心中不由产生了一种强烈的愧疚之感。然而，这本来就是一个弱肉强食的世界，激烈的竞争让他无暇顾及恩情，自己从一个小小仓吏一路走来，又有谁可怜过自己呢？所以那一丝愧疚在他心中一闪而过，旋即又消失了。

吕不韦的政治生涯惨淡落幕了，但他的悲剧并没有停止。秦王认为，吕不韦虽然走了，但他的影子还阴魂不散地存在于朝中，他的那些党羽依然对他念念不忘，严重威胁着王朝的安全。对于吕不韦的离开，他们有的不满，有的忙于自保，有的希望分到更多的权力，对朝廷阳奉阴违，拉帮结派，甚至和他国势力勾结。

为了彻底铲除吕不韦的残余势力，秦王又一次找到李斯，问道："吕氏遗患一日不除，朝纲一日不宁，以客卿之见，如何除之？"

李斯闭目沉思片刻，说道："此事不难，陛下只需修书一封，送与吕不韦，对其进行羞辱，吕不韦定不堪承受而自绝，其党羽将不攻自破，吕氏遗患可除。"

秦王认为李斯这个主意不错，于是提笔写下："君何功于秦？秦封君河南，食十万户；君何亲于秦，号称仲父？其与家属徙处蜀。"大意为，你对秦国有什么功劳，能安享封地；你又和我大秦有何关系，敢称仲父？举家搬迁到遥远偏僻的蜀地去吧。

果然，吕不韦看信后，自知秦王难容自己存活于世，感到羞愤难当，于是当场服毒自尽，一代相邦就此落幕。

第八章

谏止逐客令

第一节　山雨欲来

　　这年，咸阳的冬天较往年更加寒冷。李斯站在庭院中，感受着阵阵刺骨的寒气，心中不由得生出淡淡的伤感来。他想到秦国自穆公以来，以百里奚、商鞅、张仪、范雎、蔡泽、吕不韦等为代表的大量外客涌入秦国，撑起了秦国的半壁江山，主宰着秦国政坛，引领秦国一步步走向强大，为秦国立下了汗马功劳。然而，这些人大部分不得善终，下场悲惨。现在，他取代这些先人的位置，在秦国政坛上一枝独秀，也成为外客在秦国政坛最具实力的代表，他愿意为秦国的强大付出自己的全部，却又害怕落得和先人们相同的下场。他的担忧并非空穴来风。自从他当上客卿之后，几乎每天都和秦王待在一起，有时为了谋划重大事件，二人几乎彻夜不眠，可这几天秦王突然不再召见他，甚至他的主动求见也被拒绝，这太不正常了。

李斯正在沉思中，忽然有人来报，说监狱里有一囚犯，自称是李斯的故人，托人告诉李斯，说想见他一面。李斯紧皱双眉想了好久，怎么也想不出是哪位故人犯法被捕，于是怀着好奇心来到监狱。看到那个囚犯，他忍不住大吃一惊，忙命人打开牢门，关切地问道："郑公，你怎么在这？"

李斯口中的"郑公"不是别人，正是多年前引荐李斯进入相府的郑国。此时的郑国和十年前的郑国简直判若两人，只见他蓬头垢面，衣衫褴褛，赤裸着双脚，脚踝上还套着沉重的镣铐，显然犯的是重罪。郑国看到李斯，灰暗的目光中闪出一丝光芒："先生果然来了，郑国要见先生，非为自己。可惜先生前来狱中，可能会受牵连。"

李斯疑惑道："不过探望故人，何来牵连之说？郑公究竟所犯何事，何至于此？"

郑国慨然长叹道："他国之细作也。"

原来，郑国当初向吕不韦建议修建一处规模宏大的水利工程，沿北山，经过泾阳、三原、高陵、临潼、富平、蒲城，到达洛水，开挖一条河流，总长三百余里，以浇灌沿线的农田，工程完成之后，将对关中的农业发展非常有利。但是，因为工程太大，不但要耗费大量的财力人力，而且时间也需十年之久，因此招来了群臣的反对。当时吕不韦正大权独揽，不容他人分说，坚定地支持郑国的建议，群臣只好保留意见。现在吕不韦死了，开始有人质疑这项工程，纷纷议论这项工程劳民伤财，拖累秦国的经济。恰在此时，秦国安插在韩国朝中的奸细传来消息，证实了郑国是韩国奸细，他是受韩王派遣，假借修建水利工程的名义拖住秦国的发展脚步，使秦国无法侵袭别国。

李斯听了郑国的叙述，又不由得吃了一惊，他做梦也没想到郑国竟然是韩国派来的奸细。按照当时的法律，郑国必死无疑，可他对自己有推荐之恩，自己又怎么能眼睁睁地看着他去死呢？想到这里，李斯安慰道："郑公勿忧，李斯明日即面见陛下，晓以利害，想必陛下会放过郑公。"

郑国深受感动，说道："得遇先生，乃郑国之福，郑国今日见先生，正是要告诉先生，当年引荐之事，勿谢郑国，当谢韩公子！"

李斯愣了一下，问道："哪个韩公子？"

郑国说："除了韩非，还有别的韩公子吗？"

"郑公认识韩公子？"李斯颇为诧异。

郑国道："相识久矣。若不是受韩公子所托，郑国怎会认识先生，又怎会带先生进入相府？还有，郑国不过一水工而已，何来大把金钱赠送先生，钱都是韩公子给的。"

李斯一听顿时目瞪口呆，这些年他心里始终藏着一个疑问，就是当时素不相识的郑国为何会主动帮助自己脱离困境，现在这个疑问终于解开了，继而他又想到了自己的家人，问道："如此说来，李斯在接妻儿来秦国之前，每年都有人给家中送钱，也是韩兄所为？"

"正是。"郑国点头道，"韩公子身为韩国贵胄，所见名人雅士不在少数，唯独对先生念念不忘，认为先生乃旷世奇才，若不得志，亦为韩公子憾事，故托付郑国为先生引荐，又命人照顾先生家人。今先生青云直上，郑国以为，韩公子也会替先生感到高兴。"

李斯想不到韩非竟然对自己有这么大的帮助，如果不是郑国入狱，这个谜底不知什么时候才能揭开。他百感交集，问郑国："不知韩兄现在境况如何？"

郑国脸上现出几分失落之情，说道："韩公子归韩后，虽有诸多主张，想要振兴韩国，无奈受君主猜忌，始终壮志未酬。"

李斯在同情韩非的同时，也庆幸自己当初选择了秦国，但目前不是考虑这些的时候，最重要的是怎样才能救郑国出狱。细作之罪已足够郑国被处以极刑，而今郑国之举迟滞了秦王统一天下的脚步，这更是为秦王所不容的，而且极有可能因此引发秦、韩两国的战争，这打乱了李斯对秦国一统天下的规划，这是李斯不能接受的。他决定亲自去找秦王求情，希望能保下郑国，让秦王不要发动战争。于是他安慰了郑国几句，便起身告辞了。

出了监狱，李斯直奔咸阳宫，很快来到宫门前，他正要往里走，却被守门的侍卫伸手拦住说："王上有令，客卿大人不得入内。"

自从做了客卿，李斯自由出入宫门，从来无人阻拦，而今侍卫竟然拦着不让他进，还是奉了秦王的旨意，这让李斯感到非常奇怪，难道秦王已经提前知道自己是来为郑国说情的？他正疑惑时，忽然看见王绾从宫内走出，忙迎上前去，急切地说："郎中令来得正好，快引我去见陛下，我有要事禀报。"

王绾却出乎意料地摇摇头说："客卿还是请回吧，陛下已经交代过，不会与你相见。"

李斯大惊，追问缘由，王绾执意不说。李斯无奈，只好无功而返。他坐在马车上凝眉沉思起来：秦王到底怎么了？为什么拒绝自己求见？难道自己做错了什么吗？他将这几天、这几个月，甚至这几年所做的事情都过了一遍，始终没想出是哪件事得罪了秦王。他想，或许是秦王对自己产生了误会，等哪天见到秦王，解释清楚就是了。

李斯回到家中，准备给秦王写一份奏章，以尽早解开心中的疑惑。他刚提起笔来，外面忽然传来一阵嘈杂的声音，他忙放下笔走出书房，只见一个仆人气喘吁吁地跑进来，惊慌失措地说："老爷，老爷，秦王派人传旨来了！"

李斯立即联想到上午秦王拒绝见自己的事情，现在又派人传旨，肯定是有大事发生，只是不知道是坏事还是好事。他不敢怠慢，忙跟着下人来到前院，只见一个宫中太监正带领一班随从站在院子中间。他向太监的脸看去，只见那张陌生的面孔冷若冰霜，一种不祥的预感立即笼罩他的心头。

果然，太监冷眼看着跪在面前的李斯，双手展开圣旨，用尖细的声音宣读道："今有韩国细作郑国，深受王恩却加害大秦……非我秦人，其心必异……为保大秦江山永固，寡人诏令，凡六国来秦者，一概驱逐出境，不留一人……"太监宣读完秦王旨意，又带着几分轻蔑和讥讽的意味说："李斯接秦王口谕。念李斯多年为寡人谋划，劳苦功高，特恩准两日时间整理家资离开秦都，两日之后复见于咸阳，莫怪寡人无情。日后不得召见不可私入秦地，如若不然，以细作之罪论处。"

李斯接过圣旨，一下子瘫坐在地。秦王的驱逐令一下，城内兵丁便对外来人口按照登记造册的信息挨家挨户地驱逐，他们必须立即离开咸阳，违令者格杀勿论。相比之下，李斯算幸运的了。秦王派太监通知李斯，并给他留了足够的时间收拾东西，已经对他格外开恩。尽管如此，李斯心中仍然感到无比失落，他想到自己在秦国已有十年，对大秦忠贞不二，帮助秦王设计离间六国、平定成蟜造反、诛杀嫪毐、铲除吕不韦，可谓功劳卓著，却不料换来这样的结果，怎能不让他心寒。可心寒又能怎样，秦王命令已下，李斯只能命人收拾东西上路。

咸阳城外，寒风阵阵，草木凋零，一条宽广的大道向东无尽延伸，道路上人满为患，排成一条望不见首尾的长龙，人们扶老携幼，慢慢地向前走着。被驱逐的外客，所有财产都不能带走，必须徒步而行，还要全程被官兵押解，直至离开秦国国境。李斯这个客卿也不例外。可恶的是，官兵们对这些外客没有丝毫的怜悯，张口就骂，抬手就打，外客在他们面前毫无尊严。

李斯走在回楚国的人群中，心情沮丧到了极点，他怨恨秦王的冷酷，就因为郑国，迁怒于所有外客，心胸如此狭隘，又怎能使天下信服，统一六国也不过是梦幻罢了。李斯转而又想，从辞掉仓吏一职算起，自己已经在外奔波了近二十年，几乎忘记了家乡的模样，这次正好回去置办几亩田地，回归那种恬淡闲散的生活，平平淡淡地度过余生。

一阵强劲的风迎面吹过来，卷着大量的沙尘打在人们脸上。李斯急忙将身子背过去躲避，并紧闭双眼。风沙过后，他睁开眼睛，忽然看到一张熟悉的面孔，不由得叫了出来："张大人，好巧呀！"

这个张大人名叫张苍，与李斯同为楚国人，先于李斯来到秦国，颇有才华，却机遇不佳，所以一直担任地方小吏。他与李斯有些交情，同样没有逃过被驱逐的命运。他听到叫声，停了下来，有些惊讶地说："客卿乃秦王座上贵宾，怎么也被赶了出来？"

"大人到秦国比李斯还早，不是同样难逃被驱逐的下场吗？彼此彼此！"李斯苦笑道。

二人一边走一边说话，张苍带着几分抱怨的口气说："秦王太不近情理了，我等为秦国效力多年，大好年华都留在了咸阳，却仍遭驱逐，实在让人心寒！"

"都怨那个郑国，"一个气呼呼的声音从他们后面传来，"不好好待在韩国，非要跑到秦国来捣乱，连累这么多人。"

李斯和张苍不约而同地扭头看去，原来是自己府中的一位下人，名叫吴公，同样来自楚国。吴公初到秦国时，和李斯境况相似，差点流落街头，幸得李斯收留，方有落脚之地。这次回乡，他与李斯同行，一路上尽心尽力照顾李斯。

"君王之命不可违啊！"张苍说道，"六国互有细作，此为常情，他国都没有迁怒于众，而独秦国这样做，看来大王无法容忍这种行为。"

李斯则持不同意见，说："非大王所不容，实乃韩国之过也，开渠引水，工程浩大，举倾国之力，耗十年光阴，令大王一统天下之大计无从谈起，怎能不雷霆震怒？"

"客卿所言也是，"张苍一脸沮丧地说，"只是可怜了我们这些老臣啊！"

三人沉默良久，张苍满怀希望地看向李斯，试探道："大王对客卿甚为器重，言听计从，你何不劝说大王收回成命？"

李斯凄然笑道："我何尝不想，只是大王不肯召见。"

张苍道："那时大王正在气头上，所以拒见客卿，此时大王怒气或消，客卿现在修书一封，言明利害，也许祸事可免。"

"晚矣！"李斯摇头道，"若在咸阳，或有可能，而今身在半途，即便写下，又有谁能呈于陛下？"

吴公马上接口道："大人若有此意，小人愿意星夜赶回咸阳，代呈陛下。"他忽然又提高声音，冲那些正在赶路的人说道："诸君且慢，我等离楚已久，秦即为家，而今秦王驱逐，回楚后前途未卜，定会无家可归。客卿李斯大人在此，何不恳求大人奏请秦王，收回成命？"

这些被驱逐的人没有一个心甘情愿离秦回楚的，他们听说大名鼎鼎的李斯在这里，全都停下脚步，跪在地上恳求道："我等已无家可归，劳请大人奏请秦王，允许我等客居秦国！"

李斯看着面前跪着的黑压压的一片人，第一次感受到自己在百姓心目中的地位，心中感到无比骄傲。可他明白，就算自己上书，决定权也完全掌握在秦王手中。他又看了一眼一旁的张苍，张苍也正用无比信任的目光看着自己。他受到鼓励，决定挺身而出，替百姓上书请命。

第二节 《谏逐客书》

李斯在秦国经营多年，耗费了太多的心血，统一六国的梦想仍未实现。从内心而言，他十分不愿意离开秦国，回到那个偏僻的楚国上蔡郡。因为一旦离开，他前期所做的一切努力都将化为泡影，理想也将随之破灭，那么他的人生也就完全失去了意义，他又会从"仓鼠"做回"厕鼠"。

为了理想，他决定奋力一搏。他让吴公从包袱里翻出笔墨和竹简，可是，他笔还未提起，又开始犹豫起来：奏折写好，由谁转交到秦王手中呢？吴公勇气固然可嘉，可这里距离皇宫已经很远了，秦王有令，在天黑之前，他们必须离开咸阳，否则格杀勿论。现在已经过了午时，若让吴公在天黑前赶到王宫显然是不可能的。即便能赶到，秦王又怎会愿意见他呢？

就在李斯感到为难和焦虑的时候，远方腾起扬尘，隐约有一支骑兵队伍向这边飞奔而来。他们的速度非常快，一眨眼的工夫便到了李斯前面。李斯立即认出为首一人乃蒙恬，他惊喜异常，冲蒙恬挥着手大声说道："蒙将军，李斯在此！"

蒙恬早已看到了李斯，他不等马站稳，便飞身跳下马来。其他人也都纷纷勒住马，从马背上跳下。蒙恬将马缰交给身边的一个士兵，来到李斯面前，躬身施礼道："先生为何不辞而别？蒙恬特意赶来为先生饯行。"说完，他向身后一摆手，一个士兵走上前来，怀抱一坛酒，手里拿着酒盏。蒙恬接过酒盏，双手拿着，让士兵倒满了酒，恭恭敬敬地递到李斯面前，说道："先生高风亮节，全力辅助大秦，因郑国一事而为秦王所不容。蒙恬无力相助，万分惭愧，今敬先生一盏酒，以表歉意！"

李斯接过蒙恬手里的酒，用试探的口气说道："承蒙将军抬爱，李斯不胜感激！但李斯有一不情之请，望将军转达大王。六国之民来秦已久，今大王强令他们回国，归乡路途迢迢，有老弱病残者，恐命丧于途，有损大王声威。故李斯愿代为请命，望大王怜悯，容他们留下。至于李斯，听天由命。"

李斯这话看似大公无私，其实还是为了他自己。在这浩浩荡荡的流民队伍中，要说谁对秦国的贡献最大，谁最受秦王信任，那非李斯莫数。秦王若能允许这些人留下来，李斯自然也能留下。

蒙恬当然也希望李斯能够留下来，于是他当即表态说："请先生放心，蒙恬当竭力为之。"

从严格意义上来说，蒙恬也不是秦国人，他的祖父蒙骜是齐国人，后来投奔秦国，凭借军功在秦国站稳了脚跟。大概是因为蒙氏把持军权，若轻易驱逐恐生变故，所以在这次驱逐外客的行动中，蒙氏一族得以幸免。蒙恬和秦王年龄相仿，二人还是儿时的玩伴，关系相当不错，所以在秦王面前说得上话，由他转达李斯的意思最合适不过了。

于是，李斯不再犹豫，干了手中的酒，趁着酒兴奋笔疾书，写下了流传千古的《谏逐客书》：

臣闻吏议逐客，窃以为过矣。昔穆公求士，西取由余于戎，东得百里奚于宛，迎蹇叔于宋，来丕豹、公孙支于晋。此五子者，不产于秦，而穆公用之，并国二十，遂霸西戎。孝公用商鞅之法，移风易俗，民以殷盛，国以富强，百姓乐用，诸侯亲服，获楚、魏之师，举地千里，至今治强。惠王用张仪之计，拔三川之地，西并巴蜀，北收上郡，南取汉中，包九夷，制鄢、郢，东据成皋之险，割膏腴之壤，遂散六国之从，使之西面事秦，功施到今。昭王得范雎，废穰侯，逐华阳，强公室，杜私门，蚕食诸侯，使秦成帝业。此四君者，皆以客之功。由此观之，客何负于秦哉！向使四君却客而不内，疏士而不用，是使国无富利之实，而秦无强大之名也。

今陛下致昆山之玉，有随、和之宝，垂明月之珠，服太阿之剑，乘纤离之马，建翠凤之旗，树灵鼍之鼓。此数宝者，秦不生一焉，而陛下说之，何也？必秦国之所生然后可，则是夜光之璧不饰朝廷；犀象之器不为玩好；郑、卫之女不充后宫；而骏马駃骍不实外厩；江南金锡不为用，西蜀丹青不为采。所以饰后宫、充下陈、娱心意、说耳目者，必出于秦然后可；则是宛珠之簪、傅玑之珥、阿缟之衣、锦绣之饰，不进于前，而随俗雅化、佳冶窈窕，赵女不立于侧也。夫击瓮叩缶，弹筝搏髀，而歌呼呜呜快耳者，真秦之声也；郑、卫桑间，韶、虞、武、象者，异国之乐也。今弃击瓮而就郑卫，退弹筝而取韶、虞，若是者何也？快意当前，适观而已矣。今取人则不然，不问可否，不论曲直，非秦者去，为客者逐。然则是所重者，在乎色乐珠玉，而所轻者在乎人民也。此非所以跨海内、制诸侯之术也。

臣闻地广者粟多，国大者人众，兵强则士勇。是以泰山不让土壤，故能成其大。河海不择细流，故能就其深。王者不却众庶，故能明其德。是以地无四方，民无异国，四时充美，鬼神降福，此五帝、三王之所以无敌也。今乃弃黔首以资敌国，却宾客以业诸侯，使天下之士退而不敢西向，裹足不入秦，此所谓"藉寇兵而赍盗粮"者也。

夫物不产于秦，可宝者多；士不产于秦，而愿忠者众。今逐客以资敌国，损民以益仇，内自虚而外树怨于诸侯，求国无危，不可得也。

文中列举了秦国历代先王是如何重用东方六国人才使秦国崛起的，因此，对秦国来说，六国人才非但不会对秦国造成危害，反而会使秦国越来越强大。

文中的辩论非常具有技巧性。开篇就指出了秦王政策的错误："臣闻吏议逐客，窃以为过矣"。然后罗列大量的事实证据，说明外客对秦国做出的贡献，没有六国外客，就没有秦国今天的强大，秦王应该给予六国外客相应的待遇，而不是歧视他们，驱逐他们。

第二段则罗列秦王身边的用品，昆山之玉、随和之宝、太阿之剑、纤离之马，以及旗、鼓等，甚至宫中美女都是从东方六国得来。秦王可以心安理得地享用这些物品，却不问是非曲直驱逐六国之人，这是于理不通的事情。

有了前面两段的铺陈，第三段成为全文的重点，劝谏秦王改变自己的想法。为了更好地说服秦王，李斯从国家安全的战略高度出发，说明驱逐六国之人可能给秦国带来的危害，"今乃弃黔首以资敌国，却宾客以业诸侯，使天下之士退而不敢西向，裹足不入秦，此所谓'借寇兵而赍盗粮'者也"。

文章思路清晰，铺陈论断有条不紊，将是非曲直讲得很清楚，让秦王认识到了自己的错误。

另外，在这篇《谏逐客书》中，李斯还很好地运用了心理学，通篇都是站在秦王的角度看问题，对驱逐客卿的利害进行分析，而没有附带一点个人情绪。如果李斯只是一味地向秦王哀求哭诉，只会引起秦王的反感。以秦王冷酷无情的性格，可能适得其反。

李斯将写好的《谏逐客书》交给蒙恬，由蒙恬转交秦王。看着蒙恬等人远去的身影，他心中久久不能平静。他已经尽了最大的努力，现在只能耐心等待，但愿秦王看到书信后，能够回心转意，收回成命。此时此刻，所有人都和李斯一样焦急、忐忑不安。

在没有接到新的命令之前，那些负责押解的士兵也不敢轻举妄动，都害怕万一秦王撤回命令，李斯等人重新得势，自己得罪不起。所以，他们选择了原地待命。

风还在呼呼地刮着，乌云越来越低垂，空中开始飘起零星的雪花，天气更加寒冷了。人们被冻得瑟瑟发抖，望得脖子发酸，站得两腿发软，眼看着天色越来越暗，却仍然不见蒙恬出现。很多人开始灰心丧气起来，一边议论着一边转身要走。

"快看，回来了！"突然有人惊喜地叫道。那些已经转过身的人纷纷回过头来，果然看到远处出现了一支骑兵队伍，正是蒙恬等人。蒙恬一马当先，到了人群面前便飞身下马，面带喜悦地向李斯快步走来。从蒙恬的表情，人们已经看到了结果，都欢欣鼓舞，纷纷向李斯投来感激的目光。

蒙恬一边走一边从怀中掏出一块令牌，对那些负责押解的士兵大声说道："大王诏令，召客卿李斯大人即刻返回宫中觐见！"

李斯一听非常高兴，知道这场祸事会就此终结，他激动地说："承蒙陛下厚爱，李斯等万分感激，定当竭尽全力以报大王！"随后他又对众人道："我等被允许留居咸阳，当谢秦王恩德无量！"

"谢秦王，谢客卿大人！"众人一边说着，一边就要往回走。

"慢着，"蒙恬出乎意料地制止大家说，"大王只召见客卿大人一人，其余人等原地待命！"

大家听了这话，无不感到失望，唉声叹气不止。有不甘心者再次将期待的目光转向李斯，并双膝下跪，恳求道："客卿大人务必在秦王面前替我等求情，我等终生不忘李大人之恩。"这一举动又引来其他人的效仿，所有人都冲李斯跪拜，请求李斯代为说情。

李斯心中感到一阵强烈的震动，这些人和自己一样，怀着美好的梦想，不远千里来到秦国，在此安身立命，而今却被无情地驱逐，所有的努力都付诸东流，所有在秦国积攒下来的财产都被没收，他们心中是多么悲伤啊！而他只身返回咸阳，他们的心中又是怎样的感受呢？想到这里，他横下一条心，大声说道："诸位请放心，李斯这就去面见秦王，一定说服秦王，让诸位返秦。"说完，他随同蒙恬走出人群，骑上马，向咸阳飞驰而去。

第三节　峰回路转

李斯和蒙恬快马加鞭，途中不敢逗留，终于在黄昏时分进入咸阳，来到王宫门口。看着宫门上方的"咸阳宫"三个大字，李斯的心情十分复杂。几天之前，这道门是他每天都要出入的地方，宫中的每一块砖、每一根柱子，他都无比熟悉，如今再次站在这道门前，一切都是熟悉的样子，他的感受却和以前大不相同，甚至有种恍若隔世的陌生感。

李斯正要走进宫门，郎中令王绾快步从里面走出来，表情也和昨日大不相同，老远就笑着对李斯说："客卿大人一路辛苦，陛下正在麒麟殿等候，请大人进去说话。"

王绾身为郎中令，负责王宫的安全，每天陪伴在秦王左右，消息自然十分灵通。从他对李斯的态度，并依旧称呼李斯为客卿大人来看，《谏逐客书》肯定起到了作用，秦王的态度有所转变。

李斯忐忑不安的心终于放下了一些，随同王绾来到麒麟殿。秦王正端坐在御案前，审阅一堆奏折。李斯趋步上前，跪伏在地，叩首道："罪臣李斯获大王隆恩，今生得以再见大王，虽死无憾！"

秦王亲自将李斯扶起来，让他在一旁的蒲团上坐下，和颜悦色地说："先生的奏折寡人已阅，句句发自肺腑，寡人深受感动。但先生当知，逐客之诏令虽出自寡人之手，但并非寡人本意，乃廷议也。"

李斯料到秦王会以这种借口推卸责任，并在回来的路上从蒙恬口中得知这次逐客的主谋为昌文君和昌平君，于是他主动替秦王开脱责任道："臣都听说了，事出有因，大王为大秦深谋远虑，责不在大王。"一句话十分巧妙地化解了秦王的尴尬。接着他话锋一转，说道："逐六国之客，得利者宗室及六国也，而六国不能谋划，故在宗室也。"这句话更是直接将责任转嫁到了宗室的头上。

李斯说话间，秦王发现李斯苍老了许多，双目发红，满面灰尘，精神也有些萎靡。人非草木，他想到李斯自入朝做官以来，为秦国做了不少事，尤其是做了客卿之后，自己的决策几乎都出自李斯，他心中不免生出一丝愧疚。其实，在下达逐客令之前，秦王确实考虑过给予李斯特殊照顾，让他留下来，但遭到以昌文君、昌平君为代表的宗室的强烈反对。他几经犹豫，为了维持秦国的律例和大秦宗室的稳定，还是选择了妥协。现在好了，李斯又回来了，他们又可以聚在一起谋划统一大业了。

"爱卿的奏折，寡人仔细阅览，受益匪浅。爱卿在奏折中说'王者不却众庶，故能明其德。是以地无四方，民无异国，四时充美，鬼神降福，此五帝三王之所以无敌也'。还有最后一句'今逐客以资敌国，损民以益仇，内自虚而外树怨于诸侯，求国无危，不可得也'。寡人以为，爱卿言之未尽，可否当面赐教？"秦王也适时转移话题，直言问起《谏逐客书》。

李斯想到成蟜叛乱时，以昌平君、昌文君为代表的宗室贵族曾参与其中，秦王为此十分震怒，在平定叛乱之后，欲将他们治罪，还是自己出面劝说秦王，不但保住了他们的性命，还给他们加官晋爵。如今，他们借郑国一案怂恿秦王下达逐客令，企图消灭自己这股势力，实乃忘恩负义。于是，李斯咬了咬牙，说道："微臣斗胆为外客进言。他们和微臣一样，效忠大秦，为强大秦国出力流汗，毫无怨言，且期盼能继续为秦效力。宗室之人却想将我等尽数除去，居心叵测。"

秦王点头道："寡人也知道，外客中不乏如爱卿之人，然郑国之事，的确害我大秦匪浅，宗室此举，乃为大秦着想。"

李斯条分缕析道："大王，宗室非全为大秦，而多怀私心。驱逐外客，危害有三。

"其一，宗室乃贵族，外客多为庶民，宗室与外客同为朝臣，外客官阶高于宗室，宗室以为屈辱，故驱之而后快。而今陛下厚宗室而驱逐外客，天下不服，六国之贤才再无敢入秦者。

"其二，宗室因与大王血脉相连，故视社稷为王室财物，而外客却视其为天下共有。私有之物共用，此宗室之大忌也，必欲独享，然非出自大王本意也。大王志在一统天下，当视社稷为天下共有，非宗室私有也，此为王道。大王当效仿贤君，视地无四方，民无异国，四时充美，鬼神降福。若大王如此，则可以天下无敌也。

"其三，宗室因为出生于秦，故视自己为主人，视外客为外人，所以高高在上，对外客颐指气使，召之即来，挥之即去，然非大王之意也。长此以往，恕微臣斗胆直言，秦恐将危矣，大王也将危矣。外客被逐，各回母国，心中必怨恨秦国，为他国所用，欲与大秦为敌。一旦六国强盛，大秦则危。而外客去后，宗室取代其位，凡有事，大王须与宗室商议，乃大王倚重宗室，非宗室倚重大王，宗室欲夺权，大王势孤，无力阻挡，所以危也。如此，国内虚弱，又树敌于诸侯，秦国如何能不危？"

李斯这番话合情合理，逻辑严密，可谓滴水不漏，听得秦王心服口服。当初成蟜叛乱，宗室势力开始崛起，秦王考虑到当时的局势，为了对抗嫪毐和吕不韦，在李斯的建议下仍让宗室掌管大权。而嫪毐和吕不韦先后倒台之后，朝中再也没有力量能与宗室相抗衡，秦王已经感觉到宗室力量一家独大的威胁，所以颇为担忧。他对李斯的话深以为然，但又不愿意明确表态，只是沉默不语。

李斯知道秦王已经被自己说动了心，既然自己已经与宗室为敌了，不如再添一把火，趁机压制宗室的势力。他沉思片刻，又说："大王有所不知，宗室与外客，虽同为朝臣，但目的迥然不同。"

秦王不明白李斯此话的意思，忙说："爱卿不妨直言。"

"宗室与大王一脉相承，这是上天注定的，非人力而为。即便大王不是秦王，宗室仍然是宗室。因此，宗室效忠的是赢姓，并非大王。大王对宗室的赏赐，他们并不认为是赏赐，而认为是应得之物。而他们又自恃宗室血统，为所欲为，蛮横跋扈，不把律法放在眼里。大王选拔有能力者为官员，而宗室之人，即使资质平平、不学无术，仍可世代为官；大王按功劳赏赐，宗室无功而求赏，人心不服。外客投奔大秦，是为了效忠大王，对大王唯命是从。大王赏赐他们，他们乐于接受；大王惩罚他们，他们不敢违命。反观大王与宗室，亲之则骄纵，远之则生怨。因此，宗室与外客，为臣之道截然不同，侍奉大王之心也大不相同。"

李斯的话，使秦王不由得想起了近段时间以来，宗室在他面前的傲慢，他们仗着年长，说话总是以教训的口吻，从来不把他当作秦王看待。所以，在宗室面前，他根本体会不到王者的尊严。李斯所言，直接击中了秦王的要害。

李斯说完了要说的话，等待着秦王的反应。然而，秦王却不说话，只是闭目沉思，李斯心中十分不安，不知道迎接自己的是福还是祸。

过了好一阵子，秦王终于睁开双眼，语气平和地说："逐客之令虽出自宗室，却是寡人定夺的。宗室虽有过，但亦有功在先，寡人不宜责之。寡人意已决，收回成命，外客可以留在秦国，为民者归还其财物，为官者官复原职，爱卿亦如此。"

李斯知道，秦王能够做到这一步，已经给了自己莫大的面子，如果自己再追究下去，把那些宗室大臣惹急了，自己恐怕也要吃不了兜着走。不过，今天他和宗室的恩怨算是结下了，宗室知道他今天所说的话后，必然不会善罢甘休。于是，他又站起身来，冲秦王下跪说道："陛下圣明，微臣替被驱逐的外客谢陛下隆恩，但臣恳请陛下准臣辞官，臣愿做一平民。"

秦王本来以为让李斯官复原职，李斯会很高兴，但没想到他会说这样的话，于是问道："爱卿何出此言？"

李斯道："宗室若知道是臣劝说大王召回外客，必然对臣不满，心中愤恨可能迁怒于大王。臣请辞客卿，可以证明臣并无私心，全是为社稷考虑，或可使宗室怒气有所消减，也可避免大王因臣之事受宗室之扰。臣离去，对大王有百利而无一害，所以恳请大王恩准。"李斯这番话，听起来完全是在替秦王、替秦国着想，没有丝毫的私心。他以为秦王听了一定会很感动，一定会挽留他。

然而，秦王却表现得非常平静，他冷冷地问道："爱卿去意已决？"

李斯骑虎难下，只好硬着头皮说："回大王，臣去意已决。"

秦王又问："依爱卿之见，由谁接替客卿一职最好？"

李斯心中不免有些酸楚，他假装沉思片刻，回答说："大王，微臣以为，客卿一职既辞，就无须再设。一个'客'字，显示出身份有别，是对六国之才的歧视。外客不远千里事秦，必然对秦忠心耿耿，大王当一视同仁，这样才能使外客心安，更忠于秦。故臣恳请大王，自臣之后，再莫称外客，皆为秦人也。"

秦王听了深受感动，说道："爱卿高瞻远瞩，令寡人叹服。"他当即吩咐内侍，宣尚书令入殿拟写两份诏书，其中一份按照李斯的建议，召回所有被驱逐的外客，并从即日起撤销"外客"这一称呼；另一份诏令拟好后，当庭宣读："今楚人李斯，入秦已近十年，一心效忠大秦，为寡人屡出奇策，功劳卓著；忠勇聪慧，直言劝谏，为臣典范；中流砥柱，力挽狂澜。今坚辞客卿，寡人甚感念，准其请辞，赏以锦缎。"

李斯跪伏于地，听着内侍宣读诏书，心中产生了巨大的失落感。秦王金口玉言，诏令一下，他就再也没有担任客卿的可能，秦王也没有为他安排新职务。他在心里感叹秦王的绝情。

内侍将竹简合上，见李斯依然跪在那里一动不动，遂提醒道："李斯，还不谢恩！"

李斯如梦初醒，慌忙说道："谢陛下隆恩！"

秦王看了李斯一眼，又转向尚书令道："再替寡人拟诏书一份——今有六国虎视大秦，统一大业未成，寡人求贤若渴，李斯有匡扶天下之智，足可安邦定国，今辞去客卿一职，寡人委其以廷尉之职，为我大秦再立不世之功。"

廷尉一职掌管刑狱，是当时司法部门的最高长官。秦国一向宣扬以律法治国，所以廷尉这一官职也就格外显赫。李斯失去了客卿一职，却得到了廷尉一职，实权大大增加，这对以争名逐利为人生信条的李斯来说，是天大的喜讯。这或许是他写《谏逐客书》最大的收获。不过，他还有一桩心愿未了，那就是几天前对郑国许下的诺言，要救他出狱。他抑制住内心的狂喜，向秦王谢恩后问道："陛下，臣斗胆问一句，郑国现在何处？"

秦王气愤地说："郑国乃韩国细作，居心叵测，使我劳民伤财，其罪当斩。寡人已下令，十日后行刑。爱卿问起郑国，不知何意？"

李斯小心翼翼地说："郑国之事，臣也略知一二。他身为细作，固然可恨，但他为关中开挖水渠之事已耗费十年心力，大秦也已投入大量人力物力，水渠开成，将造福一方。若斩之，兴修水利之事将半途而废。郑国之位无人可替，请陛下法外开恩，允许郑国完成未了之事，让他戴罪立功。"

秦王见李斯为郑国讲情，心生不悦，说道："郑国一案，皆由宗室审理，已经结案，无可挑剔。今寡人准许爱卿的请求，收回逐客令，已经让宗室不悦，若再赦免郑国，恐使宗室颜面尽失，故不允也。"未等李斯答话，他又说，"爱卿劳累了一天，该休息了，郑国之事到此为止，莫再提起，寡人也要回宫了。"说完便起身走了。

李斯看着秦王离去的背影，心中百感交集。短短一天时间，他经历了两次大起大落，先是遭遇驱逐，而后被召回，又被撤去客卿的职位，突然被任命为廷尉。真乃峰回路转，柳暗花明！他决定马上回家庆祝一番。

李斯凭一己之力说服秦王，挽救了无数被驱逐的人的命运，他也因此赢得了外客们的一致赞扬和支持。次日，当他以廷尉的身份出现在朝堂时，更是引来朝臣们嫉妒的目光。那些极力主张驱逐外客的宗室贵族也对他怀恨在心。

在朝堂上，当着满朝文武大臣的面，秦王对李斯说："郑国可恶，以开渠为名耗费我大秦人力物力，使我府库亏空，无力东进。此人虽下狱，同谋者却还逍遥法外，今爱卿既为廷尉，当速审理此案。"就这样，审理郑国之案成了李斯上任后接手的第一桩案件，同时也为他营救郑国创造了良好的契机。

第四节　巧救郑国

　　如果说逐客风波是李斯和宗室贵族之间的一场较量，那么在这场较量中，李斯可以说是完胜。按说李斯应该见好就收，没必要为了郑国与宗室们闹到水火不相容的地步，但他有他的打算，如果能成功营救郑国，那对宗室无疑又是一次巨大的打击，同时也能报当年郑国的恩情。另外，从长远来说，郑国平安无事对秦国也是有百利而无一害的好事。所以，尽管希望渺茫，他还是要尽力一试。

　　秦王高瞻远瞩，不可能不知道河渠开挖成功之后，会将八百里贫瘠的秦川变成沃土，不但能解决老百姓的口粮问题，还可以为秦国储备大量的战争物资，为接下来征讨六国提供后勤保障。可为了安抚秦国的宗室贵族，他不得不妥协。况且，按照当时的律法，郑国身为间谍，其罪当斩，宗室们的要求是正当合法的。即便是秦王，也找不到释放郑国的合乎情理的理由。

　　为了营救郑国，李斯努力地回忆着自己和秦王谈话时的情景，想要从细节中找出他对郑国一案的态度：秦王是希望自己追查下去，还是希望尽快结案？如果追查下去，牵涉面越来越广，会不会惹怒秦王？

　　李斯分析认为，审理郑国一案，一定不能让秦王牵涉其中，还必须让秦王置身事外，否则自己也不会有好下场。宗室们是打着律法的旗号抓郑国入狱的，自己也必须以律法的名义实施营救计划。如果能从法律条款中找到释放郑国的依据，宗室们即使反对也没有用。

李斯又一次来到监狱。郑国已经听说了李斯因受自己牵连而遭驱逐的事情，所以也不再抱任何希望了。他看到李斯进来，有些意外，反应却很平淡，问道："听闻先生因受郑某牵连而被驱逐，怎么又回来了？"

李斯并没有透露自己的身份，只是简单地说："秦王收回了成命，外客皆返回。"

"如此甚好！"郑国脸上露出欣慰的表情，又问，"郑国之死罪何日执行？"

李斯安慰道："郑兄勿忧！郑兄之恩，李斯尚未还报，今李斯升任大秦廷尉，得遇时机，当竭尽全力，保郑兄平安无事。"

郑国面露凄然的笑容，摇摇头说："先生果然如韩公子所料，必成大器，在下恭贺先生高升。只是郑国所犯死罪，断无生还可能，先生何必大费周折救我？先生能到监狱探望，郑国已经感激不尽。先生还是不要再掺和此事，以免受到牵连。"

李斯笑道："事在人为，郑兄只管耐心等待，李斯自有办法。郑兄现在需要做的，是继续思索如何尽快完成开渠大业。"

直到这时，郑国才开始相信起李斯的话来，他挣扎着爬起来，冲李斯磕头道："若真能如此，先生救命之恩，郑国没齿不忘！"

探望郑国回来后，李斯立即找来蒙恬，商讨营救郑国的计划。经过逐客事件之后，蒙恬对李斯更加崇拜，二人的关系也更加密切。他听说李斯想救郑国出狱，当即表示赞成，并和李斯一块将与秦国律例有关的书籍搬了出来。成捆成捆的竹简堆满了几间屋子，他们花费了十几天的时间，废寝忘食，将这些律例仔细阅读了一遍，但都没有找到一条有利于郑国的规定。李斯大失所望，他打发走蒙恬，一个人在屋子里来回踱步，看来通过法律途径营救郑国已经行不通了，只能另作打算。

此时已是夜深人静，他推开门走出屋子，明月当空，皎洁的月光洒在院子里，泛着几许清冷。一阵风吹来，让他感到一阵强烈的寒意。已是深秋时节，天气是越来越冷了。他苦苦地思索，始终找不到一个好的办法。

"喔喔——"一声悠扬的鸡啼突然打破了夜的寂静，似乎在提醒李斯，夜很深了，该休息了。

李斯确实困了，为了这个案子，他已经连续几天没有好好休息了。他转身回到屋里，正要和衣躺下，脑中突然灵光一闪，一个营救郑国的计划突然冒了出来。

这天下了早朝，李斯又一次来到监狱看望郑国。郑国一见李斯，便迫不及待地问自己的事有无转机。

李斯说："郑兄之案，牵一发而动全身，心急不得。"

郑国的目光马上灰暗下来，沮丧地说："事情断难有转机，郑国将死，先生不必枉费心机。"

李斯忙宽慰他道："郑兄勿忧，李斯既然说过，必当竭尽全力。不瞒郑兄，近日我翻遍大秦律例，希望能找到有助于免除郑兄死刑的条款，改为肉刑，可是李斯没能找到有利于郑兄的条款，反而找到了几条不利于郑兄的条款。"

郑国听了苦笑着摇摇头说："先生的一番好意，郑国心领了，郑国一个将死之人，就不劳先生费心了。"

李斯道："郑兄莫要灰心，李斯此番前来，正是想与郑兄讨论如何化不利为有利。"

郑国不解道："先生此话怎讲？"

李斯解释说："郑兄已被宗室判为枭首，全家流放蜀地。李斯若提出重新审理，郑兄之罪可能加重，诛灭三族……"

郑国听到这里，十分惊骇，忙打断李斯的话，愤怒地质问道："先生此言何意？郑国死便死了，为何还要加害我的家人族人？"

"郑兄莫急，且听李斯把话说完。"李斯不慌不忙，继续说道，"此案由宗室审理，李斯若直接提出减刑或重审，必然遭到宗室的强烈反对，我们不如反其道而行之，提出加重罪行，必然得到宗室的支持。一旦重审，按照大秦律例，则须召集杂治①。到那时，须由陛下主持审理，李斯自有办法减免郑兄的罪责。"

郑国见李斯神态坚定，目光中充满了自信，似乎对事情有十足的把握，或许是受到李斯的鼓舞，郑国求生的欲望更加强烈，他正要答应李斯，忽然又犹豫起来：这事若成功倒也罢了，一旦失败，不但自己不能活命，还要搭上三族的性命，这个赌注实在太大了。自己死就死了，不想牵连那么多无辜的亲人。他思来想去，决定拒绝李斯的好意，说道："郑国死得其所，已无偷生之意，唯求能放过家人。"

---

① 杂治：会审。古代审案的一种方式，多方参与，共同审理。

李斯看出了郑国的顾虑，再次劝道："郑兄放心，只要能召集杂治，李斯便可以保郑兄性命无虞。"说完，他从怀中取出已经写好的乞鞫 ①，让郑国签名。郑国本来不想签，但在李斯的劝说下，他抖着手在乞鞫上写下了自己的名字。

按照当时秦国的制度，廷尉的主要职责有两个：一是审理朝廷交办的案件；二是审理地方官府移送上来的重大案件。通常情况下，地方的案件都由当地官府负责审理，移送到朝廷的少之又少，除非特别重大的案件。一般来说，秦王掌管的都是军国大事，很少经手案件。遇到特别重大的案件时，秦王才会亲自过问。比如嫪毐一案，当时便越过廷尉，由李斯负责审理、秦王监管。因此，廷尉平时要审理的案件并不多。

秦国将案件分为两种：一种为民间诉讼，称为自诉；一种为官方诉讼，称为公诉。郑国的案件属于后者，由地方官府提起控告。因为事发在咸阳，提告的自然是咸阳的最高行政长官。当时咸阳的最高行政长官是内史，兼管行政和司法，所以郑国一案便由内史具体负责审理。

李斯拿到由郑国签名的乞鞫，接下来就要通过内史这一关，将案件由地方转移到朝廷，这样他才能正式接手。所以，出了监狱之后，他便带着乞鞫乘坐马车直奔内史府。内史得知李斯来意，脸上露出为难之色，吞吞吐吐地说："大人，这……这……这恐怕不合适吧。"

---

① 乞鞫（jū）：犯人对判决不服，提出复审的文件，相当于现在的申诉书。

内史的态度也不难理解。咸阳为都城，各方势力盘根错节，先不说秦王，高官重臣、宗室贵族哪一个他也得罪不起。而郑国一案本来就是宗室们盖棺定论的，秦王也签过生死令，只待两天后押上刑场就完事了，现在半路杀出一个李斯来，要重新审理此案。为了自保，他将责任推到宗室身上，说道："大人恕罪，下官确实为难，此案须由……"内史故意将话说了一半。

李斯一眼就看出了内史的顾虑，说道："内史大人勿要多虑，只管转交上来，本廷尉依国法审理，他人无权过问。"

内史见李斯态度强硬，以为郑国的案子出了差错，心中不由得慌乱起来："廷尉之意，郑国之案出错了？"

李斯点头道："依大秦律例，郑国当处极刑。"

内史听了这话，心马上放了下来。按照秦国律例，错判案件有三种罪，即失刑、不直和纵囚。所谓失刑，即量刑不当，这种情况对办案人员的处罚较轻，对仕途没有影响。而不直、纵囚则处罚较重。依照李斯的说法，郑国之案属于前者。而且对郑国加重处罚，正合宗室之意，自己不会被怪罪，更不会造成宗室和李斯之间的矛盾。于是，内史不再犹豫，找到郑国的卷宗，交给李斯带走。

出了内史府，李斯又马不停蹄地来到王宫，将郑国的案宗摆在秦王面前，假说量刑过轻，请求杂治。秦王对李斯的目的心知肚明，但他也想看看李斯掌管刑狱后如何烧起这第一把火，于是并未驳斥，当即传下圣旨，召集负责审理此案的宗室大臣商讨具体事项。他首先说明情况："今廷尉李斯，核查律例，知郑国一案量刑过轻，依律当处极刑、诛三族，故请召杂治。"

"什么？杂治？"宗室大臣都以为自己听错了，相互对望着，一时猜不透李斯葫芦里卖的什么药。李斯与郑国有一些私交，这是众所周知的事情，按照常理，郑国犯罪，李斯当尽力为他讲情，而不是落井下石，请求加重处罚。而且，这些宗室大臣们已经准备好了，一旦李斯为郑国求情，便立即以徇私偏袒的罪名弹劾李斯，让李斯一并吃罪。可是，他们怎么也想不到，李斯却反其道而行之，难道是要跟他们抢夺功劳吗？不过即便是杂治，郑国也必死无疑，只是可能会加重量刑罢了。所以，宗室大臣们都没有反对，杂治的提议正式通过。

几天后，杂治正式举行。秦王端坐在麒麟殿上，面前的御案上摆放着关于郑国案的卷宗。在场的除了李斯，还有几十位王公大臣。李斯的目光在这些人的脸上扫视了一遍，心中突然产生了一种物是人非的沧桑感。掐指算来，他到秦国已经十年，自被拜为客卿开始参与廷议起，跟他同朝的高官已经换了好几批，吕不韦时期参与廷议的大都是其心腹大臣；嫪毐掌权后，其门派占据一半以上；现在宗室得势，参与廷议的则以王室之人居多。

李斯又想到了秦王的冷酷决绝，深感自危。现在他要借助审理郑国一案，让满朝文武，更让以昌文君、昌平君为代表的宗室贵族们高看他一眼，以提高自己的威信，让整个大秦帝国都知道他李斯的存在。想到这些，李斯禁不住热血沸腾，他决心要在这次杂治中取得胜利，给那些一向嚣张跋扈的宗室大臣以沉重的打击。

杂治正式开始，郑国戴着枷锁镣铐，被押上了朝堂。李斯看了一眼郑国，只见他面色灰暗，目光中透着绝望，显然对这次杂治并没有抱太大的希望。李斯首先出列奏道："陛下，罪犯郑国名为开渠，实为细作，劳我子民，损我财物，欲使秦自溃，以保韩之平安。证据确凿，不容置疑，郑国也对此供认不讳。"说到这里，他忽然转向郑国，厉声喝道："郑国，知罪否？"

郑国早已得到李斯授意，知道应该如何回答，他抬起头，目光直视秦王，大义凛然地说："郑国虽为细作，但无愧于大秦。"

李斯假装非常生气，再次喝问道："郑国你休要强辩，只问你知罪否？"

郑国狠狠地瞪了李斯一眼，再次答道："郑国虽为细作，但无愧于大秦。"

这样的对话，李斯和郑国连续重复了三遍，昌文君不耐烦地指责李斯说："郑国一案本已结案，郑国依律当斩，而廷尉却以量刑不当为由推翻重审，欲施车裂、诛三族之极刑，依据何在？请出示证据，让陛下裁断。"

李斯知道，昌文君、昌平君是今天的主角，其他人只是旁听陪衬而已。他不慌不忙，面向昌文君说道："郑国借水工之名，充当韩国细作，危害大秦安全，故当予以严惩。然开渠已达十年，郑国遍走秦国，却未见卷宗上有他危害秦国的事实，反倒记录了不少他造福于民的好事。李斯甚是不解，身为细作，既然要坏我大秦，当以修渠为掩护；要么故意绕道，以拖延工期；要么损毁器具，以浪费财物；要么骚扰地方，糟蹋田舍，以激起民怨，乱我根基，或三者兼行。凡此种种罪行，卷宗无一记载，不足以服人。"说到这里，李斯又转向秦王道，"陛下，臣以为，郑国一案，若不明察，不足以立威天下。故臣恳请陛下派人详细追查其罪行，做到证据确凿再依法处治，以服天下。"

秦王面露为难之色，说道："爱卿言之有理，但关中之地，千里之遥，追查需要时日，而朝政纷繁复杂，诸卿各有公务，宜快速了结。"

李斯志在必得，做了大量的调查取证工作，并设计好了所有环节，秦王的话正中他下怀。他说："陛下明察，臣已经找到诸多人证，他们目睹了郑国开渠期间的所作所为，现在就在殿外等候，恳请陛下恩准他们上殿。"

秦王点头表示同意。很快，证人们走上朝堂，他们都是秦国的小官差，也是郑国的老部下，近十年来跟随郑国行走在秦岭之中，同甘共苦，不离不弃。他们看到郑国披头散发，身带枷锁镣铐，被折磨得不成人形的样子，心中十分痛惜，忍不住掉下了眼泪。面对李斯的询问，其中一个人说："郑国虽为韩人，但造福大秦，毫无私心，从未发生危害秦民的事情，望大人明察，放过郑国。"

李斯冷笑一声道："伪证也，带下去！"接着又询问第二个人。第二个人同样替郑国开脱说："郑国体恤民情，秋毫无犯，受到百姓的欢迎，当为秦之功臣。"李斯把所有人都问了一遍，这些人无不夸赞郑国。

现场的大臣们听了这些人的话，都有些吃惊，他们认为李斯之所以力主杂治，为的是对郑国加重处罚，但证人的证词却处处对郑国有利，不知道李斯要如何收场。

然而，一旁的昌文君、昌平君却渐渐感觉事情有些不妙，李斯分明是有预谋地假借杂治为郑国开罪，事先设好圈套让他们往里跳。二人对望了一眼，昌平君首先站起来，气愤地说道："郑国伪善，以掩其罪，实乃奸诈之徒；廷尉故意混淆视听，居心叵测，当属同罪，陛下千万不要上当。"

李斯急忙辩解说："昌平君冤枉李斯了，李斯对郑国恨之入骨，他妨碍我秦国大业，又曾巧言令色欺骗于我，我怎会为他开脱？"之后又转向郑国，言辞激烈地说，"贼人郑国，心机深重，其罪当诛，还有何话可说？"

郑国面无表情，冷眼看向李斯，仍然是那句话："郑国虽为细作，但无愧于大秦。"他之所以不断重复这句话，也是经过李斯的授意，为的是强调自己没有做对不起秦国的事情。

昌平君冲李斯冷笑道："廷尉与郑国素有往来，交情深厚，人人尽知，莫不是廷尉想为郑国开脱？"

李斯急忙辩解道："昌平君又误会了，李斯毫无替郑国开脱之意。身为大秦朝臣，首先当效忠大秦。李斯以为，郑国奉韩王之命入秦修渠，使我劳民伤财，必然会利用职务之便私吞财物，且数量巨大。故臣曾派人详查此事，抄没其家产，充盈府库。"

郑国身为泾河渠的工程总管，经手大量资金，只需稍做手脚，便可得巨资。众人听了李斯的话，纷纷点头称是，并催促李斯让查抄郑国家产的官员上来报告。那个官员手捧一捆竹简，将竹简打开，朗声念道："经查，郑国家产宅院一处、房屋五间，所用皆为寻常之物，除朝廷俸禄之外，无任何不明财物。"

众人听了无不愕然，窃窃私语。待议论声慢慢停止，李斯故作感叹："郑国身居要职，竟不贪图财物，令人不敢相信。若非韩国细作，堪称大秦忠良，想我大秦官吏不下万人，如郑国者有几人？"

直到这时，昌文君、昌平君才彻底明白了李斯坚持杂治的目的，他确实是要为郑国开脱。他们在逐客令的较量中已经输给了李斯，如果这一次再输掉，以后有何颜面出现在朝堂之上。而且，从现场这些大臣的反应来看，李斯已经取得了不错的效果，如果任由他继续引导下去，郑国翻案是完全有可能的。他们相互使了个眼色，昌文君对秦王说道："陛下，郑国即便没有侵吞财物，单凭细作身份，便可以定罪。廷尉既请求加重处罚，车裂郑国，诛灭三族，臣等完全认同，请陛下裁决！"

"陛下，"昌平君也附和道，"车裂郑国，诛灭三族，乃廷尉所提，望陛下准廷尉所奏。"

秦王不置可否，将征询的目光看向李斯，问道："爱卿可有话说？"

李斯摇摇头："臣无话可说，不知郑国可有话说？"

郑国依然是那句话："郑国虽为细作，但无愧于大秦。"

秦王起初对郑国这句话颇为反感，但听多了反而产生了一些兴趣，于是问道："郑国，与寡人说来，如何无愧于大秦？"

郑国终于等到了为自己辩白的机会，于是详细说明泾河渠挖成后，能给秦国带来的好处：首先，关中有四万多顷的良田，但这些土地因为缺少灌溉，每年所产粮食寥寥无几。渠成后，这些土地都将变成沃土，每亩可增产粮食一担，四万顷良田所增产的粮食可养活秦国三分之一的人口，为秦国发起战争提供强大的后勤保障；其次，泾河渠功在当代、利在千秋，不但能解决秦国当下缺粮的问题，而且能造福子孙后代，可谓一劳永逸。韩国虽用此计暂时拖住了秦国的发展步伐，但只会影响秦国四五年，水渠修成后，对秦国之利却是千秋万代的，秦国将更加强盛，实力将不可同日而语。

秦王听了连连点头，脸上不知不觉地露出欣慰的笑容，对郑国的愤恨也随之消失了。他站起身来，表情严肃地对众人说："寡人认为郑国所言不假，此乃天赐大秦之机遇，若能得良田万顷，再以我大秦将士之勇，一统天下指日可待。且如今廷尉所寻证人，皆言郑国尽心修渠，并无歹心，亦可证明郑国乃忠义之人，若斩之，岂不正顺他国之歹意？众位爱卿莫再多言，寡人决意让郑国继续兴修水利，助我大秦完成统一大业，再有异论，则是妄图利于他国，与寡人、与大秦为敌！"众人闻听，不敢再多言，于是秦王下诏赦免郑国，继续任命他为水利总管，即刻返回关中，修建泾河渠。

不久，泾河渠开挖完成，造福一方百姓。后人为了纪念郑国的丰功伟绩，将泾河渠改名为郑国渠。这也是李斯的大功一件。

第五节　启用尉缭

　　李斯凭借过人的智慧，成功通过了逐客风波和郑国间谍案的两次考验，而且还使自己的地位得到了提升，使秦王更加信任他。李斯认为自己大显身手的机会来了，于是开始和秦王谋划一项重大军事行动——利用郑国事件攻取韩国，正式开启统一六国的征途。

　　关于统一之战从哪一国先下手，李斯曾经反复和秦王进行过商讨，二人一致认为，赵、魏、韩、楚同为秦国的邻国，但赵、魏、楚三国的面积较大，国力也比较强盛，而韩国面积较小，国力也较弱，最易于攻取。更为关键的是，郑国事件给了秦国进攻韩国的借口。目标选定后，秦王下令开始储备物资，打造兵器，加紧训练将士。

　　韩国虽然弱小，但并非不堪一击。当时韩国有一种十分厉害的兵器，即硬弩，杀伤力极强，是其他国家的武器所不能比的。但韩国毕竟受到地域的限制，面积狭小，又被秦国、魏国、楚国三个强国团团包围住，既没有战略纵深，也没有突围点，一旦有强国入侵，便将面临亡国之险。韩国还偏偏不老实，总想占秦国的便宜。从前魏国强大，秦国弱小，魏国经常侵击秦国，从中获利。韩国见状也开始效仿，多次进攻秦国。秦国十分恼怒，便对韩国实施报复，使韩国国力急剧衰退，逐渐无力抵抗秦国的入侵，只得步步后退，将一个又一个城池拱手相让。

秦昭襄王时期，范雎便前瞻性地提出了"远交近攻"的策略，这一策略同样适用于眼下的局势，即在攻打韩国之前，先与其他国家搞好关系。李斯做长史时便开始了这项工作，他派出大量细作，分赴各个国家，打入各国王室内部，开展分化瓦解活动。现在终于到这些细作派上用场的时候了，李斯分头通知他们展开活动。

秦王政十年（前237年）年底的一天，天气晴朗，但寒风飕飕，异常寒冷。李斯和秦王一起登上咸阳宫高大的门楼，秦王背着手，凝视东方，眉宇间现出几分忧愁来。他想到秦国虽然地大物博，资源丰富，地势也较平坦，但由于地理位置的原因，在交通方面受到诸多限制，直接制约着秦国疆土的扩张。按照他与李斯的设计，若能拿下韩国，就像将一把刀子插入东方六国的心脏，再出兵其他五国也就有了更多把握。统一天下，成为天下之主是秦王嬴政毕生的愿望，至今却还没有一点眉目，并不是他不愿意付诸行动，而是朝中能辅助他完成这一宏伟目标的人实在是太少了。眼下能领兵打仗的武将倒是有几个，比如蒙氏一家、王翦等，但缺乏高瞻远瞩的战略家。继而，他又想到了不久前被逼自尽的吕不韦。吕不韦能文能武，任大秦相邦时亲自带兵消灭了东周，又辅佐先王完成了很多大事，为秦国的强大打下了坚实的基础。可惜啊，秦国再也找不到第二个吕不韦了。想到这里，他不由得深深地叹了口气。

一旁的李斯听到秦王的叹气声，关切地问道："陛下所叹何事？"

秦王凝视远方，沉默良久，颇有几分感慨地说："寡人想起了吕不韦，若他还在，或许可以带兵出征韩国。可惜呀，天下再无吕不韦！"

李斯也沉默了，片刻后他忽然兴奋地说："听陛下如此说，臣倒想起一个人来，谋略不在吕不韦之下。"

秦王一听顿时来了兴致，转身面对着李斯，急切地问道："此人姓甚名谁？廷尉快说。"

李斯说道："此人无姓，单字缭，魏国大梁人，相传为鬼谷子的弟子。此人以兵法见长，著有兵书一部，但不被魏王重用，郁郁不得志，故来到秦国。陛下若得此人，一统天下指日可待矣。"

"有如此贤才，廷尉为何不早说？此人现在何处，寡人要马上召见他。"秦王大喜道。

李斯说道："臣也是刚刚听说，此人就住在咸阳城内，但脾气怪异，恃才傲物，陛下若想启用，须亲自派人去请。"

秦王毫不犹豫地说："既如此，廷尉可代寡人去。"

李斯领命后，在咸阳一个偏僻的破旧院落里找到了缭，将他带进王宫。

当缭出现在秦王的视线中时，秦王几乎不敢相信自己的眼睛，只见缭衣衫褴褛，蓬头垢面，形容枯槁，完全是一副乞丐模样。秦王不由得怀疑起李斯的话来，这样的人会有经天纬地之才？然而再仔细看，又发现此人精神矍铄，双目有神，走路昂首挺胸，身上透露出一股天生的傲气，也许并非等闲之辈。

就在秦王疑惑之时，缭已经不慌不忙地来到他的面前，双手作揖，说道："魏人缭，拜见陛下。"

按照当时的规定，大臣见了君王必须下跪磕头，何况缭一个平民百姓。秦王已经从李斯那里知道缭性格狂傲，所以没有怪罪他的无礼，客气地说："先生请坐！"

缭也不言谢，很随意地在蒲团上坐下。秦王开门见山道："寡人欲统一六国，不知先生有何高见？"

缭似乎早有准备，胸有成竹地说："秦国这样强大，而诸侯就像郡县之君，但我担心东方六国合纵，联合起来出其不意地袭击秦国。鄙人以为，陛下当广施金银，贿赂各国权臣，乱其所谋。鄙人断定，用金不过三十万，敌可瓦解矣。"

秦王用怀疑的目光看着缭，说道："三十万金数额巨大，寡人恐不能给。"

缭碰了钉子，心中未免有些生气，冷笑道："鄙人闻君王为民不惜万金，陛下贪财而不惜民，统一六国之事从何谈起？"

缭又接着说："古人云'十万之师出，日费千金'，三十万金不足十万之师一年所需，却可获百万之师十年之功，且不伤一兵一卒，陛下以为有何不可？"

秦王认为缭这番话说得很有道理，问道："先生高才，极难得也。今寡人欲以先生为上卿，助寡人完成大业，不知先生意下如何？"

然而，缭却出乎意料地推辞道："鄙人见陛下，非为功名利禄，而为天下一统，杀伐早止，百姓安居乐业。鄙人老而无用，只愿归隐山林。"说完便起身告辞了。

走出咸阳宫，缭看到李斯正等候在宫门外，很是焦急，他知道李斯一定是在替自己担心。果然，李斯看到他之后，长长地舒了口气，快速走到他面前，问道："先生与陛下谈论许久，结果如何？"

缭说道："缭所献之策，陛下愿采纳。"

李斯十分高兴，说道："陛下招贤纳士，不知委先生以何职？"

缭摇头道："在下无心做官，愿归隐山林。"

李斯急忙劝道："良禽择木而栖，陛下为天下明主，先生又怀经世之才，当以大秦为家，一展宏图，为何舍而弃之？"

缭道："秦王为人，蜂准，长目，挚鸟膺，豺声，少恩而虎狼心，居约易出人下，得志亦轻食人。我布衣，然见我常身自下我。诚使秦王得志于天下，天下皆为虏矣。不可与久游。"

原来，缭擅长给人相面，他在面见秦王的时候，看到秦王高鼻梁、眼睛细长，胸脯如鸷鸟一样突出，声音似豺狼，认为这样的人缺乏仁德，有虎狼之心，不可长期与之亲近，所以才拒绝了秦王。

不过，秦王却认为缭乃世间难得之才，对其厚爱有加，在以后的日子里多次召见他，让他不必行君臣之礼，还跟他穿一样的衣服、吃一样的饭菜，并封他为上卿。但缭不为所动，不久便不辞而别。

秦王得知缭偷跑的消息，又听说了他对自己的评价，愤怒地说："匹夫竟如此大胆，对寡人无礼，捉来斩首！"

李斯听说秦王要杀缭，惊慌失措，急忙站出来劝阻："陛下息怒，请听臣一言。"

秦王火气正盛，见李斯为缭说情，遂又将矛头转向李斯，气呼呼地说："廷尉欲说情？"

李斯回道："非也，臣以为缭羞辱陛下，当斩。然陛下当思，缭为何而去。"

秦王问道："为何？"

"臣以为，缭之言，非羞辱，乃戏言也，不可当真。且臣闻缭曾言陛下'诚使秦王得志于天下，天下皆为虏矣'。由此可见，缭用心良苦。"李斯顿了一下，又接着说，"缭乃仁人，千里而来，非为污蔑陛下，而是激将陛下，告知陛下六国终将为陛下所统一，望陛下能尽快采取行动。为使陛下行动，缭不惜以命激怒陛下，陛下若果真杀之，将空负缭一番心意。故臣恳请替陛下将缭追回，以辅助陛下。"

李斯清楚地看到了缭的才能和价值。如果能与这样的人并肩战斗，辅助秦王完成统一大业，岂不更好？所以他才主动找到秦王，要求追回缭。

秦王认为李斯的话很有道理，但又对缭的傲慢愤愤不平："寡人欲以其为上卿，可他不愿为寡人所用。"

李斯说道："缭乃奇才，当重用。"

秦王问："一介草民，任职上卿，不谓重用，那何谓重用？"

李斯道："以缭之才，可任国尉。"

国尉即太尉，是秦国的最高武官，位列三公，金印紫绶，执掌军事大权，直接受秦王指挥。秦国大将白起曾任该职，此后一直空缺，即便是功高盖世的蒙骜也没有被授予如此级别的官职。因此，秦王听了李斯的话有些吃惊，连连摇头说："不可不可，以缭之才能，怎与武安君（白起）相比？纵可比，缭狂妄，寡人若授其位，再拒，秦之颜面尽失矣。"

李斯很理解秦王的反应，继续劝说道："臣知国尉位尊，若以国尉与缭，则显陛下诚意。武安君以来，至今百十年，其功无人可比。缭虽武功不及，但战略不输，武功高可以一当百，谋略高则可一人抵千军。陛下志在统一天下，非为一时所战，固当重用缭。缭忤逆陛下，而陛下不与之罪，反授以高位，方显陛下气度，缭亦可消除戒心。"

秦王虽然觉得李斯的话很有道理，但心里仍然不愿意让缭担任这么高的职位，所以沉默不语。

李斯等了一会儿，得不到秦王的答复，遂又说道："陛下于数月之前才收回逐客令，让外客得以复职，为秦所用，令六国有才之士振奋。然缭来秦数日，却又离开，外客必然生疑，以为陛下内外有别，弃缭不用。六国之士欲来秦者，见以缭之才能尚不能用，必然以为陛下轻贱贤良，故不敢来秦。而陛下欲统一天下，当广招贤士，近则秦国，远则六国。若能以缭为国尉，六国之士闻之，必纷至沓来，大业可成也。"

秦王终于被李斯的劝说打动，并对李斯大加褒奖说："廷尉一心为国，又为寡人举此良臣，乃我大秦之幸。寡人现将国尉玺授予你，代寡人追回缭。"

李斯领命后，乘坐一辆马车向西追赶，一直追出咸阳城数十里，终于追上了缭，向他说明秦王的意思。

但缭冷冷地看了李斯一眼，说道："烦请廷尉转告秦王，缭无福享受富贵，此生只愿做隐人，阁下请回吧。"

李斯碰了一鼻子灰，并不生气，因为他从缭敢于拒绝秦王看出其对名利的淡泊。他继续劝说道："孟子曰'人皆有不忍人之心'，而先生雄才大略，却心毒如蛇，是为何也？"

缭生气地说："廷尉休要胡言乱语，缭归隐山林，正是不愿看到世间杀伐，何来心毒如蛇？"

李斯看到缭发怒，心中暗自高兴，继续说道："先生以山林为伴，吟诗弹唱，自得其乐。但可知李斯数次向秦王力荐先生，如今先生却不辞而别，秦王震怒，若寻不得先生，王安能罢休。先生岂不是置李斯于死地，非心毒如蛇乎？"

缭听了低头沉默片刻，说道："这正是在下不辞而别的理由。缭观秦王相貌，其性刚烈冷酷，必为杀伐果决、不念情面之人，不可久处，否则性命难保，故缭辞也。"

李斯道："自古优柔者难以为王，果断之人才能成就伟业，今陛下知人善用，已拜先生为国尉，特遣李斯携玺绶迎归先生。先生返回咸阳，即指挥三军，攻取六国，事成，天下安泰，再无战祸，先生第一功也。"李斯说着，拿出了国尉玺绶。

缭没想到秦王会给自己封这么大的官，又被李斯一番劝诱，终于心动，当即接受任命，跟着李斯一起返回咸阳。

回到咸阳后，缭走马上任，将自己所著兵书献于秦王。因为他担任国尉一职，后人便称他为尉缭，其所著兵书为《尉缭子》。

根据《汉书·艺文志》记载，《尉缭子》共二十九篇，被归于杂家。遗憾的是，其中一部分已经散失，现在我们能看到的只有五卷二十四篇。

在秦王统一六国的过程中，尉缭起到了很大作用，后来与李斯并称为秦始皇的文武二臣，"文看李斯，武靠尉缭"。

第九章

无毒不丈夫

第一节　各为其主

　　战争无小事，何况秦国是要吞并一个国家，因此，在战争开始之前，不但要掌握韩国的动态，还要充分掌握其他五国的动态，做好应对各种不测的准备。在李斯的提议下，秦国开始大肆宣传即将征讨韩国的消息，在很短的时间里，消息传遍六国，引起了很大震动。

　　刚继位两年的韩王安闻讯更是惊恐不已，急忙召集群臣议事，有人认为秦国这样做是侵略之举，在道义上占据下风，韩国应该坚决抵抗；有人认为凭借韩国这点兵力与秦国交战，无异于螳臂当车，不如割地求和；还有人提出投降……一时众说纷纭，拿不出统一的意见。

韩王安听着大臣们争来争去，感到心烦意乱。就在他六神无主的时候，他忽然想起一个人来，这个人就是韩非。

当年李斯辞别荀子，投奔秦国，想带韩非同去，但遭到韩非的拒绝。李斯走后不久，韩非也拜别荀子，渴望为韩国做出自己的贡献，却一直受到猜忌，不得重用。韩桓惠王去世后，韩王安继位，他早就听说叔父韩非才智过人，声名远播，非常想启用他，但他同样担心失去王位，所以迟迟下不了决心。现在秦国大军压境，朝臣争吵不休，韩王安想到自己空坐在韩王的位置上，不能发挥一点作用，秦军一旦发起进攻，他只能将国家拱手相送。到那时，自己落得个亡国之君的骂名不说，还要遭到韩国百姓世代唾骂。与其那样，不如将王位让给贤能的叔父，说不定能保住韩国。于是，他当即传召韩非觐见。

此时韩非已经四十多岁，人到中年，却在政治上受到排挤，空有满腹才华而无用武之地。他也曾有过到秦国投奔好友李斯的想法，但他也非常清楚自己的身份，身为王室血脉，不可以背叛国家。所以他只能老老实实地待在韩国，这似乎是命中注定的，无法改变。

不久之前，韩非听说秦国意欲攻打韩国，这使他不由地想起曾经的好友李斯来。兰陵一别，转眼十年已过，当初他就说过，以后千万别在战场上相见，如今一语成谶，二人果然成了敌人，即将刀兵相见。李斯帮助秦人攻打韩国，他作为韩国的王室贵族，自然有义务保护韩国的安全，兄弟之情只能放在其次。他决定去宫中面见韩王，帮助韩王抵御秦国的入侵。

韩非正准备动身，韩王安的谕旨也到了。韩非不敢怠慢，马上随同来人到王宫觐见韩王安。

二人寒暄过后，谈话直入正题，韩王安愁眉不展道："如今秦大军压境，欲取我疆土，该如何应对？"

韩非为韩王安分析了当前的形势，说道："秦国疆域辽阔，粮草充足，有百万大军，武有蒙武、蒙恬、王翦等将领，勇冠三军，作战经验丰富，又新得了兵家尉缭，如虎添翼；文有李斯，其谋略无人可及。反观韩国，地域狭小，粮草匮乏，即便全民皆兵亦不及秦国，况且缺少领兵打仗的将领，纵使自己精通兵法也无可奈何；丞相张让谋略远不及李斯。故两国交战，韩必亡矣。"

韩王安本来想让韩非为自己出主意，没想到却等来韩非这一番话，他心中更加绝望，忍不住哭泣道："韩亡于安之手，愧对先祖！"

韩非急忙劝说道："王上不必惊慌，秦国虽来势汹汹，但韩并非已陷入绝境。臣有一计，可保我大韩平安。"

韩王安一听立即转悲为喜，催促道："王叔有何妙计？快快说来。"

韩非点点头，说道："秦若真心攻韩，必先造声势。臣以为，秦国如此，为虚张声势，是为了看其他五国的反应，若五国不置可否，秦必然出兵；若五国与韩合纵，秦必忌惮，未必出兵攻韩。故应对之策有二：其一，王上派使出使秦国，言明利害，韩已屡割让土地于秦，无意与秦为敌，秦当以韩为友邻，以韩为屏障。且当言明，秦之对手为魏、赵、楚，而非韩。其二，王上应速与赵国联络，赵国力量强大，可与秦抗衡，且赵与秦结怨颇深，当初白起坑杀赵国数十万将士，赵国至今痛恨在心，复仇心切。若王上说服诸国，重建合纵之盟，以赵国为盟主，赵国必然欢喜，则合纵事成。秦必然顾忌六国力量，不敢轻举妄动，我大韩之危可解。"

韩王安连呼妙计，遂委托韩非修书一封给秦王：

韩事秦三十余年，出则为捍蔽，入则为席荐。秦特出锐师取韩地，而随之怨悬于天下，功归于强秦。且夫韩入贡职，与郡县无异也。今臣窃闻贵臣之计，举兵将伐韩。夫赵氏聚士卒，养从徒，欲赘天下之兵，明秦不弱，则诸侯必灭宗庙，欲西面行其意，非一日之计也。今释赵之患，而攘内臣之韩，则天下明赵氏之计矣。

夫韩，小国也，而以应天下四击，主辱臣苦，上下相与同忧久矣。修守备，戒强敌，有蓄积，筑城池以守固。今伐韩，未可一年而灭，拔一城而退，则权轻于天下，天下摧我兵矣。韩叛，则魏应之，赵据齐以为原，如此，则以韩、魏资赵假齐以固其从，而以与争强，赵之福而秦之祸也。夫进而击赵不能取，退而攻韩弗能拔，则陷锐之卒，勤于野战，负任之旅，罢于内攻，则合群苦弱以敌而共二万乘，非所以亡赵之心也。均如贵臣之计，则秦必为天下兵质矣。陛下虽以金石相弊，则兼天下之日未也。

今贱臣之愚计：使人使荆，重弊用事之臣，明赵之所以欺秦者；与魏质以安其心，从韩而伐赵，赵虽与齐为一，不足患也。二国事毕，则韩可以移书定也。是我一举，二国有亡形，则荆、魏又必自服矣。故曰："兵者，凶器也。"不可不审用也。以秦与赵敌，衡加以齐，今又背韩，而未有以坚荆、魏之心。夫一战而不胜，则祸构矣。计者，所以定事也，不可不察也。韩、秦强弱在今年耳。且赵与诸侯阴谋久矣。夫一动而弱于诸侯，危事也；为计而使诸侯有意我之心，至殆也；见二疏，非所以强于诸侯也。臣窃愿陛下之幸熟图之。夫攻伐而使从者闻焉，不可悔也。

韩王安立即派人将信送交秦王。秦王仔细地读了一遍，什么也没说，只是将书信转交给李斯，让他看了再拿意见。

李斯打开书信只看了两眼，便知这是出自韩非之笔，禁不住热泪盈眶，韩非的影子不自觉地在他眼前浮现，他的思绪也回到了十年前。那时他和韩非日夜形影不离，同窗共读，度过了多少美好时光。韩非无论是在生活上还是学习上，都给予过他非常大的帮助，至今让他难忘。尤其是他初到秦国，遭遇困境时多亏韩非雪中送炭。从某种意义上来说，没有韩非，就没有他的今天。然而，正是这个对自己倾力相帮的兄弟，自己却要与他反目成仇，于心何忍啊！

韩非因为出身的问题，一向性格孤傲，而且最看重气节。可是，为了自己的国家，他不惜放下尊严，恳求秦王放韩国一条生路。但他知道，依照秦王的性格，决定要做的事情是不可能轻易放弃的。再说攻打韩国是自己提出的建议，如果出尔反尔，岂不贻笑大方？既然要干一番大事业，就不能感情用事。想到这里，他也提笔疾书。

次日上朝，秦王又当着群臣的面征求李斯的意见，李斯反问道："陛下可知，昨日韩国之信出自何人之手？"

秦王摇头说："不知。"

李斯道："韩非也。"

秦王问："韩非何人也？"

李斯道："韩非出身韩国宗室，颇有才能，因遭韩王嫉妒而未得到重用，故一生不得志。韩非胸怀天下，有治国安邦之才，文章妙笔生花，无人可及。臣读韩非之信，数次动摇。臣不得不提醒陛下，万不可被韩非之言所蒙蔽，既定之事，不可更改。王者，当以铁石之心，行天下之事，方可成大业。此臣之所想也。"

秦王见李斯将韩非夸得神乎其神，不以为然地说："韩非此人，寡人第一次听说，其文章也不过如此，非廷尉所言之能人，不过一纵横之才罢了。"

李斯道："臣与韩非曾一同求学于荀子门下，相处多年，对其深为了解。人臣有诸侯之臣和天子之臣之分，诸侯之臣擅长纵横之术，而天子之臣则运筹帷幄，指点江山。韩非即为后者。"

秦王一听顿时来了兴趣，问道："韩非可有著述？"

李斯回道："臣闻其著有兵法一书，不过臣以为，韩非著书非为名利，乃为韩国宗室。"

秦王点了点头，说道："既然如此，当尽快破韩，得韩非为我大秦所用。但我军若动，想必赵、齐也会有所行动，当如何应对？"

李斯建议道："臣以为，韩国自知弱小，必借合纵与秦国抗衡，秦国当在敌合纵未成之时动手，一举可成。臣有一大胆提议，由臣出使韩国，以郑国之事为由，说服韩王来秦，若来，陛下可将其扣留，强迫其对秦称臣，韩地则为秦所有。为震慑其余五国，陛下可派蒙武领兵十万，屯于秦赵边界，赵国必不敢动，韩国畏惧，则大事可成。"

秦王连声称好，说道："就依爱卿之言，速去韩国。"

李斯领命后，马上带着队伍出发了。这支队伍延绵数里之长，队伍前后均为身着铠甲的将士，中间为车马，李斯坐在其中一辆马车上，心中有说不出的激动。这次韩国之行，他的使命是劝韩国投降。他想到曾经的秦魏河西之战，同样有秦人出使，但因为当时国力弱小，每次出使都要低三下四，忍受魏国的羞辱，在对方的逼迫下割地赔钱，以求自保。到秦惠文王之时，张仪凭一己之力搅动天下风云，使秦国在外交中得以挺直腰杆。后来秦国发展迅速，实力大大增强，傲居七国之首。他正是看到了秦国的强大与前景，才不远千里来投奔。那时的秦国对其他六国有压倒性优势，兼并六国已是大势所趋。现在，他身为秦国使臣，有蒙武的十万大军撑腰，腰杆子自然硬。他挺了挺身子，举目眺望，十万秦军已到达秦、赵、韩三国边境，旌旗招展，好不威风，他的心中也随着那飘扬的旗帜生出无限豪迈之感。随后，他又想到自己进入韩国见到的第一个人很有可能就是昔日的好兄弟韩非，那豪迈之情立即烟消云散了，取而代之的是愧疚和无奈。

此时此刻，韩国朝堂上正在激烈地争吵着。

韩非立于群臣之首，面向韩王安大义凛然地说："秦虎狼之心，贪欲无度，非为一城一池而来，欲图我所有国土。王上自先祖手中接管基业，当聚万众之心抵御外侮，莫做亡国之君……"

韩非话还没说完，便被丞相张让打断，张让说道："秦疆域辽阔，占据渭河平原与川西平原，粮食充足，人口七百万之众，军队一百万有余，而我韩国领土不及秦十分之一，人口不足百万，可用之兵也不足十万，以十万之兵对战百万之师，胜败不言自明也。为避免生灵涂炭，割几城与秦，可保韩平安无事，若动之以刀兵，韩必亡矣。"

韩非反驳道："仅凭韩之力，固然无法抵御强秦，但若联合其余五国，情势则大不相同，秦必有所忌惮，不敢轻举妄动。"

"即便五国合纵，愿意共同御秦，若秦执意发起战争，韩首当其冲，必先亡也。"张让仍不抱希望。

双方争论不休，韩王安一时进退两难，直到最后也没有做出决断。

翌日，李斯到达韩国，韩王安派张让带领文武大臣到距离国都三十里的驿站迎接。李斯本以为走在迎接队伍最前面的必然是自己的好兄弟韩非，结果连韩非的影子都没有见到，这让李斯感到万分失望。当晚，张让在驿馆设宴款待，宾主各自入席，大家一边饮酒一边欣赏歌舞，其乐融融。李斯饮了一盏酒，问道："敢问丞相，在下何时可见韩王？"

面对李斯强硬的态度，张让一脸歉意地回答："王上日夜操劳，卧病在床，现身体虚弱，无法召见大人，还请大人耐心等待。"

李斯从张让的表情已经看出端倪，但并没有点破，只是说："李斯此番前来，不能耽搁太久，事关秦、韩两国命运，望丞相代为通报，勿使李斯久等。"

张让说道："请大人放心，大人的话我明日一定带到。"

到夜半时分，酒宴终于结束，张让亲自送李斯回房，正欲告退，却被李斯执手挽留。李斯命侍从搬出几只木箱，打开来，里面满满的全部是金银珠宝，闪闪发光。李斯指着这些珠宝，说道："一点薄礼，不成敬意，望大人笑纳。"

张让马上就被这些财宝迷惑了心智，不待李斯发问，便主动道出了实情："今韩非力主合纵，深受王上倚重，让对此无可奈何。"他说完，又发觉有些不妥，于是特意补充说，"王上近日确实劳累过度，现卧病在床，不宜召见大人，望大人海涵。"说完便告辞了。

按照计划，李斯由驿馆进入韩国都城新郑，首先会见韩王安，然后再去韩非家中拜访。可计划赶不上变化，韩王安一时见不到，他只得先去拜访韩非。次日，李斯轻装简行，只带了几个贴身侍卫，一大早便来到韩非府前，对守门人亮明身份，非常客气地说："烦请入内通报，在下楚人李斯，前来拜会多年不见的老友。"

守门人不敢怠慢，急忙进去通报。等待的时间让人感觉非常漫长，李斯不停地向院里张望，正在他非常焦急的时候，守门人终于回来了，抱歉地说："公子公务在身，不方便待客，望客人海涵。不过，公子有书信两封交与客人。"说完将两捆竹简递给李斯。

李斯知道韩非公务繁忙不过是借口，他是不愿意见自己。他接过竹简，打开其中一捆，上面的内容十分简短："公乃秦贵使，在下身为韩国朝臣，未经王命，不得擅自相见，望海涵。"李斯读完只觉得心中一颤，直到此时他才意识到，从他建议秦王攻取韩国的那一天起，他和韩非多年的兄弟感情便已经走到了尽头。

他将竹简合上，转交给身边的侍从，又打开第二捆，上面写道："兰陵一别，匆匆十年已过，兄对弟之思念，如影随形。闻弟自入秦以后，仕途顺利，平步青云，兄甚感欣慰。而今弟奉秦王之命使韩，使兄记起弟当初誓言，要辅助秦王一统天下，建丰功伟业，今有望成真。兄有心随弟一起，结束天下乱局，救黎民苍生，奈何兄乃韩国宗室，不可背祖离宗，唯有殚精竭虑，辅助王室。你我各为其主，不能把酒言欢，抱憾之极。假有时日，兄不为韩臣、弟不为秦使，定一醉方休……"

李斯一边读信一边流泪。是啊，昔日为兄弟，可以彻夜长谈，可以随心所欲；而今是敌人，要刀兵相见，要外交争锋，大家各为其主，韩非的举动完全可以理解。李斯读完信，对韩非的敬重又增加了几分，愧疚感也更加强烈了。

但李斯很快便从愧疚的痛苦中解脱出来，回到驿馆后，他开始思索该如何应对眼前的情况。

从张让透露的信息不难看出，韩国正在做两手准备，即合纵以抗秦或割地称臣向秦妥协。韩王迟迟不肯召见自己，也不过是为了拖延时间，等待合纵的结果。若合纵谈成，韩国必然与其余五国一起对抗秦国；若不成，韩国便会屈从于秦国。

不得不说，韩非的合纵之术确实高明，他大肆宣扬秦国要以韩国为桥头堡进攻其余五国，然后联合五国共同对付秦国，以达到保护韩国的目的。这也是最让秦国忌惮的，即使秦国再强大，也无法同时对付六国。所以，想要破解六国合纵，必须先拿下韩国。

李斯认为，想要拿下韩国，必须同时开展两项工作：一是离间韩非与韩王安的关系，让韩王安对韩非失去信任，不再听从韩非的计谋，然后再扶持被秦国收买、又一向亲近秦国的张让，使其在朝中占据舆论的主导地位，这样时局自然会向着有利于秦国的方向发展；二是以最快的速度破坏韩国的合纵计划，将其扼杀在摇篮中。如此双管齐下，韩国灭亡是迟早的事情。

第二节　计破合纵

李斯见不到韩非，决定去拜访张让。他来到张让府中，开门见山道："今日李斯来访，意在提醒丞相，丞相五世侍奉韩国，而韩国却难挽颓势，今韩王已对丞相失去信任，故启用韩非，丞相之位危矣。韩非雄才大略，因受制于丞相，隐匿十年，对丞相恨入骨髓。而今丞相不被韩王信任，又为韩非所痛恨，若韩非当政，丞相恐无立足之地。"

李斯的话说中了张让的痛处，张让沉默不语。

李斯又接着说："丞相欲立足于朝堂，唯背倚秦国，别无他计。

丞相乃聪明之人，无须李斯多言。"

张让表情阴沉，依然没有说话。

李斯继续晓以利害："丞相若不信，李斯可以断言，三五年后，韩必为秦所亡。丞相高瞻远瞩，当未雨绸缪，不可盲目追随韩王以弱抗秦。他日韩亡，韩王虽不再是国君，但仍可享有封地，富贵荣华依旧，而丞相将无处栖身，性命恐难保矣。为今之计，丞相当有先见之明，与秦共谋，李斯可代替我主承诺，待韩亡之后，丞相仍可享无上荣耀，恩泽后世。丞相以为如何？"

经过李斯的一番心理轰炸，张让彻底失去了抵抗的意志，叹了口气说："可怜张氏一门，五世之功，毁于让手。"

李斯看到张让已经屈服，心中一阵得意，再次问道："韩王迟迟不见李斯，是否在等五国合纵？"

张让如实回答说："非五国，乃四国也，赵、燕、齐、楚是也。"

"韩非虽擅长兵法，但不善言辞，无力担此大任，游说者必另有其人。"李斯试探道。

张让点点头："乃赵国姚贾，其人善辩，不输苏秦、张仪，几日内便会有消息。"

李斯嘱咐张让想办法在韩王安面前周旋，尽量延缓合纵之事，然后便告辞回到驿馆，立即派人回国向秦王禀报情况。他自己则继续留在韩国，见机行事。

次日，李斯正在驿馆思索下一步的计划，忽然看到张让慌慌张张地走进来。李斯预感到事情有变，急忙请张让进屋，屏退左右，问道："丞相因何事惊慌？"

张让急切地说："王上要杀大人，大人快走，迟则危矣。"

李斯大吃一惊，但马上又镇定下来，心想：韩王安居然敢杀秦国使臣，那不是向秦国宣战吗？以韩全国之力，恐怕也敌不过蒙武的十万大军，除非合纵已成。于是他问张让："莫非合纵之事已成？"

张让点头道："已成，赵国正调兵遣将，欲借道韩国，兴师伐秦。明日就会有人来取大人性命。"

李斯知道这肯定是韩非出的主意，杀掉秦国廷尉李斯，向其他四国证明韩国与秦国断绝往来的决心。他冷笑一声，心想：韩非呀韩非，你好狠毒，竟然不顾多年的兄弟之情，欲置我于死地，怪不得这些天一直躲着不肯见我！既然你无情，休怪我无义。

张让见李斯迟迟不说话，又问道："大人作何打算？欲从速。"

李斯大义凛然道："李斯既来韩国，如同秦王亲临，若贪生怕死而逃，如同秦王贪生怕死而逃，李斯死罪也。不逃会死，逃亦死，与其因逃而死，不如不逃而死，做大秦忠臣，后世扬名。秦王得知李斯为秦而死，必雷霆震怒，以千百倍复仇。丞相以为，李斯该逃吗？"

张让慨然道："大人气节，令让佩服。让也曾劝说王上与秦结好，然王上偏听韩非，执意与秦为敌，让也无奈。大人与其坐以待毙，不如暂回咸阳，以实情告知秦王，秦王必定不会怪罪大人。"

李斯摇头道："李斯身死事小，韩国危亡事大。以韩国之力，与秦较量，无异于螳臂当车，自取灭亡。李斯愿修书一封，言明利害，望丞相代为转呈韩王，李斯也算不辱使命，方可回秦。"

送走张让后，李斯开始思考下一步的行动——如何化解五国合纵带来的危机。他想，想要破除五国合纵，最好的方法是把合纵的发起人韩非解决掉。若换作别人，这个问题很容易解决，只需派个武功高强的刺客刺杀，或者离间他和韩王安的关系即可。但此人是韩非，该如何安排呢？李斯又想：如果能让韩非到秦国去，为秦国效力，和自己共侍秦王，辅助秦王完成统一大业，对韩非应该是最好的安排。以韩非的才智，绝对可以得到秦王的欣赏。

于是，李斯派人通知张让，让他帮忙搜集韩非近几年的著述，然后命人带着这些书籍火速回到秦国，并呈送秦王。果然，秦王看到韩非的著述后，被书中关于治国、驭人的理论所深深吸引，他如获至宝，爱不释手，吩咐李斯无论如何也要将韩非带到秦国。

按说李斯接到这样的指示应该高兴才对，可他又莫名地失落起来，因为韩非才智在他之上，一旦他到了秦国，必然被重用，到那时，说不定自己会遭到冷落，他甚至开始后悔自己将韩非推荐给秦王了。但事已至此，悔之晚矣，他只能硬着头皮往前走。

接下来，李斯又开始第二步行动——拆散合纵联盟。为了使计划顺利实施，他奏请秦王下令让陈兵边境的蒙武的十万大军进行演习，对韩国施压；同时他准备前往赵国会见姚贾。在此之前，他还要做出进一步安排。

李斯向秦王奏报说："臣已探听清楚，姚贾虽善辩，但生性贪婪，尤爱美色，曾于大梁为盗贼，后遁于赵，因伶牙俐齿，得以为赵臣。陛下可派人施以重金美女，使其来秦，既破合纵，又可使姚贾为我大秦所用。"

秦王有些担忧地说："若姚贾不来，寡人该如何？"

李斯道："姚贾乃国尉同乡，陛下可让国尉修书一封，其余事交给臣，臣自能让姚贾来秦。"

秦王忙命人传尉缭来见，依李斯之计行事。

此时赵国的国君为赵悼襄王，名偃，其宠臣郭开多年前就已被李斯重金收买，隐藏很深，一直没有暴露。李斯认为启用郭开的时候到了，于是派人通知郭开，让他离间姚贾和赵王偃的关系。郭开接到命令后，开始罗织姚贾的罪名，然后一本奏到赵王偃那里说："姚贾罪有三，一是中饱私囊，侵吞府库；二是妄言是非，议论君王；三是祸乱后宫，欺君罔上。"

赵王偃听后暴跳如雷，怒道："来人，将姚贾驱逐出赵国，永不许踏入赵国半步！"

就这样，姚贾稀里糊涂地被赶出了赵国，五国合纵也无果而终。

李斯时刻关注着赵国的动态，得知姚贾被驱逐的消息后，他立即派人找到姚贾，许以高官厚禄。姚贾自然求之不得，欣然答应来到秦国，受到秦王极高的礼遇。

第三节　韩非入秦

五国合纵瓦解，谁也不敢单独支援韩国，公然与秦国为敌，韩国就只能单独对战秦国了。但以韩国的力量与秦国对抗，实力悬殊，胜负毫无悬念。韩王立即召集群臣商议对策，韩非气得浑身颤抖，面色通红，结结巴巴地骂道："姚……姚……贾，大梁……盗贼，赵国……逐客……坏……坏我大事！"

韩王烦躁地冲韩非摆了摆手说："骂有何用，该如何应对？"

韩非努力抑制着自己的情绪，放慢语速说："王上莫急，姚贾已去，可找人替代。"

韩王安有些生气地说："秦陈兵边境，可随时入韩，韩危在旦夕，寡人怎会不急！"

这时，张让从班列中走出来，奏道："王上，臣早有言，姚贾乃一盗贼，不可信也，今日合纵大计果然毁于他手。秦无合纵之忧，必然入韩，以秦之强大，韩必亡也。为使韩存，臣恳请王上遣臣往秦议和。"

"王上不可，秦虎狼之心，意在并韩，韩之江山受于先祖，不可丢失。"韩非急忙阻止道。

张让继续劝道："王上，与秦战，无异于以卵击石，韩必亡。不如先派臣前往，探其口气，再做打算。"

韩王安早已被秦国的气势吓到，再也听不进去韩非的劝阻，当即命张让出使秦国，表示愿割让三座城池给秦国，希望秦国高抬贵手，放韩国一马。然而，秦王却表示，秦国并不打算攻取韩国，两国山水相连、唇齿相依，是很好的邻居。听说韩非是个人才，想见一见，请韩王尽快将他送到秦国来。至于陈兵边境之事，韩王不用担心，不过是为了防备魏、赵罢了。

　　张让回到韩国，将秦王的话转告韩王安。韩王安认为，能用韩非一人换取韩国的安全，这个买卖当然划算，至于韩非到咸阳以后的死活，那就只能看他的造化了。于是，他对韩非说："秦王想要见王叔，乃王叔之幸，王叔当往之。"

　　韩非心里叫苦不迭，他非常清楚，自己只要踏上秦国的国土，就休想再回到韩国。不过他也明白，韩王别无选择，没有了合纵联盟，韩国就像是秦国嘴边的一块肥肉，秦国想什么时候吃就什么时候吃，如果今天不答应秦国的条件，明天韩国就有可能亡国。他转而又想，自己去秦国或许是一件好事，起码能接近秦王，尽自己最大的努力劝说秦王放弃攻韩，如此对韩国将是大功一件，也算没浪费自己多年苦学。因此，他慨然应允道："韩非愿往。"

　　就这样，韩非辞别韩王安，离开故土，向秦国而去。秦王十分高兴，亲自到咸阳城外三十里的驿站迎接。二人相见，秦王见韩非身高七尺，长相俊美，举止斯文，果然有名士风范。

　　韩非向秦王叩拜道："韩人韩非，奉我王差遣，前来拜见陛下。"

　　秦王微笑着说："公子佳作《孤愤》《五蠹》妙笔生花，寡人爱不释手。公子堪称旷世奇才，寡人今日一见，终于如愿以偿。寡人虽不及公子大才，但也自幼遍读兵书、诗书，愿与公子畅谈。"

　　韩非曾听闻秦王为人残暴冷酷，想必是相貌凶恶、说话粗暴之人，而眼前的秦王长得气宇轩昂，言语和蔼可亲，完全不像暴君的样子，这使他心中的戒备和仇恨也减少了几分。他谦虚地说："多谢陛下抬爱，韩非不过一凡人耳，怎敢称旷世奇才。"

　　秦王道："公子著作寡人欲一一拜读，不知可否？"

韩非没想到被自己视为仇敌的秦王竟然是自己的忠实读者，而韩王安软弱无能，不听劝谏，才疏志短，和眼前这个睿智而又谦虚的秦王相比简直是天壤之别。可他是韩国人，自己的才学怎能献给秦国？于是，面对秦王的要求，他毫不犹豫地拒绝道："韩非才学疏浅，著作谈不上，不过随手一写，大都弃之，让陛下失望了。"

秦王知道韩非是在搪塞自己，也不生气，心想反正人已经到了，其他的只是时间问题而已，还愁得不到几本书吗？

秦王很喜爱韩非的著作，一有空就拿在手里读，读不懂的地方便让韩非当面解释。韩非十分不情愿，甚至有些排斥，因为他觉得自己出身韩国宗室，自己的才学应该用于韩国，而不应该让秦国得到。但既然是秦王的命令，他又不得不应付一下。对此，秦王并不介意，依然对他笑脸迎送。次数多了，韩非反倒不好意思起来，认为秦王为人大度，而自己心胸狭窄了些，后来再见的时候，他的态度就慢慢变了。而且，随着他和秦王接触得越来越频繁，二人越聊越投机，谈话也不再局限于著述方面，涉及的范围越来越广，小到生活起居，大到治国方针，二人无所不谈。尤其是在国事方面，秦王经常与韩非讨论，韩非也不再保留，给秦王提出很多具有建设性的意见。秦王对韩非也十分看重，对他礼遇有加。

一日朝会罢，秦王独将韩非留下，说道："公子来秦已有数月，对朝政之事已有所了解，公子以为，寡人有何过失之处，但说无妨。"

韩非不假思索道："臣对秦国朝政知之甚少，但臣以为有一件事，陛下办得不妥。"

秦王问道："何事？"

韩非道："郑国一事。"

秦王一愣，不解地问："错在何处？"

韩非道："郑国为细作，间于秦，依律当杀，而陛下却使其戴罪立功，错也。"

秦王不以为然："郑国固然当杀，但寡人使其戴罪立功，续修水渠，为关中造福，孰轻孰重，寡人知之。"

韩非道："陛下大错也。古人云，凡赦者，小利而大害，故久而不胜其祸。今陛下赦之，乃为私意，若臣下效仿，恐使法度虚设。"

秦王认为韩非说得也有道理，但考虑到郑国正在关中修建水渠，不辞辛劳，为秦国立下了大功，现在将他杀了实在可惜，而且此前李斯为保此人曾在殿上与宗室多次交锋，自己也赦免了郑国，便说道："寡人一言既出，若再收回，何以取信天下，故郑国必赦。"

韩非之所以强烈要求秦王杀死郑国，可能并不完全出于有法必行的思想，还出于对郑国的叛国之愤。他见劝不动秦王，忍不住提高声音说："秦自商鞅以来，历六世，法度严明，得以傲立六国之上。臣书中有言，君虽强，若法度不严，国必亡，陛下当三思。"

秦王自执政以来，还从未有人敢用这种态度跟他说话，要是别人，他肯定不能容忍，但韩非对秦国大有用处，即便再不高兴，为了自己的统一大业，他也必须忍着。他不想在这个问题上纠缠，于是换了一个话题："郑国一事，容寡人细思。依公子之见，比郑国更急迫的政务是什么？"

韩非直言道："臣以为，治国必先治吏。臣所见，秦重异姓之臣，而轻宗室，恐将危矣！"

秦王认为韩非这样说是在挑拨朝中的关系，心中有些不悦，说道："公子此言差矣，昌平君、昌文君乃我朝相邦，何来轻宗室之说？"

"昌平君、昌文君为相邦不假，但有名无实，真正的掌权者，乃李斯、姚贾、尉缭。此三人分掌内政、外交、军事，还有蒙武、王翦、桓齮等一众武将，皆异姓之臣，何来重宗室之说？宗室为陛下骨肉至亲，而异姓臣和陛下毫无关系。若秦国危难，骨肉至亲会挺身而出，异姓臣则会畏缩不前。陛下亲异姓而远宗室，使其专权，岂不危矣？"韩非之所以说出如此偏执的话，和他自身的经历密切相关。他身为韩国宗室，一心效忠韩国，却两代都得不到韩国的重用，直到危急关头才被请出来，却又受到丞相张让的压制，以至于落到今天这种地步。

"夺齐权者，非吕乃田；分晋者，非姬乃赵、魏也。陛下当知，物极必反，人臣太极，江山易主，所以不易，乃臣党未全也。"韩非越说情绪越激动，话说得也磕巴起来，"陛下……当知，与陛下……同根同祖……唯宗室也，福则……同福，祸则……同祸，福祸……相依，共亡共存，陛下当……认清孰亲……孰疏，孰贵孰轻。而今陛下亲……疏……不明，远近不分，江山岂不危乎？"

秦王认为韩非虽然说得合情合理，但不适合秦国目前的情况。秦国曾发生过成蟜叛乱，从这件事可以看出，宗室并不可靠。因为李斯的谋划，他总算稳住了江山，并打造了一支忠于自己的官吏队伍。现在君臣一心，志在消灭六国，一统天下，而韩非让他亲近宗室，远离异姓臣，尤其是远离为秦国立下汗马功劳的李斯等人，这是他无论如何也不能接受的。不过，他还是忍着怒气，给了韩非足够的面子，说道："公子所言，寡人记下了，容寡人考虑考虑，公子且退吧。"

韩非本以为自己这番慷慨激昂的演讲会打动秦王，没想到秦王却无动于衷，他失望之极，却又无可奈何，只好转身走了。

第四节　姚贾反间

看着韩非离去的身影，秦王越想越生气，他将韩非留下的本意是想让他提出一些治理国家的建议，没想到韩非所言尽是昏招，于秦不利，而且韩非入秦时日不短，依然未对自己表现出尊重，这让他非常不满。一个弱国之臣，却在强国之君面前屡屡撒野。他立即召见李斯，准备好好惩罚一下韩非。

秦王将韩非说的话原原本本地告诉李斯，最后说道："韩非狂妄，竟敢指责寡人，实在可恨！"

听了秦王的话，李斯也十分生气，心想：好你个韩非，我好心好意将你带到秦国，让你面见秦王，没想到你竟然陷害于我，也太不讲情义了。郑国是我拼上性命才保下来的人，而你张口就要杀掉，那我以后还有何脸面立于这朝堂之上？你让秦王远离外姓之臣，重用宗室，这不是要置我于死地吗？一旦我李斯倒台，尉缭、姚贾，以及所有的外客都要跟着倒台，甚至再次被驱逐，那我这么多年的努力岂不白费了？他对韩非的感情和态度也由此开始转变。

李斯正思考着该如何回答，秦王又说道："韩非狂妄，以贤良自居，目无君上，口出狂言，祸乱朝纲，圣人亦不能容忍，当诛之！"

听说要杀韩非，李斯心中又有些不忍，急忙劝说道："陛下不可。臣与韩非同窗久矣，对其甚为了解，此非其本意，乃一时狂语。"

秦王余怒未消道："寡人读其著述，乃奇才也；今观其人，不过如此，不可用也。"

李斯仔细地思索了一下韩非提出的建议，认为韩非远不如秦王想的那么简单，而是有着非常长远的打算。他极力主张诛杀郑国和强化宗室权力，以及疏远异姓臣，并非出自个人恩怨，而是想通过这三个措施来逐渐削弱秦国的力量，使秦国无力进攻他国，这样韩国就可以保住了。

好狠毒的计谋！我李斯自问无愧于你，而你几番欲置我于死地，那就莫怪我心狠手辣了！李斯心中这样想着，一个更加狠毒的报复计划很快在他脑中形成，他假装替韩非开脱道："陛下息怒，韩非不肯事秦，因韩存。若韩灭，韩非断绝故国之念，必然为陛下所用。"李斯的意思是想要得到韩非，必须先把韩国灭掉。另外，他还有一层意思：灭了韩国，既报了韩非对他的诋毁之仇，又能让韩非亲眼看着自己的国家灭亡，承受巨大的痛苦。

李斯本打算等灭六国之后再与韩非秋后算账，但姚贾的出现改变了他的计划。

姚贾自归顺秦国之后，便受命奔走于列国之间，极尽游说之能，制造矛盾，使诸国相互猜忌，不能合纵，为秦国统一天下创造条件。秦王政十四年（前233年），姚贾圆满完成任务回到秦国，受到秦王的大加赞赏，被封为上卿，食邑千户。

为了庆贺，姚贾大摆筵席，文武百官也纷纷前来祝贺，姚贾亲自到府门外迎接，宾客从早上到中午络绎不绝，几乎所有大臣都来了，唯独不见韩非的身影，这让姚贾感到很奇怪。他和韩非也算是老交情了，姚贾初到韩国时，巧遇韩非，二人一见如故，成为朋友。后来，姚贾前往赵国，凭借自己的口才得到一官半职，韩非欲合纵五国，但不善言辞，便委托姚贾说服赵王，二人的关系又近了一步。但是，随着姚贾归顺秦国，二人的关系却急转直下，由朋友变为仇敌。不过姚贾认为，现在韩非也来了秦国，二人算是同朝为官，应当共同效力于大秦才对。他不计前嫌，提前给韩非送去请帖，结果韩非却没有来。

次日朝会，姚贾跟随众大臣一道上朝，按照当时的规矩，他作为上卿，当站在前面的位置。可是韩非却从班列中走出来，对秦王说："陛下明察，以姚贾为上卿，过也。"

秦王愣了一下，问道："姚贾功劳卓著，寡人封其为上卿，何过之有？"

"上卿乃显贵之位，应由德威并茂之人出任，然姚贾曾为大梁监门子（看管城门的人），亦为盗贼，又为赵之逐臣，此为无德；其携金银珠宝游说四国，金银珠宝散尽，四国却未与秦交好，此为无功。如此无德无功之臣，何堪大任？"韩非不依不饶地说。

秦王之前也知道姚贾出身卑微，当过盗贼，当时只是迫于形势起用了他，但他仍冲台下喝道："姚贾，公子所言属实否？"

韩非不捧场来参加宴席倒也罢了，现在又当着文武群臣的面给自己难堪，姚贾怒不可遏，恨不得当场将韩非撕碎。可是当着秦王的面，他又不敢发作，只是狠狠地瞪了韩非一眼，从容地走出班列，说："启奏陛下，韩非所言，句句属实。昔臣虽为监门子，生活贫寒，食不果腹，迫不得已而为之。今臣奉陛下之命出使四国，使其不能合纵，虽不算大功，但秦之危解矣。姚贾忠陛下之心可鉴，陛下若以往事而罪贾，使忠臣心寒也。至于韩非所言臣为盗贼之事，纯属无稽之谈，可谓居心叵测。"

秦王也明白韩非弹劾姚贾是公报私仇，所以也不打算追究姚贾的过去，于是说道："寡人取才只论才干，不论出身，韩非之言亦出自一片忠心，此事就此作罢，莫要再提了。"

姚贾这一次死里逃生，吓出了一身冷汗，自此对韩非恨之入骨，发誓一定要报仇。他想，自己投靠秦王的时间本来就不长，又在外奔走了四年，刚刚回到咸阳，对秦国政坛还不太熟悉，在百官中的威望也说不上高，要想报复韩非，必须得到其他大臣的支持。他首先想到了李斯，韩非入秦之后，和李斯的关系也不太好，如果去找李斯，他一定愿意合作。

姚贾来到李斯府上，二人寒暄过后，姚贾委屈地说："姚贾因廷尉而归秦，奉王命而使四国，功虽不高，但总是无过。而韩非却以贾往事，欲置贾于死地，幸得陛下护佑，贾方活命。韩非不过外臣，暂居秦国，却干涉秦国朝政，其险恶之心，路人皆知。贾曾闻廷尉虽为朝中重臣，亦遭韩非诽谤，韩非实可恶也。"

早朝时韩非弹劾姚贾，李斯也在场，因此姚贾一上门他就知道是来告状的，希望自己能主持公道，于是问道："上卿欲何为？"

姚贾道："吾欲上书陛下，请陛下公决，但廷尉与韩非为故交，不敢越廷尉而擅动，请廷尉明示。

"上卿欲上书韩非，无关李斯。陛下如何决断，乃在陛下，李斯无能为力。"

李斯知道姚贾这是想通过自己报复韩非，但他不愿意留下一个不仁不义、陷害兄弟的话柄，于是说了上面这番话，实际上默许了姚贾的想法。

姚贾听了这话，心中既失望又兴奋，失望的是本来想与李斯联手报复韩非，不料李斯并不打算参与；兴奋的是李斯虽然保持中立，但最起码没有反对自己。于是，他辞别李斯，径直来到王宫面见秦王，以祸乱朝纲为由状告韩非。刚好秦王对韩非入秦后的表现非常失望，遂下令将韩非抓捕入狱，予以严惩。

第五节　天才陨落

李斯虽然已经料到韩非的结局，但当他听说韩非被捕入狱的消息时，还是吃了一惊。他知道，韩非这下死定了。考虑到二人以前的关系，而且韩非曾经有恩于自己，李斯想去看一看韩非。在征得秦王的同意后，李斯来到关押韩非的监房，发现往日那个风度翩翩的贵公子此时已经面目全非，他遍体鳞伤地躺在冰冷的地面上，那死灰一样的目光令人胆寒。看着眼前的情景，李斯情不自禁地流下眼泪来。他在韩非身边蹲下来，声音哽咽着说："兄长受苦了！"

韩非对于李斯的到来有些意外，问道："我曾劝秦王疏远你，你不恨我吗？"

李斯心里冷笑一声，心想：谁说我不恨你？要是真的不恨你，你也不会到现在这个地步，不过这也是你咎由自取罢了。但他嘴上却劝说道："你我兄弟多年，政见不同，非个人恩怨，何来怨恨之说？兄且宽心，弟定劝谏陛下，救兄出去。"

韩非凄然一笑道："贤弟真是胸襟似海，让韩非惭愧。韩非触怒秦王，死不足惜。只是韩国此时已和我一样朝不保夕。我欲修书一封给陛下，言明存韩之道理，烦请弟代呈陛下。"

李斯听了这话，对韩非的最后一点同情之心也消失了，心中想道：韩非呀韩非，你可真是一条道走到黑，秦国的强大有目共睹，秦王要消灭六国、统一天下也是大势所趋，你怎么就不明白呢？以韩国的实力，与秦交战，不过是螳臂当车罢了。也罢，既然你执意去死，我李斯也无能为力，就成全你吧。于是，他冲韩非点点头说："李斯愿代呈。"遂命狱卒取来笔墨与竹简，并亲自替韩非研墨。

李斯看了文章，也深为文章清晰的思路和完整的论述感到惊讶。他想：秦王看了这篇文章，一定会重新启用韩非，韩非若真心效忠秦国，必然前途无量。而韩非又执意与自己为敌，韩非一旦得势，自己将处境堪忧。所以，最好的办法是不让秦王看到这封信，但他又害怕以后事情暴露，秦王会怪罪自己。那么，怎样才能让秦王既看到书信，又不会启用韩非呢？他想来想去，决定以诽谤大臣的罪名诬陷韩非，再从中煽风点火，让秦王下定杀韩非的决心。

李斯来到王宫，将文章呈交秦王，说道："陛下，此韩非在狱中所写，让臣转呈陛下，臣恐其中有谤君之言，故已先读。此文引经据典、高谈阔论，但臣观之处处暗含心机，意在离间我大秦君臣。

此时秦王已经十分反感韩非，他将文章放在一旁，摇头叹息道："韩非乃奇才也，得之，灭六国无忧矣！然其顽冥不化，着实可气。卿可代寡人告之，侍秦，位必至尊，否则自寻死路。"

于是李斯又来到了监狱，他犹豫着该不该进去。从内心来说，他很不愿意进去，因为一旦他踏入监狱的大门，就意味着韩非生命的终结，那是曾经与他朝夕相处，而且多次资助他的韩非。但是，若不下手，说不定秦王哪天心血来潮，重新启用韩非，就韩非这种顽冥不化的性格，一定还会与他为敌，到那时，丢命的或许就是自己。经过一番思想斗争，李斯最终还是走进了监狱。

韩非和之前一样躺在冰冷的地面上，看到李斯进来，他像是抓住了一根救命稻草，暗淡的目光突然变得明亮起来，他挣扎着爬起来，迫不及待地问道："书信呈送否？"

李斯点头道："陛下已阅。"

韩非抓住李斯的两只胳膊，急切地追问道："如何说？"

李斯表情凝重地摇摇头："无说。"

韩非对自己写的那封书信充满了期望，本来以为秦王看到之后会非常感动，并立即启用自己，没想到却得到李斯这样轻描淡写的回答，他就像被一盆冷水从头顶浇下来，顿时通体冰凉。他知道一切都完了，双手无力地垂下来，口中喃喃道："韩将亡矣，非将去矣。韩将亡矣，非将去矣……"他一边说着，一边转过身去，背对着李斯。

"韩兄，韩兄！"李斯叫了两声，韩非似乎没有听见，连头也没扭一下，嘴里依然嘟哝着。李斯冲着韩非的背影深深叹了口气，然后将筐子放在地上，悄悄地退了出去。他刚走两步，忽然听到背后传来韩非那歇斯底里的吼叫声："让我面见秦王，让我面见秦王……"李斯被吓了一跳，急忙加快步子走了出去。

出了监狱，李斯直奔王宫去见秦王，他对秦王说："非已疯癫，口出狂言，对秦王大不敬，其心可诛。"

听说韩非竟然敢骂自己，秦王大怒道："韩非对我如此不敬，我怎能留他？当如何处置，廷尉可自行裁决，不必告知寡人！"

　　李斯得了这话，当即返回家中，连夜赶制了一包毒药放进食物中，让下人送到监狱。韩非不知食物有毒，食用之后，当夜暴亡，一代英才就此落幕。

　　第二天秦王下了早朝，回到便殿，看到御书案上摆着的韩非的书信，便顺手拿起来阅读。那天因为情绪不佳，他没有看，现在静下心来读一遍，越读越感觉韩非观点新颖、见识长远，是个极难得的人才，弃之不用实在太可惜。于是，他命人找李斯过来，问道："寡人读韩非文，言语倒也有几分道理，欲复用之，卿以为如何？"

　　李斯听了暗自庆幸自己提前动手了，否则可能会出现自己不愿看到的结局。他表情沉痛地说："回陛下，韩非前日已暴卒于狱中。"

　　秦王一愣，立即想起自己说过的话，遗憾地摇头叹息道："也罢，韩非数次无礼，死有余辜，天下能才多矣，廷尉再寻便是！"

　　关于韩非之死，《史记》的说法是"李斯使人遗非药，使自杀。韩非欲自陈，不得见"。意为韩非被下狱治罪之后，李斯给韩非送去了用于自尽的毒药。韩非希望辩解，但未见到秦王。

　　李斯公然诱杀韩非，显然是迎合了秦王之意。这也可以解释，为什么秦王得知韩非死于狱中之后，并没有追究其死因，也没有追究李斯的责任。秦王本来就是多疑善变之主，他手下确实有很多重臣来自东方六国，但都没有像韩非这样的宗室出身之人。让这种出身的人效忠于他国确实不易，要冒一定的风险，所以秦王最终选择了除掉他。

第十章

定策安天下

第一节　横扫六国

韩非死了，灭亡韩国随即被秦王提上了日程。

一天早朝后，秦王将李斯单独留下，问道："寡人欲取韩之地，卿当谋划。"

李斯不愧是李斯，什么事情都想在了秦王的前面。他不慌不忙地说："孙子曰，'不战而屈人之兵，为上策'。臣愿再使韩，请韩王安入秦，韩国则唾手可得矣。"

秦王遂命李斯再次出使韩国。

李斯来到韩国，迎接他的仍然是张让，张让将他安排在驿馆内，然后便拿着秦王的诏书去见韩王安。韩王安看完诏书，又急忙召集大臣商议。大臣们仍然分为两派：主战派和主和派。但是，因为缺少了韩非，主战派群龙无首，在与主和派的辩论中落于下风。最后，主和派的代表张让力排众议，对韩王安说："以韩抗秦，如以卵击石，不如称臣于秦，可避免生灵涂炭，延韩之命。"

韩王安有些不甘心。张让道："为保全社稷称臣乃一时之策，若局势有变，可脱秦。"

韩王安一时也想不出更好的办法，只好点头应允，遂命张让去驿馆请李斯入朝，答应向秦国割地称臣，献出南阳之地，但仍未使秦国罢兵。

秦王政十七年（前230年），秦内史腾率军长驱直入韩国，俘获韩王安，将韩国改为颍川郡，韩国至此灭亡。几年后，因韩国残存贵族企图刺杀秦王失败，韩王安被处死。

在秦灭六国时，李斯提出先灭韩国，实在是深谙用兵之道。战争讲究一鼓作气，速灭韩国，不但能够振奋军心，而且能从心理上震慑其余五国，使他们更加畏惧秦国。

消灭韩国后，秦国上下人心振奋，满朝文武更是群情激昂，认为应趁热打铁，消灭其余五国。经过群臣讨论，最后得出统一意见，首先拿老冤家赵国开刀。

秦王政十五年（前232年），在秦王的主持下，秦国正式开始对赵国用兵。根据历史记载，这一次秦国出兵的规模之大，为历年之最，秦王志在必得。大将王翦统领兵马，分两路大举攻赵。赵王见秦军来势汹汹，不敢大意，启用名将李牧御敌。在经历了长平之战的惨败后，赵国仍然具有一定的实力，可以抵御秦军。

但在接下来的几年里，赵国遭受了严重的天灾，为秦王的统一之战提供了良好的契机。

首先，赵国代地发生了强烈地震，从乐徐以西到平阴以南，房屋几乎全部坍塌，山崩地裂，满目疮痍，损失不可估量。

同是这一年，赵国大旱，庄稼颗粒无收，饿殍遍野，老百姓纷纷背井离乡，外出逃难。民间流传着一首歌谣："秦人笑，赵人号，以为不信，视地见毛。"

秦王政十八年（前229年），秦王看到赵国经历了两次大的灾难，举国意志消沉，人心惶惶，而秦国经过两年的精心筹备，兵强马壮，士气高涨。于是，他再次命王翦统领兵马，分三路向赵国发起攻击。其中，杨端和率一路进攻邯郸，王翦率一路取井陉，羌瘣率一路作为机动力量，随时准备增援。

面对强秦入侵，赵国誓死不降。赵王下令，凡十五岁以上、六十岁以下的男子都必须充军，以李牧、司马尚为大将军，抵抗秦军。双方数次交战，秦军尽管数量占优，但因为李牧杰出的军事才能，始终未能取胜。王翦看到强攻不能取胜，便改变战术，派人给李牧送去好酒好肉，并传话说："赵国无粮，将军空腹交战，不易，食足，愿持久。"

李牧也不客气，将王翦所送的东西悉数留下，并回话说："遂君所愿。"

就在王翦准备长时间拖垮赵军的时候，秦国发生了一件大事：太后突然病重，将不久于人世。秦王想到儿时与母亲生活在赵国，受尽赵人的羞辱，母亲对此一直耿耿于怀，最大的心愿便是打败赵国以报当年之仇。于是，他下令王翦立即向赵军发起攻击，一定要在太后闭眼之前拿下赵国。王翦不敢违抗命令，只好主动出击，结果反被李牧打败。消息传到咸阳，秦王雷霆震怒，说道："王翦无能，败于赵，当换将，处以军法！"

李斯急忙劝阻说："陛下请息怒，李牧乃赵国名将，极善用兵。王翦取胜心切，一时疏忽，败必然也。臣有一计，可使赵王弃李牧不用，王翦再战必胜。"秦王听了十分高兴，立即让李斯实施他的计划。

这天，郭开正坐在上房，怀里抱着一个美女，手里拿着酒盏，眼睛则紧盯面前正在跳舞的女子，忽然下人来报说："姚贾来访。"

郭开已被李斯收买，如今秦国虎视天下，他更加坚定了投靠秦国的想法。他虽然不清楚姚贾所为何事，但是此人是秦王身边近臣，也许可以探听到一些消息，于是吩咐下人将姚贾请到客房。

郭开刚进入客房，就发现地上摆着几只崭新的箱子，心中十分欣喜，明知故问道："阁下这是何意？"

姚贾放低声音，神秘地说："李牧用兵如神，天下无人能及，然在下听闻，赵王有意撤换之，在下请阁下进言赵王不要撤换李牧，若换，赵必败。"

郭开听了有点莫名其妙，心想：赵王从来没有说过要撤换李牧，姚贾怎么突然冒出这样的话来？李牧的军事才能大家有目共睹，正是因为有他在，秦国才多次被打败。而姚贾身为秦国使节，为何要力保李牧？难道李牧与秦国有什么不为人知的勾连？

郭开认为事关重大，他不敢大意，随便应付几句便将姚贾打发走，打算去向赵王汇报。可是，他还没有出门，又有一人求见，神色紧张地对他说："吾乃姚贾随从，本为赵人，有要事告知大人。"

郭开立即想到姚贾刚才所说的事情，忙问道："可是李牧之事？"

那人道："正是。李牧已降秦，秦王已承诺他，若赵破，即为郡王。姚贾不惜重金保李牧，乃秦王之命也。"

郭开顿时火冒三丈，连声大骂姚贾诡计多端。他给了那人许多赏钱，将他打发走，然后匆匆进宫去见赵王，气呼呼地说："李牧、司马尚叛国，不可留，主上当决断。"

李牧为赵国名将，与白起、王翦、廉颇并称"战国四大名将"，为赵国立下过赫赫战功，深受赵王信任，掌管着赵国一半以上的兵马。因此，他若叛变对赵王来说无疑是一个巨大的打击。赵王惊恐万状，向郭开讨问对策，郭开建议立即召李牧、司马尚回朝，由赵葱、颜聚代其职。李牧交出兵权后，郭开继续蛊惑赵王判李牧叛国之罪，将其逼死，赵军闻此噩耗，无不号啕大哭，军心也随之涣散。

王翦得知李牧已死的消息，十分痛惜，特意在军中设灵堂，祭拜李牧。李牧死后，赵军已如同囊中之物，他随即下令向赵军出击。

秦王政十九年（前 228 年），王翦指挥大军攻入邯郸，擒获赵王，赵国宣布灭亡。郭开在返回咸阳的路上，被李牧的门客所杀。

秦国扫除了赵国这个统一道路上的最大障碍，从此山东（崤山以东）几国再无独存的可能。秦王随后又将兵锋对准了燕国。

燕王自知不敌，遂派荆轲、秦舞阳为使，向秦王表示愿意割地称臣，并奉上当初背叛秦王的樊於期的人头。秦王既得地又得仇人首级，自然非常高兴，举行了盛大的仪式欢迎他们的到来。

秦王政二十年（前227年）九月的一天，燕国使者荆轲和秦舞阳缓缓走进咸阳宫麒麟殿，他们双手各捧一只木匣，里面分别装着樊於期的首级和燕国所献城池的地图。

他们这次面见秦王，除了完成上述两项任务之外，还有一项更加艰巨且危险的任务，那就是奉燕国太子丹的密令，刺杀秦王。

太子丹本来在秦国做人质，秦王对他不友好。后来，太子丹逃回燕国，看到秦国越来越强大，有吞并六国之势，害怕燕国也会被吞并，遂到处收揽人才，为即将发生的战争做准备。荆轲为齐人后裔，是当时著名的剑客，经田光推荐而被太子丹录用，并予以厚待。为了报答太子丹，荆轲决定前往秦国刺杀秦王，迫使秦国停止吞并燕国的计划。为了接近秦王，他又找到当初怂恿成蟜叛乱并逃亡燕国的樊於期，说服他自杀，割下他的首级献给秦王，以取信于秦王。

秦舞阳是燕国大将秦开之子，他远没有他父亲的胆量和气魄，胆小怕事。他与荆轲并肩而行，沿着台阶走向秦王。一级、二级、三级，随着距离秦王越来越近，秦舞阳也越来越紧张，双手止不住地颤抖，额头上也冒出豆大的汗珠。

李斯感觉事情有些蹊跷，冲秦舞阳呵斥道："站住，你神色慌张，难道意欲不轨？"

秦舞阳立即收住脚步，一动也不敢动。

荆轲神态自若地看了秦舞阳一眼，微微一笑，然后走到秦王面前，替秦舞阳辩解说："舞阳乃北方粗人，未曾见过王之威严，故有些紧张也。恳请大王允许舞阳上前，敬献督亢之图。"说完他便献上樊於期的首级。

秦王经李斯这一提醒，对秦舞阳仍不放心，命荆轲代替秦舞阳献图。荆轲转身回到秦舞阳面前，从他手里接过木匣，从容自若地走到秦王面前，打开木匣，从里面取出地图，慢慢向秦王展开。秦王对荆轲没有任何防备，只顾低头看地图。然而，当地图即将完全展开的时候，荆轲突然从地图中抽出一把匕首向秦王刺去，另一只手则抓住秦王的衣袖，防止他逃脱。为了能够刺杀成功，太子丹还特意命人在匕首上涂抹剧毒，只要匕首划破人的皮肤，必死无疑。秦王毕竟也是习武之人，反应十分敏捷，他见到匕首，本能地将身子向旁边一躲。匕首刺在了秦王的衣袖上，将其衣袖割掉一片，秦王得以逃脱。荆轲一刺不中，又挥动匕首向秦王追赶过去。秦王慌不择路，逃到一根柱子边，荆轲随即也追赶过来，两人就这样围着柱子转了起来。

这一幕来得太突然，以至于满朝文武都不知所措。殿下的武士因为没有接到秦王的命令，不敢私自上前。

秦王一边跑一边拔腰中的宝剑，然而宝剑太长，又被柱子挡着，怎么也拔不出来。

在这万分危急的时刻，李斯首先反应过来，他不顾生命危险，一个箭步冲到荆轲身边，徒手和他搏斗起来，并冲其他大臣喝道：

"快救陛下！"

众人如梦初醒，纷纷冲上前来，将荆轲团团围住。因为秦王有规定，为了安全起见，除了他本人之外，任何大臣都不准带兵器上殿，所以大臣们都是手无寸铁，也不敢轻易上前。秦王的侍医夏无且急中生智，拿起手中的药包向荆轲砸过去。荆轲本能地用刀子去挡了一下，一个大臣趁机向秦王喊道："陛下速将剑后推！"

秦王顿时醒悟，忙将宝剑带鞘向后推了推，终于将宝剑拔了出来，他手起剑落，劈在荆轲的腿上，生生将荆轲的一条腿砍断，残肢滚落一旁，鲜红的血液从伤口处喷涌而出。荆轲身子失去平衡，一下子摔倒在地上，但他并没有放弃，又用力将匕首向秦王掷去。秦王身子一闪，匕首击在柱子上，迸射出火花。

秦王看到荆轲失去了反抗能力，又扬起剑向他劈下去。荆轲伸手来挡，五根手指被齐齐砍断，掉落在地上。

李斯得以腾出身子来，向后退了一步，冲殿外大声喊道："武士何在？速擒刺客！"

殿外的武士们得到命令，一窝蜂地冲入殿内，其中一部分人冲向早已被吓得呆若木鸡的秦舞阳，另一部分冲向倒在血泊中的荆轲，朝二人一阵乱砍，二人瞬间毙命。

秦王看着躺在血泊中一动不动的荆轲，暴跳如雷道："小小燕国，欺我大秦，非亡不足以解恨！"随即下令调拨十万大军，增援正屯守中山的王翦，命其马上出兵，消灭燕国。

秦王政二十一年（前226年）冬十月，王翦率领大军攻陷燕国都城蓟，燕王姬喜、太子丹惊慌而逃，进入辽东，又被秦将李信穷追不舍。姬喜被逼无奈，只得斩杀太子丹，将首级送给秦军求和。

秦王政二十五年（前222年）春，秦王又一次大规模调动军队，将矛头对准燕国。这一次由王贲、李信领军，大军一直来到辽东地区，活捉了燕王喜。燕国正式宣告灭亡。

秦王政二十二年（前225年），经过一段时间的休整之后，秦王又调集大军，同时进攻魏国和楚国。

进攻魏国的大军由大将王贲率领，一路势如破竹，很快便来到魏国都城大梁城下，遭到了魏军的顽强抵抗。大梁城墙高大而坚固，城内粮草充足，秦军多次进攻都被打退。王贲经过详细的考察，发现大梁有一个致命的缺陷，就是距离黄河太近，若决黄河之堤，引水灌城，城不攻自破。于是，他下令军队挖开黄河堤坝。恰逢阴雨连绵，雨水更加助长了水势，汹涌的黄河水灌入城内，整个城市转眼间成为泽国，城墙因为长时间被浸泡而倒塌。王贲指挥大军从倒塌的城墙处冲入城内，魏军不敌，宣布投降。魏国宣告灭亡。

与王贲相反的是，由秦将李信、蒙恬率领的另一路大军，在进攻楚国的战争中却遭遇大败。

出兵之前，秦王曾专门召集群臣商议，询问灭楚需要多少兵力。李信信誓旦旦地说二十万足够，老将王翦则坚持要六十万。秦王征求李斯的意见，李斯说道："楚虽衰败，但处于川泽山林之地，地大物博，粮食充足，东部故吴之地多海盐，章山之地多铜，南部古越多犀角、象牙、珠玑等，挟三江五湖之地利，实力雄厚，非二十万军队所能征服。"

秦王认为李斯的话无疑是在长他人志气、灭自己威风，有点不高兴地说道："大秦有崤山、渭水，东有函谷、黄河之天险，西有膏腴之地汉中，而今兼并三晋，囊括中原，地域不可谓不广矣，且物资充盈，兵多将广，有何怯哉？"

李斯道："秦地域之广，兵将之多，物资之丰，诸国无可匹敌，但臣以为，楚国之强，亦为事实。李信将军虽勇武过人，但年轻气盛，不如王将军老成持重。"

"廷尉莫非不舍故国？"秦王怀疑地看着李斯说。

李斯忙辩解说："非也。臣生于楚，熟知楚之国情，楚虽不足以攻取他国，然固守国土不成问题，且楚将项燕文韬武略，非常人可比。若项燕对阵李信，依地利诱我军深入，秦必败矣。"

然而，任凭李斯怎样劝说，秦王始终听不进去。李斯知道多说无益，遂不再劝说。

随后，秦王命李信统领二十万大军，由蒙武担任副将，择日出发，队伍浩浩荡荡地向楚国进发。

李信将大军分为两路，他和蒙武各率一路。李信初战告捷，一举攻下平舆，又西进攻下申城，与攻打寝丘的蒙武约定西进城父，合兵向纵深挺进。

楚国则由名将项燕统领二十万大军抵抗秦军，水陆并进，迎击秦军于西陵；另派副将屈定设七处伏兵应对秦军。正如李斯所言，项燕采取诱敌深入之计，假装节节败退，一点点地消耗秦军的力量。秦、楚两军在西陵相遇，杀得难解难分之际，屈定设的伏兵杀出，秦军守卫难顾，死伤不计其数，项燕乘胜追击，尽收失地，这次伐楚之役宣告失败。

秦军失败的消息传到秦国，秦王气怒之余，也不得不佩服李斯的深谋远虑。他决定听从李斯的建议，亲自登门请已经归隐的王翦出山，并下令征调六十万大军，交由王翦指挥。

秦王政二十三年（前224年），王翦率领大军陈兵边境，却不进攻，而是日日与将士们饮酒作乐，任凭楚军怎样骂阵都不为所动。消息传回秦国，秦王十分生气，下令王翦马上出战，尽快拿下楚国。

李斯劝阻道："陛下当知，王翦攻赵之时，曾与李牧对峙，因陛下促战而败。楚为强国，曾与我大秦争锋，虽败，但仍拥有百万之众，地域广阔，远胜于韩、魏、燕、赵。李信之败，乃轻敌冒进所致，王翦之所以迟迟不肯行动，臣以为是疲敌之计，虽迟，但可取胜，且伤亡很小。"

秦王眉头紧锁，说道："廷尉之言固然可信，然秦六十万大军在外，日需万金，长此以往，如何支撑？"

"眼下秋收将至，楚以举国之力抗秦，家无男丁，秋收无望，楚亦不能支撑，定引师而还，收粮以备战，王翦可乘虚而入。"李斯分析道。

秦王听了恍然大悟，说道："廷尉乃神人也！"遂不再催促王翦。

果然，待到秋收开始，楚军撤退，边防空虚，王翦抓住时机，尾随楚军至蕲南，突然发起猛烈攻击，歼敌大半，迫使楚将项燕自杀。之后又乘胜追击，于秦王政二十四年（前223年）攻破楚国都城郢，俘虏楚王，设立楚郡，后分为九江郡、鄣郡、会稽郡。楚国自此灭亡。王翦又挥师南下，平定楚国江南之地，降服百越。

就这样，短短几年间，秦国先后征服了韩、赵、燕、魏、楚，以及百越等地，仅剩齐国还没有被纳入秦国的版图。

齐国能生存到最后，有两个方面的原因：一是齐国距离秦国最远，实力也很强大；二是齐国上下除了齐王建之外，几乎所有文武大臣都被秦国用金钱买通。他们眼睁睁地看着邻国被秦王征讨而不出兵相助，甚至还向秦王表示祝贺。直到代国灭亡以后，齐王建才发觉事情不对头，遂征调兵马，以应对秦国的进攻，但为时已晚。

始皇帝二十六年（前221年），秦王最后一次调集军队，由王贲统领，从燕南向齐国发动攻击。秦军长驱直入，很快便打到齐国的都城临淄，将齐王建围困在城中。为了减少不必要的伤亡，王贲派陈驰入城与齐王建谈判，承诺只要齐国投降，可以封齐王五百里地，仍做一方诸侯。齐王建胆小怕事，为了保命，接受了受封，举国投降，结果被囚于共，在那里活活饿死。至此，战国时期最后一个诸侯国齐国灭亡。

从韩国到齐国，秦王经过十年征战，相继攻灭六国，实现了统一华夏的伟大理想。秦国能够完成统一大业，固然离不开王翦、王贲、李信、杨端和、蒙武、蒙恬等名将在战场上冲锋陷阵，更离不开以李斯、尉缭、姚贾为代表的谋士出谋划策。

秦王一统天下，使中华民族彻底告别了春秋战国时期四分五裂的局面，开创了一个崭新的时代。就李斯个人而言，通过辅佐秦王，他终于实现了自己早年立下的宏愿。

第二节　皇帝纪元

为了庆祝横扫六国的盖世功劳，秦王特意在麒麟殿摆酒设宴，宴请群臣。文武群臣分坐两列，每个人面前的案几上都摆着山珍海味，舞女随着悦耳的音乐声翩翩起舞。

秦王饮了一盏酒，将酒盏放在案几上，声若洪钟道："寡人今顺应天意，扫灭六国，一统天下，从此再无战乱，四海之民皆享太平，乃万世之功。为彰显寡人之功德，寡人欲更换名号，请众卿同议。"

群臣交头接耳地议论起来，但都想不出应该给秦王取什么样的名号。最后，大家把目光集中到李斯身上。

李斯也认为，王的称呼已经过时，不足以彰显秦王的丰功伟绩，必须有一个更有气魄的称号来替代。他紧皱双眉思索着，突然，他灵光一闪，想到了古代的三皇，即天皇、地皇、泰皇，而这三皇之中以泰皇级别最高，以泰皇作为秦王的称号最合适不过。于是，他起身奏道："古有三皇五帝，虽称天下之主，不过拥有千里之地，外有诸侯林立，多不服统辖。而今陛下一统四海，威震华夏，九州之内皆为王土，天下黎民皆听号令，此功劳三皇五帝所不及，故臣以为，当以三皇之中最为尊贵的泰皇为尊号。陛下以天子自居，命称为'制'，令称为'诏'，陛下自称为'朕'，以示陛下尊威。陛下以为如何？"

秦王沉思片刻，说道："不如从三皇五帝中各取一字，称为皇帝，其余皆从廷尉之言。"

群臣听了无不拍手叫好。自此，秦王改称皇帝，又因为他是中国历史上第一个以皇帝自称的帝王，故称始皇帝。按照李斯的建议，从秦始皇开始，皇帝所制定的制度称之为"制"，所下的命令称之为"诏"，皇帝自称为"朕"，这些称呼一直沿用了两千多年。

有了自己的尊号，秦始皇又给自己已故的父亲秦庄襄王上尊号为太上皇。紧接着，秦始皇颁布了第一份诏书："朕闻太古有号毋谥，中古有号，死而以行为谥。如此，则子议父，臣议君也，甚无谓，朕弗取焉。自今已来，除谥法。朕为始皇帝，后世以计数，二世三世至于万世，传之无穷。"

为了维护自己身为皇帝至高无上的权力和威严，秦始皇下令废除谥法，并希望皇位传于子孙后代，万世不变。

周代设"三公六卿"，以辅弼天子的太师、太保、太傅为"三公"，以冢宰（总揽军政）、司徒（分管民政）、宗伯（分管礼仪）、司马（分管军务）、司寇（分管刑狱）、司空（分管工程）为"六卿"，与后世的"六部"（吏、户、礼、兵、刑、工）长官大致相当。

春秋战国时期，诸侯各行其政，官制纷繁复杂。秦始皇统一六国后，实行中央集权，统一官制，建立了以"三公九卿"为主体的中央官制。"三公"指丞相、太尉、御史大夫，其中丞相总揽政事，太尉主管军事，御史大夫主管诏书起草和监察工作；"九卿"指奉常（分管宗庙礼仪）、郎中令（分管宫廷侍卫）、卫尉（分管宫门警卫）、太仆（分管皇帝车马）、廷尉（分管刑狱）、典客（分管外交事务）、宗正（分管皇族事务）、治粟内史（分管租税赋役）、少府（分管宫廷事务）。

秦始皇制定了朝廷的各级机构之后，最后是制定玉玺。秦始皇说："之前诸王多以九鼎象征王权，九为多数，故天下分崩离析，今天下为一整体，当弃九鼎而以宝物为玺。"

李斯立即想到了当初被赵国奉为国宝的和氏璧，遂上奏说："四海之内，宝物多不胜数，至尊者为和氏璧也，不如以此为玺，使大秦江山永传千秋万代。"

和氏璧为春秋时期楚人卞和在荆山偶然捡到的一块玉石，故名和氏璧，被视为楚国的镇国之宝。到楚威王时期，楚国与魏国交战，楚国获胜，楚威王便将和氏璧赏赐给作战有功的令尹昭阳。可没过多久，和氏璧却莫名其妙地丢失了，从此下落不明。多年以后，和氏璧在赵国出现。秦昭襄王时期，秦昭襄王很想得到和氏璧，便以欣赏为名强令赵国将其送往秦国。赵国为了保全和氏璧，特意让蔺相如带着和氏璧出使秦国，由此有了完璧归赵的故事。赵国灭亡之后，和氏璧归于秦国，被藏在咸阳的国库中。

秦王认为李斯的提议非常好，以和氏璧为玺，足以彰显尊贵，便吩咐李斯办理此事。李斯从国库内取出和氏璧，又沐浴更衣，斋戒十五天，并命人安排了一间幽静的房间，亲自动手对和氏璧精雕细琢。经过十多天的努力，他终于制作出了象征大秦帝国最高权力的玉玺。

次日早朝，李斯将完美无缺的玉玺献给秦始皇。秦始皇看着刻有"受命于天，既寿永昌"八个篆字的玉玺，不由得心花怒放，下令赏赐李斯黄金五百、帛一千匹。

第三节　无限风光

始皇帝二十八年（前219年），为了彰显自己的功绩，秦始皇决定巡视天下，李斯自然也一路随行。多达数万人的队伍浩浩荡荡出了咸阳，一路向东北而行，到达齐国故地邹峄山。李斯陪同秦始皇登临山顶，放眼望去，目光所及之处一片汪洋，无边无际，水天一色。李斯诗兴大发，遂作颂词一首：

> 皇帝立国，维初在昔，嗣世称王。
> 讨伐乱逆，威动四极，武义直方。
> 戎臣奉诏，经时不久，灭六暴强。
> 廿有六年，上荐高号，孝道显明。
> 既献泰成，乃降惠专，亲巡远方。
> 登于峄山，群臣从者，咸思攸长。
> 追念乱世，分土建邦，以开争理。
> 功战日作，流血于野，自泰古始。

世无万数，陀及五帝，莫能禁止。

乃今皇帝，一家天下，兵不复起。

灾害灭除，黔首康定，利泽长久。

颂词在高度赞扬秦始皇消灭六国、统一华夏的丰功伟绩的同时，又对秦始皇登临邹峄山做了介绍，再回想当年的峥嵘岁月，感叹统一之后的中国在秦始皇的统治下国泰民安。

下了邹峄山，大队人马又奔赴下一个目标——泰山。泰山是秦始皇这次巡视最重要的目的地之一，他要在泰山封禅。

泰山作为五岳之尊，备受历代帝王的尊崇和向往，能到泰山封禅自然也是他们的梦想。秦始皇身为一统华夏的千古帝王，自然不会放过这样的机会，他要在这里祭告天地，将自己所建立的功勋告知上天。

泰山位于从前的齐国境内，与秦国有千里之遥，秦始皇还是第一次来泰山。李斯主动承担了起草封禅诏书的工作。很快，诏书拟写完，曰：

皇帝临位，作制明法，臣下修饬。

廿有六年，初并天下，罔不宾服。

亲巡远黎，登兹泰山，周览东极。

从臣思迹，本原事业，祗诵功德。

治道运行，诸产得宜，皆有法式。

大义休明，垂于后世，顺承勿革。

皇帝躬听，既平天下，不懈于治。

夙兴夜寐，建设长利，专隆教诲。

训经宣达，远近毕理，咸承圣志。

贵贱分明，男女礼顺，慎遵职事。

昭隔内外，靡不清净，施于后嗣。

化及无穷，遵奉遗诏，永承垂戒。

诏书再次歌颂了秦始皇所建立的伟大功业，对秦始皇登临大位之后，以黎民苍生为念的胸怀大加赞赏；并敬告百姓要顺从秦始皇，在秦始皇的领导下，建设好自己的国家，过上安稳幸福的生活。

泰山封禅之后，秦始皇又顺便游历琅琊山，让李斯赋词一首。李斯面对这崇山峻岭，心中豪迈不已，略作思忖，便张口而来：

维二十八年，皇帝作始。端平法度，万物之纪。以明人事，合同父子。圣智仁义，显白道理。东抚东土，以省卒士。事已大毕，乃临于海。

皇帝之功，勤劳本事。上农除末，黔首是富。普天之下，抟心揖志。器械一量，同书文字。日月所照，舟舆所载，皆终其命，莫不得意。应时动事，是维皇帝。匡饬异俗，陵水经地。忧恤黔首，朝夕不懈。除疑定法，咸知所辟。方伯分职，诸治轻易。举错必当，莫不如画。

皇帝之明，临察四方。尊卑贵贱，不逾次行。琅邪不容，皆务贞良。细大尽力，莫敢怠荒。远迩辟隐，专务肃庄。端直敦忠，事业有常。

皇帝之德，存定四极。诛乱除害，兴利致福。节事以时，诸产繁殖。黔首安宁，不用兵革。六亲相保，终无寇贼。欢欣奉教，尽知法式。六合之内，皇帝之土。西涉流沙，南尽北户。东有东海，北过大夏。人迹所至，无不臣者。功盖五帝，泽及牛马。莫不受德，各安其宇。

相比于之前两篇颂词，李斯在这一篇中更加详细地讲述了秦始皇继位以来对国家所做出的贡献。秦始皇读了之后十分喜爱，对李斯大加赞赏。

这个时候，对于秦始皇来说，李斯已经是他身边必不可少的人，一路随行的文武大臣数以千计，唯有李斯最懂他的心思，只要他一个眼神，李斯便知道他需要什么、想说什么，李斯也因此成为所有朝臣瞩目的对象。秦王的喜恶李斯洞察得最深，他在朝中的威望大大提高。

"一人得道，鸡犬升天"，这话用在李斯身上一点也不为过。因为他是当朝廷尉，他的儿子李由也成为三川郡太守，而且娶了公主为妻，可谓显赫一时。这在别人看来再好不过了，但李斯总有一种不祥的预感，他深知物极必反，拥有的东西达到极限便会失去。尽管如此，功名利禄对他仍充满了强烈的诱惑力，他舍不得放弃。

第四节　郡县制度

天下已定，诸事皆平，唯有一件事还悬而未决，那就是秦朝的体制问题。秦始皇令群臣对这件事展开讨论，众臣都赞成丞相王绾的意见，主张恢复分封制。李斯则力排众议，提出废分封、建郡县。他的想法与秦王不谋而合，为他后来担任丞相打下了基础。

就在秦国实现统一后不久，王绾等就提出："六国新定，海内未安，燕、齐地偏，荆楚路远，若不设国置王，无以镇之。"请秦始皇实行分封制，通过分封创造一个安定团结的局面。

李斯等人反驳王绾的观点，认为分封会使天下动乱。其实，是否实行分封制，也是外来客卿和宗室大臣之间的一场政治较量。宗室大臣希望用分封制来扩大自身势力，而李斯等外来客卿则不希望宗室力量坐大，影响自己的地位，所以坚决抵制分封，主张设立郡县制度。

秦国从商鞅大规模置县开始，每攻克一城、攻占一地，便就地设县置郡，任命长官。特别是秦国后期频繁与六国发生战争，不断占领六国地盘，秦国原有地方官僚体系随之不断扩大。而地方官僚在长期发展中，各自形成了很大的势力范围，李斯深知，这些官僚如果获得更大的权力，无疑会对中央王朝再次构成威胁，而秦始皇绝不会容忍他人分享自己的权力，也不容许贵族们通过分封来分享自己的权力，所以秦始皇必定不会支持分封制。

李斯对秦始皇说："分封乃周灭亡之根源，诸侯疏远中央，各自为政无可避免，无法使陛下之伟业传至千秋万代，届时天下必定烽烟再起，民不聊生。如今天下初定，若又设诸侯国，岂不是又埋下祸根吗？"

经过一番讨论，秦始皇最终采纳了李斯的建议，决定实行郡县制，并将这一重任交给李斯。李斯夜以继日地制定法律，如同少年求学时那样废寝忘食。经谋划商议，他决定将全国分为三十六郡，每郡设郡守、尉和监，郡下设县，人口万户以上的长官称县令，万户以下的长官称县长。这些官员直接由皇帝任免，另外撤除县城的城墙，一方面方便各地互通有无，另一方面防止地方势力坐大，据城作乱。秦始皇一一应允。

始皇帝三十四年（前213年），秦始皇在宫中大摆筵席，宴请群臣。席间，一个名叫周青臣的文臣说道："他时，秦地不过千里，赖陛下神灵明圣，平定海内，放逐蛮夷，日月所照，莫不宾服。以诸侯为郡县，人人自安乐，无战争之患，传之万世，自上古不及陛下威德。"

这很明显是在阿谀逢迎，赞扬秦始皇推行郡县制的英明。秦始皇听了十分高兴，不料这话却惹怒了另一个大臣淳于越。淳于越站起身来，当着秦始皇和文武群臣的面厉声喝道："周青臣进谀言于陛下，居心安在？"

秦始皇听了一脸尴尬之色，心想：这不是要给寡人难堪吗？他不动声色地问道："卿何出此言？"

淳于越说："臣闻殷周之王千余岁，封子弟功臣，自为辅枝。

今陛下有海内，而子弟为匹夫，卒有田常、六卿之臣，无辅拂，何以相救哉？事不师古而能长久者，非所闻也。今青臣又面谀以重陛下之过，非忠臣。"淳于越一介儒生，三句不离遵循古制，自然以秦始皇的事迹和古人相比。

因为淳于越这一番话，本来热闹的场面一下子安静下来，再也没有人敢轻易说话，大家心里七上八下的，生怕秦始皇被惹怒，干出什么失去理智的事情。

秦始皇确实十分震怒，他一统天下，扫平六国，即为天下第一，自认功绩比古人都要伟大，怎容一介儒生在这里厚古而薄今？但是他显得出奇冷静，沉思片刻后说道："郡县之事，李斯议是。"他就此表明态度，要听从李斯的建议，设郡县、废分封，此事无须多言。

设郡县、废分封是李斯提出来的，也得到了秦始皇的高度赞扬，而今淳于越公然反对，要重新实行殷周时期的分封制，这不是明摆着要和李斯、秦始皇作对吗？李斯深深领会到了秦始皇的意思，惟恐因效仿古人而抹杀了秦始皇的伟业，而且他也不能容忍有人推翻自己制定的制度，所以决定好好教训一下淳于越，遂上书一封：

古者天下散乱，莫之能一，是以诸侯并作，语皆道古以害今，饰虚言以乱实，人善其所私学，以非上之所建立。今皇帝并有天下，别黑白而定一尊。而私学乃相与非法教之制，闻令下，则各以其学议之，入则心非，出则巷议，夸主以为名，异趣以为高，率群下以造谤。如此弗禁，则主势降乎上，党与成乎下，禁之便。

意思是说：古时天下动乱，是因为没有人能够统一，而今始皇帝一统天下，有了统一的标准，而各种学说却曲解王意，若不加以制止，帝王的威严将会降低。

接下来，李斯又向秦始皇提出建议：

臣请史官非《秦纪》皆烧之。非博士官所职，天下敢有藏《诗》《书》、百家语者，悉诣守、尉杂烧之；有敢语《诗》《书》者弃市；以古非今者族；吏见不知举者与同罪。令下三十日不烧，黥为城旦。所不去者，医药、卜筮、种树之书。

李斯建议烧毁除秦国史书以外的其他书，天下人仅可读医、卜、农之书，其他书一律视为禁书。若不服从命令，或者执行不及时，轻则刺面做劳役，重则杀头弃市。

秦始皇看了奏折后，提笔批示：可！

李斯接到了秦始皇的命令，当即下令对全国所有书籍进行普查，并到处搜寻民间藏书，不符合以上规定者，一律烧毁。不到三十天，秦朝以前几乎所有的古典文献全部化为灰烬。

第二年，又有方士侯生、卢生等人因无法帮助秦始皇找到长生不老药，害怕被处斩而逃跑，并到处散播谣言，说秦始皇刚愎自用、独断专行，等等。秦始皇怒不可遏，下令将侯生、卢生等四百六十余人以妖言惑众的罪名活埋于咸阳。这个坑儒事件与前面的焚书事件加起来，称为焚书坑儒。

就焚书而言，李斯是始作俑者，他凭借自己对秦始皇的察言观色和机敏的心机，很好地迎合了秦始皇的想法，对秦的暴政起到了推波助澜的作用。无数文化瑰宝毁于一旦，许多无辜百姓被屠杀奴役，而李斯的官却越做越大。

第五节 天下大同

春秋战国时期，语言异声，文字异形，车不同轨，度量衡、货币、历法不相同，律令制度也不相同。秦统一后，必须改变这种状况，否则，势必严重阻碍经济发展与文化交流，阻碍政令贯彻执行，危及秦王朝政权的统治。李斯向秦始皇提议统一文字、法律、货币、度量衡和车轨，并亲自主持了这些工作。

一是统一文字。李斯亲自动手，在秦国普遍使用的大篆籀文的基础上，删繁省改，创造出一种新的字体，叫小篆，作为全国统一使用的规范文字，并编写《仓颉篇》，作为全国识字范本。"罢其不与秦文合者"——其他六国流行的字体一律淘汰。小篆是我国文字发展史上的一个重要里程碑。李斯的小篆刻石的文本也是秦代文学风格的代表。鲁迅指出："由现存者而言，秦之文章，李斯一人而已。"王国维认为近代发掘出的秦阳陵虎符上的文字即出自李斯之笔，他评论阳陵虎符说："文字谨严宽博，骨劲肉丰。与泰山琅琊台刻石大小虽异，而体势正同，非汉人所能仿佛。"

不久，李斯又采用一个叫程邈的小官吏创造的一种新字体，这种字体打破了篆书形体结构，称为隶书。从此，隶书便开始作为秦朝的官方正式字体，该字体盛行于汉，直到魏晋楷书流行才渐渐被取代。但在书法艺术中，篆书、隶书因独具一格而深受后人喜爱。有人赞扬李斯"作楷隶之祖，为不易之法"，李斯也被人们称为书法鼻祖。

二是统一度量衡。秦朝建立后，李斯上奏建议废除六国旧制，统一度量衡，得到了秦始皇的允准。度制以寸、尺、丈为单位，采用十进制计数；量制则以合、升、斗、桶为单位，也采用十进制计算；衡制则以铢、两、斤、钧、石为单位，二十四铢为一两，十六两为一斤，三十斤为一钧，四钧为一石。几千年来，无论朝代如何更迭，这种计量方法从未更改，即便在现代生活中也依然有它的身影。

三是统一货币。始皇帝三十七年（前210年），李斯向秦始皇上了最后一道重要的奏折：废除秦以外通行的六国货币，在全国范围内统一货币。同时规定货币的铸造权归国家所有，私人不得铸币，违者定罪等。李斯此举被认为是经济史上的一个创举。而李斯主持铸造的圆形方孔的半两钱（俗称"秦半两"），因造型合理、携带方便，一直被后世沿用。

四是修驰道，车同轨。为了使政令畅通、交通便利，李斯又建议统一全国的车轨，并在全国范围内修筑驰道。李斯以都城咸阳为中心，陆续修建了两条驰道，一条向东通往过去的燕、齐地区（今河北、山东一带），一条向南直达吴楚旧地（今湖北、湖南、江苏、浙江等地）。这种驰道路基坚固，宽五十步，道旁每隔三丈种青松一株。后又修筑"直道"，由九原郡直达咸阳，全长一千八百余里。又在今云南、贵州地区修筑"五尺道"，以便利中原和西南地区的交通；还在湖南、江西一带修筑攀越五岭的"新道"，以便利这两个地区的交通。就这样，一个以咸阳为中心的四通八达的交通网，把全国各地联系在了一起。同时，为了与道路配套，李斯还规定车轨的统一宽度为六尺，以保证车辆的畅行无阻。

以上这些措施大大促进了秦国的经济、文化和交通事业的发展，影响深远。

李斯还参与了秦朝典章制度和政策法令的制定工作，对全国政令的统一和秦朝政治制度的巩固与发展，立下了汗马功劳。司马迁在《史记》中如此评价李斯："明法度，定律令，皆以始皇起。同文书。治离宫别馆，周遍天下。明年，又巡狩，外攘四夷，斯皆有力焉。"

第十一章

恋栈埋祸根

第一节　沙丘之变

　　始皇帝三十七年（前210年）十月，秦始皇又一次巡游天下。他总以为自己的功绩可与天地相比，希望自己的寿命和天地一样永恒，因此派出以徐福为首的大批方士遍寻长生不老之药，但是均无结果，徐福也久久未归。

　　这一次巡游，秦始皇仍然带领着数以万计的随从，队伍延绵数十里，十分壮观。左丞相李斯、车府令赵高、上卿蒙毅，以及秦始皇的幼子胡亥等随同出行，右丞相冯去疾留守都城监国。

　　十一月，大队人马抵达云梦泽，在九嶷山祭拜了虞舜，然后顺江而下，经过籍柯、海渚、丹阳，来到钱塘、临江等地。

当秦始皇的龙舟驶进钱塘之时，忽然狂风大作，巨浪翻滚，几乎将龙舟掀翻。船上的人一个个吓得面如土色，忙将龙舟靠岸，才避过危险。

当时李斯正陪伴在秦始皇身边，二人惊魂初定，从龙舟上下来，登上岸边的保俶山山顶，俯视山下，只见海水翻腾，波浪滔天，蔚为壮观。

因为受到惊吓，李斯等人建议绕行，得到了秦始皇的同意。于是，大队人马西行一百二十里，从陿中渡过江流，到达会稽山。在这里，秦始皇祭拜大禹陵，又望祀南海，然后命李斯刻石记功：

皇帝休烈，平一宇内，德惠修长。

三十有七年，亲巡天下，周览远方。

遂登会稽，宣省习俗，黔首斋庄。

群臣诵功，本原事迹，追道高朋。

秦圣临国，始定刑名，显陈旧章。

初平法式，审别职任，以立恒常。

六王专倍，贪戾慠猛，率众自强。

暴虐恣行，负力而骄，数动甲兵。

阴通间使，以事合从，行为辟方。

内饰诈谋，外来侵边，遂起祸殃。

义威诛之，殄熄暴悖，乱贼灭亡。

圣德广密，六合之中，被泽无疆。

皇帝并宇，兼听万事，远近毕清。

运理群物，考验事实，各载其名。

贵贱并通，善否陈前，靡有隐情。

饰省宣义，有子而嫁，倍死不贞。

防隔内外，禁止淫佚，男女絜诚。

夫为寄豭，杀之无罪，男秉义程。

妻为逃嫁，子不得母，咸化廉清。

大治濯俗，天下承风，蒙被休经。

皆遵度轨，和安敦勉，莫不顺令。

黔首修絜，人乐同则，嘉保太平。

后敬奉法，常治无极，舆舟不倾。

从臣诵烈，请刻此石，光垂休铭。

刻好后，李斯问秦始皇："陛下可中意？"

秦始皇一边看着石刻，一边将着颔下胡须，点头道："妙极！"

忽然一阵风吹来，带着很强的凉意，秦始皇身子猛地打了个激灵，又接连打了两个喷嚏。李斯见秦始皇面色有些异常，关心地问道："陛下龙体安否？"

秦始皇挺了挺身子，说道："朕确感到有些寒冷。"

李斯立即找来侍医给秦始皇把脉问诊，原来秦始皇是染了风寒，身体发热。侍医煎了一些草药让皇帝服下，热即退。

次日，大队人马掉头向北，从江乘渡江，重新回到海上，至琅琊。在这里，秦始皇遇到了被派出去寻找仙药的方士徐福，便询问他寻长生不老药的情况。而徐福借求药之名，每年领取大量的费用，却并未寻找到长生不老药，秦始皇大怒，下令将徐福等术士杀掉。徐福急中生智，对秦始皇说："陛下，臣此番外出寻药不得，皆因海中有鲛鱼阻碍，若陛下杀之，以诚心感动上苍，则可得长生不老之药。"

秦始皇应允，派人捕杀了鲛鱼。

此时的秦始皇已近五十岁，多年的劳碌消耗了他的元气，使他的身体过早衰老，以至于无法抵御疾病的侵袭。前一次的风寒，他在服药之后，表面上恢复了健康，实际上疾病却在一点点地向他身体深处侵袭，并很快令他出现了更加严重的症状。

在队伍来到沙丘行宫的时候，秦始皇再也无法坚持，从此卧床不起。这时候的秦始皇依然不能接受即将死亡的现实，他还幻想着自己能好起来，为此他还特命蒙毅急速返回雍城为自己祈福。

临行之前，蒙毅特意找到李斯，不无担忧地说："吾观陛下气色，大限将至矣，若途中有变，丞相当提防赵高。"

李斯不屑一顾地说："赵高乃一阉臣，有何惧之？将军放心便是。"

送走蒙毅后，李斯回到秦始皇的车辇内，看着秦始皇那没有一点血色的面孔、深深凹陷的双眼，尤其是那暗淡无光的眼神，意识到秦始皇大限将至。几十年的相处，他和秦始皇早已超越了君臣关系，成了挚友。如今眼看着这个好朋友即将永远地离开自己，李斯心中感到一阵巨大的悲伤。转而，李斯想到了一个对他来说更为重要的问题：谁来继位最合适呢？

秦始皇共有二十多个儿子，最为出色的当数长子公子扶苏，他为人耿直，德才兼备，但因为经常指出秦始皇的错误，而引起秦始皇的反感。加上当时秦始皇认为北方胡人是秦朝最大的威胁，于是便派公子扶苏前往边塞，和在那里驻防的蒙恬一块负责监督修建长城。扶苏远在千里之外，而随同秦始皇出行的只有第十八子胡亥。胡亥骄奢淫逸，且才智不足，不可担此大任。所以，为了大秦的江山，应该让公子扶苏继位。

"爱卿，朕是不是快要死了？"秦始皇虚弱的声音打断了李斯的思考。

李斯急忙上前一步，安慰道："陛下勿忧，尽管安心静养，不日即愈。"

此时秦始皇已经彻底醒悟，对长生不老不再抱任何希望，他缓缓地摇摇头道："人活百岁，终有一死，长生不过是虚妄。朕得以掌管天下，死亦瞑目矣。"说完即唤赵高与胡亥来，口述诏书："以兵属蒙恬，与丧会咸阳而葬。"并加盖玉玺，派人火速前往代郡送交公子扶苏，让他速回咸阳继位并办理自己的后事。

赵高用颤抖的手录下秦始皇的遗诏，然后双手捧着让秦始皇验看一遍，加盖玉玺，最后封存起来。李斯的心也跟着放了下来。

秦始皇于当夜驾崩，叱咤风云的秦始皇就这样走完了他的一生。

秦始皇驾崩时，守在他身边的只有太监赵高一人。他看着躺在龙榻上的秦始皇的尸体，心中突然产生了一个邪恶的念头：何不就地拥立昏庸无能的胡亥为帝，以取代贤明有为的扶苏，这样自己便可以控制胡亥，掌管秦朝大权。

赵高本来是宫中的一名宦官，因为人勤奋，善于察言观色、逢迎上意，而且精通律法，被秦始皇提拔为中车府令，专门掌管皇帝的车舆，同时教胡亥学习。这次陪同秦始皇出行，赵高又掌管诏书和玉玺。所以，他想要拥立胡亥太容易了，只要在诏书上动动手脚即可，但事情若败露，后果将十分严重。所以在行事之前，他必须做通李斯和胡亥的工作。

胡亥从小跟随赵高长大，对赵高言听计从，他这一关好过，倒是李斯这一关有点难度。李斯身为大秦丞相，手握重权，自然不会对此事听之任之，轻易将大秦帝国交给一个昏庸无能的人来管理。

事情果然如赵高所料，胡亥听说自己可以当皇帝，竟然顾不上悲伤而拍手称快。赵高又来到李斯的住处，开门见山地说："陛下驾崩，遗诏长子继位，今诏书尚未送走，外人尚不知晓，不如拥立胡亥为帝。丞相以为如何？"

李斯一听，勃然大怒道："先帝尸骨未寒，你违背先帝遗诏，乃大逆不道，当诛！"

对于李斯的态度，赵高早有预料。他并不生气，继续劝道："丞相切莫动气，待赵高说完，若丞相仍以为不妥，再杀不迟。"

赵高往前一步，放低声音说："丞相明鉴，若扶苏继位，恐必推翻丞相决策，另立贤能。扶苏与蒙恬交往甚密，而蒙恬军功甚伟，必然以蒙恬取代丞相。到时候，丞相还能善终吗？"

李斯听着赵高的话，手不知不觉地痉挛起来，额头上的汗珠不停地向下滚动。

看着李斯如此紧张的样子，赵高心中暗暗得意，又进一步说道："丞相扶持陛下数十载，安外客、扫六国、立郡县，因此遭宗室嫉恨，丞相焚书坑儒，扶苏因劝谏而被遣于边塞，饱尝艰辛，至今未归。扶苏心有积怨，必思报复。再看商鞅、吕不韦，扶持君王，功高盖世，新君继位，悉被诛杀，丞相亦不能幸免。故赵高立胡亥，非为赵高，乃为丞相也。"

赵高的每一句话都像是一把刀子直刺李斯的心脏。最后，在赵高强大的心理攻势之下，李斯为了保全自己，向赵高妥协了。他伙同赵高、胡亥，一起篡改了诏书。

很快，扶苏收到了一份诏书，以"不忠不孝"的罪名赐扶苏与蒙恬自裁。扶苏知道自己无错，但王命难违，只得拔剑自刎。

李斯和赵高得到消息后，当即宣布秦始皇的死讯，胡亥即位。李斯的妥协，可以说直接葬送了大秦帝国的前途。

第二节　媚上固宠

回到咸阳后，二十一岁的胡亥正式继位为帝，即秦二世。为了报答赵高的拥立之恩，胡亥允许赵高自封为郎中令，掌管朝政大权。从此以后，在赵高的蛊惑下，胡亥整日沉迷声色，过起了奢侈淫靡的生活，还加重徭役赋税，引得天下骂声一片。其间，李斯多次劝谏，胡亥非但不听，反而对李斯日渐疏远。

秦二世元年（前209年）七月，胡亥下诏，征发闾左贫民屯戍渔阳。陈胜、吴广等九百多名戍卒被官差押解着前往渔阳，走到大泽乡时，因遭遇大雨天气，不能如期到达目的地，戍卒们害怕被官府处罚，于是在陈胜、吴广的率领下发动了中国历史上第一次农民起义，即陈胜、吴广起义。

起义军沿途得到老百姓的热烈拥护，迅速壮大，一路势如破竹，很快攻占陈郡。秦二世得知消息后惊恐万分，忙召集群臣议事。众臣异口同声道："陛下当从速发兵，抓捕逆贼，以稳天下。"

大臣叔孙通却若无其事地说："一群乌合之众，陛下何须担忧，命当地郡守捉拿就是。"

胡亥认为叔孙通说得有道理，遂传令当地郡守缉拿逆贼。

然而，随着起义军的规模不断壮大，形势也变得越来越严峻起来，各地方的告急文书源源不断地送到胡亥手中。胡亥再次惊慌起来，向赵高询问应对之策。赵高干脆将责任推到李斯身上，说道："此乃李斯之过，其身居相位，其子李由避三川而不战，使暴徒进逼咸阳，不可饶恕。"

胡亥听了立即下诏，责备李斯失职，放任暴徒作乱。

自从篡改诏书之后，李斯内心一直备受谴责，整天郁郁寡欢，诚惶诚恐，现在看到胡亥的诏书，他更加惶恐不安，生怕哪一天会丢了性命。为了自保，他经过一番思索之后，提笔写了一篇违心的《论督责书》：

夫贤主者，必且能全道而行督责之术者也。督责之，则臣不敢不竭能以徇其主矣。此臣主之分定，上下之义明，则天下贤不肖莫敢不尽力竭任以徇其君矣。是故主独制于天下而无所制也。能穷乐之极矣，贤明之主也，可不察焉！

故申子曰"有天下而不恣睢，命之曰以天下为桎梏"者，无他焉，不能督责，而顾以其身劳于天下之民，若尧、禹然，故谓之"桎梏"也。夫不能修申、韩之明术，行督责之道，专以天下自适也，而徒务苦形劳神，以身徇百姓，则是黔首之役，非畜天下者也，何足贵哉！夫以人徇己，则己贵而人贱；以己徇人，则己贱而人贵。故徇人者贱，而人所徇者贵，自古及今，未有不然者也。凡古之所为尊贤者，为其贵也；而所为恶不肖者，为其贱也。而尧、禹以身徇天下者也，因随而尊之，则亦失所为尊贤之心矣，夫可谓大缪矣。谓之为"桎梏"，不亦宜乎？不能督责之过也。

故韩子曰："慈母有败子，而严家无格虏"者，何也？则能罚之加焉必也。故商君之法，刑弃灰于道者。夫弃灰，薄罪也，而被刑，重罚也。彼唯明主为能深督轻罪。夫罪轻且督深，而况有重罪乎？故民不敢犯也。是故韩子曰"布帛寻常，庸人不释；铄金百溢，盗跖不搏"者，非庸人之心重，寻常之利深，而盗跖之欲浅也；又不以盗跖之行，为轻百镒之重也。搏必随手刑，则盗跖不搏百镒；而罚不必行也，则庸人不释寻常。是故城高五丈，而楼季不轻犯也；泰山之高百仞，而跛羊牧其上。夫楼季也而难五丈之限，岂跛羊也而易百仞之高哉？峭堑之势异也。明主圣王之所以能久处尊位，长执重势，而独擅天下之利者，非有异道也，能独断而审督责，必深罚，故天下不敢犯也。今不务所以不犯，而事慈母之所以败子也，则亦不察于圣人之论矣。夫不能行圣人之术，则舍为天下役何事哉？可不哀邪！

……

李斯这篇文章的大概意思是，天下都是皇帝的，当皇帝的就应当好好享乐，全天下的人都应该为皇帝服务，有臣民不听话，那就用严刑峻法让所有人都感到恐惧，这样他们就不敢反抗滋事了。

这篇奇文可以说是中国古代最为无耻的政论之一。以李斯的才华，本可以很好地解释清楚这件事情，而且可以继续劝勉胡亥，但是李斯已经明白了，此时的朝廷已经今非昔比，自己在朝中的势力已经岌岌可危。而胡亥也和秦始皇相去甚远，他只懂得安逸享乐，如果再作劝诫，只会搭上自己的性命。

《论督责书》很快交到了胡亥手中，胡亥看后心中大悦，下令轻罪重罚百姓，让百姓不敢犯罪。然而，他的这一举动适得其反，被错杀者不计其数，百姓无处伸冤，对官府的仇恨更深了。

胡亥倒行逆施的行为不仅引起了极大的民愤，就连朝中那些富有正义感的大臣也十分不满，但他们慑于赵高的淫威，敢怒而不敢言。现在他们看到李斯竟然助纣为虐，向秦二世进献《论督责书》，也开始对李斯反感起来，李斯在朝中的威望从此一落千丈。

第三节　权斗失势

　　面对混乱无道的局面，李斯再次陷入深深的自责之中，他有心上书朝廷，扭转这种不良的作风，但他也知道，赵高的那双眼睛时刻都在盯着他，一旦抓住他的把柄，必将置他于死地。在生与死、正与邪之间，他最终选择了退缩与沉默。尽管如此，赵高依然不肯放过李斯。

　　一天，李斯正闷闷不乐地在家中自斟自饮，赵高突然来访，二人谈了一会儿，赵高突然长叹一口气说："当今世道纷乱，贼盗横行，形势紧迫，而陛下却纵情声色，不问民间疾苦，大兴土木。赵高虽忧愤成疾，但因官阶太低，陛下不肯听从劝谏。而丞相管天下事，当以民之疾苦劝谏陛下。"

　　李斯误以为这是赵高的肺腑之言，完全没想到这是赵高在给他挖陷阱，于是也叹气说："陛下幽居深宫，不见大臣，李斯又能怎样呢？"

　　赵高立即说道："丞相莫急，待陛下有空，赵高即刻请丞相入宫劝谏。"

　　李斯不假思索，当即答应道："李斯随时恭候。"

　　几天后，李斯接到赵高的消息，说皇上有意召见他。他受宠若惊，急忙带着已经写好的奏折来到宫中，结果发现胡亥正在与宫女们饮酒嬉闹，完全没有召见他的意思。他进亦不是，退亦不是，站在那里不知所措。

胡亥看到李斯不请自来，心中不悦，示意宫女停止跳舞，问李斯："丞相有何事？"

"臣有本奏。"李斯急忙回话，并恭恭敬敬地递上奏折。

胡亥接过奏折，看也不看就扔到一旁，对李斯说："朕有空即阅，卿且去吧。"

李斯想不到胡亥竟如此态度，想要劝说几句，又害怕受到责备，他犹豫了一阵，悻悻地退了出去。

站在一旁的赵高看着李斯消失的背影，脸上现出一丝奸诈的笑容，他躬身来到胡亥面前，递上自己拟写的一份奏章：

夫沙丘之谋，丞相与焉。今陛下已立为帝，而丞相贵不益，此其意亦望裂地而王矣。且陛下不问臣，臣不敢言。丞相长男李由为三川守，楚盗陈胜等皆丞相傍县之子，以故楚盗公行，过三川，城守不肯击。高闻其文书相往来，未得其审，故未敢以闻。且丞相居外，权重于陛下。

奏章的意思是：陛下要知道，当初李斯参与了沙丘篡位，而今陛下继位，李斯的地位却没有提高，他想让陛下给他割地封王。而且李斯的儿子李由是三川郡守，曾消极应对陈胜吴广的叛军，听说他们有书信来往。现在丞相处理朝中大事，权力是比陛下大的。

胡亥仔细阅读了赵高的奏折，怒不可遏，说道："丞相居功自傲，目无君上，纵容逆贼，这还了得，当重罪！"遂下令将李斯抓捕起来。

"陛下不可！"赵高急忙劝阻，"此时抓捕李斯，证据不足，不如先去调查李斯之子三川郡守李由勾结逆贼的证据，一旦查实，再抓捕不迟。"

胡亥认为这个主意不错，便立即差人去办。

李斯回到家中，独自坐在书房里，看着书案上的竹简发呆，刚才在宫中的那一幕出现在他的脑海中：他刚进去时，胡亥正一边饮酒一边欣赏美女跳舞，那痴迷的眼神，那陶醉的表情，完全没有一点帝王的气质。当胡亥听说自己是来献奏章时，目光中充满了不屑，分明是不欢迎他的到来，完全不像赵高说的那样，专门等待自己去讨论朝政大事。他又想起自己转身离开时赵高脸上奸诈的笑容，忽然明白了，原来自己是中了赵高的计谋。

一个人影闪身进来，是李斯当初安置在宫中的线人。那人来到李斯身边，低声说道："丞相大人，陛下已经派人去调查三川郡守李大人了。"

李斯大吃一惊，立即问道："又是阉人赵高的奸计？"

那人回答："正是。"

李斯气愤地说："赵高小儿，欺我太甚！待我去找陛下理论！"他说完起身便走，可刚迈出一步又站住了，之前宫中的一幕再次浮现在他眼前，胡亥早已不理朝政，整日沉迷声色，自己这样冒冒失失地进宫，胡亥会不会见自己？即便进去，胡亥会不会听自己辩解？即便听了，会不会相信自己？会不会激怒赵高，反而使自己陷入更加不利的局面？

"赵高呀赵高，既然你不仁，休怪我不义！"李斯咬咬牙，横下一条心，决定弹劾赵高。于是，他复又坐下来，提笔疾书，写了一篇弹劾奏疏：

> 臣闻之，臣疑其君，无不危国；妾疑其夫，无不危家。今有大臣于陛下擅利擅害，与陛下无异，此甚不便。昔者司城子罕相宋，身行刑罚，以威行之，期年遂劫其君。田常为简公臣，爵列无敌于国，私家之富与公家均，布惠施德，下得百姓，上得群臣，阴取齐国，杀宰予于庭，即弒简公于朝，遂有齐国。此天下所明知也。今高有邪佚之志，危反之行，如子罕相宋也；私家之富，若田氏之于齐也；兼行田常、子罕之逆道而劫陛下之威信，其志若韩玘为韩安相也。陛下不图，臣恐其为变也。

李斯把赵高比作子罕和田常，向秦二世诉说赵高有篡权的野心，希望他早日防范。

胡亥看了李斯的奏折之后，非常生气，当即召见李斯，怒斥道："赵高乃内侍，陪伴先皇多年，熟知朝政，而朕初继位，凡事生疏，全有赖赵高大力辅助，使百姓安居乐业，边防稳固。赵高品行廉洁，对朕忠心耿耿，乃贤良也。丞相年迈，诸事力不从心，朕将国事托付赵高，有何不可？"

李斯闻言，心中感到一阵巨大的悲哀。他知道以赵高的野心，绝对不是辅助朝政那么简单，他要完全把持朝政，到那时，别说自己，就连皇上都得听他的。他再次劝谏道："陛下明鉴，赵高

出身卑微，却贪得无厌，今地位仅次于陛下，仍不知足，有取代
之意。陛下当提防才是。"

　　胡亥非但不听李斯的忠告，还告诉了赵高。赵高立即使出自
己善于表演的技能，跪在胡亥面前，痛哭流涕道："老奴对陛下
忠贞不二，陛下亦知，而丞相欲做田常之事，因老奴在，没能得逞，
故陷害老奴，以清除障碍，望陛下莫信。"

　　胡亥当然更相信陪伴自己多年的赵高了，听说李斯有篡权夺
位的意图，他大怒，喝道："李斯狠毒，欲行不义之事，当灭三族。
此事由郎中令负责查办！"

　　这正是赵高想要的结果，他领了圣旨，当即带人查抄了李斯
的家，将李斯逮捕入狱。右丞相冯去疾、将军冯劫等朝中重臣也
受到牵连，被投入大狱。不久，冯去疾、冯劫因不堪折磨，在狱
中自杀身亡。

第四节　国丧身诛

　　尽管已年近七十，但李斯和秦始皇一样，仍然没有勇气面对
死亡，仍然不愿失去费尽心机得来的一切，他期盼着有一天能够
平安出狱，重见天日。

　　这天，李斯回忆往事，禁不住仰天长叹：

　　嗟乎！悲夫！不道之君，何可为计哉！昔者桀杀关龙逄，纣

杀王子比干，吴王夫差杀伍子胥。此三臣者，岂不忠哉！然而不免于死，身死而所忠者非也。今吾智不及三子，而二世之无道过于桀、纣、夫差，吾以忠死，宜矣。且二世之治岂不乱哉！日者夷其兄弟而自立也，杀忠臣而贵贱人，作为阿房之宫，赋敛天下。吾非不谏也，而不吾听也。凡古圣王，饮食有节，车器有数，宫室有度，出令造事，加费而无益于民利者禁，故能长久治安。今行逆于昆弟，不顾其咎；侵杀忠臣，不思其殃；大为宫室，厚赋天下，不爱其费。三者已行，天下不听。今反者已有天下之半矣，而心尚未寤也，而以赵高为佐，吾必见寇至咸阳，麋鹿游于朝也。

李斯话音刚落，牢房的门被打开了，赵高走进来，一脸坏笑地冲李斯拱手行礼道："丞相一切安好？"

李斯狠狠地瞪着赵高，质问道："吾忠于朝廷，从无二心，为何要受这图圄之苦？"

赵高收起虚伪的笑，冷着脸质问道："群盗四起，丞相非但不禁，反与子李由勾结贼人，意欲何为？"

李斯挺了挺胸脯，怒斥道："吾忠于大秦之心，天地可鉴，何时与贼人勾结？倒是你一个小小的阉人，图谋不轨，其心可诛！"

赵高最忌别人揭自己的短处，现在李斯竟然当面骂他，这让他无法容忍，遂下令将李斯拖进刑房严刑拷打。李斯被打得皮开肉绽，奄奄一息。

次日，李斯从昏迷中醒来，身上传来彻骨的疼痛，他预感到自己将不久于人世，但又不甘心就这样死掉，他是大秦丞相，大秦的江山是他谋划得来的，他理应享受荣华富贵。当初他得势时，文武百官唯他马首是瞻，而今他身陷囹圄，朝臣们又无不对他避而远之，没有一个人来探望他。经过这次的牢狱事件，他终于明白了一个道理，人在屋檐下，不得不低头，想要走出监狱，他必须认输，向赵高低头。于是，他再次提笔，为自己定下了七宗罪：

臣为丞相治民，三十余年矣。逮秦之地狭隘，先王之时秦地不过千里，兵数十万。臣尽薄材，谨奉法令，阴行谋臣，资之金玉，使游说诸侯，阴修甲兵，饰政教，官斗士，尊功臣，盛其爵禄，故终以胁韩弱魏，破燕、赵，夷齐、楚，卒兼六国，虏其王，立秦为天子，罪一矣。地非不广，又北逐胡、貉，南定百越，以见秦之强，罪二矣。尊大臣，盛其爵位，以固其亲，罪三矣。立社稷，修宗庙，以明主之贤，罪四矣。更克画，平斗斛度量文章，布之天下，以树秦之名，罪五矣。治驰道，兴游观，以见主之得意，罪六矣。缓刑罚，薄赋敛，以遂主得众之心，万民戴主，死而不忘，罪七矣。若斯之为臣者，罪足以死固久矣。上幸尽其能力，乃得至今，愿陛下察之！

可惜的是，李斯的这份"认罪书"第一时间被赵高看到并扣留了下来，胡亥一直没有看到。

随后，赵高下令用更加残酷的手段对李斯进行审讯。他从门客中挑选了十几个肥头大耳的男子，假扮御史、谒者、侍中，轮流到狱中审讯李斯，只要李斯想翻供，便立即遭到一顿毒打。

在经过连续几轮审讯之后，胡亥认为时机差不多了，再次派人到监狱中录取口供。李斯以为这次审讯的程序和前几次一样，为了不再受皮肉之苦，他对悔罪书上的所有罪行一一承认。赵高最终如愿以偿，将写好的口供转交给胡亥。胡亥看完，气得咬牙切齿道："若无赵君，几为丞相所卖。"

不久，前去调查李由的差官返回咸阳，将结果汇报给赵高和胡亥：李由已经战死沙场，以身殉国。即便这样，李斯依然没有被去掉通敌叛国的罪名，而是被关押在监狱里，等待最终的裁决。

很快，胡亥的亲笔诏书传到了监狱中："李斯忤逆，罪大恶极，当施五刑。"

所谓五刑，即中国古代五种刑罚的总称，包括墨、劓、剕、宫、大辟等。

秦二世二年（前208年）八月的一天，乌云低垂，电闪雷鸣，细密的雨丝伴着秋风，让人感受到了阵阵凉意。

咸阳监狱的大门被缓缓地打开，李斯脖子上戴着枷锁，被一群官差押解着从里面走出来。此时，他蓬头垢面，遍体鳞伤，早已没有了往日大秦丞相的风采。他步履蹒跚，每走一步，脚下的镣铐便发出一阵哗啦啦的响声。

监狱门口停放着两辆囚车，李斯知道这两辆囚车是为他及次子李瞻准备的，踏上囚车，也预示着他们父子将赴死，踏上黄泉路。

李斯往囚车那走了两步，回头向后看去，见儿子李瞻也艰难地从监牢里面走出来，他和自己一样，也戴着枷锁镣铐，衣衫褴褛。他心中感到一阵巨大的悲哀，此刻他真后悔到咸阳来，后悔帮助秦始皇统一六国，更后悔自己不能像蔡泽那样急流勇退，安享晚年。假如时光可以倒流，假如一切可以重来，他宁愿一辈子做一个小小的仓吏，平庸地度过此生。想到这些，李斯禁不住老泪纵横，声音嘶哑地冲儿子说道："吾欲与若复牵黄犬俱出上蔡东门逐狡兔，岂可得乎！"

李瞻听了再也无法控制自己的情绪，泪如雨下。父子二人相对而哭。

一代优秀的政治家就这样以悲剧落幕，受他牵连而被处死的还有他的家人。

因为右丞相冯去疾已经于狱中自杀，左丞相李斯又被处以极刑，导致丞相一位空缺，胡亥便提拔赵高为丞相。他独掌大权，为所欲为，满朝文武无有敢不从者。

秦二世三年（前 207 年）十二月，项羽领导的起义军在巨鹿与秦将章邯发生激战。为了镇压起义军，秦朝动用了数十万军队，而起义军仅有两万余人。在双方实力悬殊的情况下，项羽沉着应战，率军强渡黄河，经过九次厮杀，最终将章邯打败，擒获秦将王离，杀死苏角，并逼迫涉闲自杀。章邯败逃后，不久也归顺了项羽。

秦二世听闻前线失利的消息，非常惊恐，急忙召赵高商议对策，甚至对赵高大发雷霆。赵高害怕受胡亥责备，决定先下手为强，杀死胡亥，然后另立新君。但是，他又害怕这样做会招来群臣的反对，所以不敢贸然动手。他决定先试探一下朝臣对自己的忠诚度，于是命人将一只鹿牵到朝堂，他说是马，然后问群臣到底是什么。那些善于谄媚的大臣纷纷响应赵高，说是马，而正义之臣则不愿趋炎附势，实话实说是鹿。赵高命人将那些说实话、不愿迎合自己的大臣当场杀死。其余大臣见状，惊恐万分。赵高看到所有大臣都被自己震慑住，遂命弟弟郎中令赵成、女婿咸阳令阎乐逼迫胡亥自尽。

面对手持长剑的赵成、阎乐，胡亥追悔莫及，他痛哭流涕地恳求道："吾愿为郡王，唯求免于一死。"

赵成怒目而视，严词拒绝道："不可，必死！"

胡亥又退一步，再次恳求说："万户侯如何？"

赵成再次拒绝说："不可！"

胡亥抱着最后一线希望说："吾为一平民，但求活命！"

赵成仍然拒绝说："丞相令已下，多说无用，请陛下自裁，莫逼我等动手。"

胡亥的最后一丝希望破灭了，他万念俱灰，从腰中拔出佩剑，自刎身亡，时年二十四岁。随后，在赵高的拥立下，子婴继位称帝。

子婴即位后，立即下令将赵高一伙逮捕并诛杀，赵高得到了应有的下场。然而，秦朝气数已尽，无力回天，在子婴继位四十六天后便宣告灭亡。

当初秦始皇创立秦朝，曾希望王朝传承万世，却不料只存在了短短的十五年。唐朝诗人胡曾在谈及秦朝时，曾感慨地写下一首诗：

新建阿房壁未干，沛公兵已入长安。

帝王苦竭生灵力，大业沙崩固不难。

无论如何，李斯推动了秦国统一六国的进程，协助秦始皇开创了中国历史上第一个封建王朝，其政治理念奠定了中国两千多年封建专制的基本格局。作为秦朝的丞相，李斯亲眼见证了秦王朝的崛起和衰败，他的人生轨迹，就是一部秦王朝的兴衰史。